JN457598

감사정책의 역사적 변동과 전망

서울대학교 행정대학원
국가리더십연구센터 국가리더십연구총서 9

감사정책의
역사적 변동과 전망

초판 1쇄 인쇄 2017년 12월 10일
초판 1쇄 발행 2017년 12월 15일

지은이 문호승 · 심 호 · 임보영 · 신민철
펴낸이 성낙인
펴낸곳 서울대학교출판문화원

출판등록 제15-3호

주소 08826 서울 관악구 관악로 1
대표전화 02-880-5252 | 팩스 02-888-4148
홍보마케팅팀(주문상담) 02-889-4424, 02-880-7995
이메일 snubook@snu.ac.kr
홈페이지 www.snupress.com

ISBN 978-89-521-1903-2 94350
978-89-521-1641-3 (세트)

ⓒ 문호승 외 · 2017

지은이와의 협의하에 인지는 생략합니다. 잘못된 책은 바꾸어 드립니다.
이 책의 무단 전재나 복제 행위는 저작권법 제98조에 따라 처벌받게 됩니다.

서울대학교 행정대학원 국가리더십연구센터
국가리더십연구총서 ❾

감사정책의 역사적 변동과 전망

THE BOARD OF AUDIT AND INSPECTION OF THE REPUBLIC OF KOREA

문호승
심 호
임보영
신민철

서울대학교출판문화원

머리말

‘감사’는 다른 행정부문에 비해 상대적으로 그 역할과 기능, 활동 등이 제한적으로 알려져 왔다. 이는 감사가, 여러 문제점을 발견하고 개선하는 데 그치지 않고 관련 업무를 위법·부당하게 처리한 사람 또는 부서 등에 대해 징계요구, 변상판정, 고발, 주의 등 신분상 조치를 하는 행정 행위이므로, 외부에 잘 알려지지 않는 속성을 가지고 있기 때문이다. 또 그러한 이유로 연구대상에서도 활발하게 논의되지 못하고 있다.

한편 오늘날 공공부문에서 감사는, 단순히 특정 개인의 개별 문제 지적에 그치지 않고 체계적인 진단을 통해 사회문제들을 사전에 예방하고 근본 문제들을 개선하는 등, 다른 어떤 기능보다 중요해지고 있다. 이러한 중요한 기능을 담당하는 감사원은 설립 이후 어떻게 변화하고 있을까? 감사원 리더들은 변화에 어떤 역할을 해 왔을까? 외부환경으로부터 감사원의 독립성은 어떤 변화를 겪어 왔으며 감사유형과 접근방법은 어떻게 변화했을까?

이 책은 이러한 문제의식에서 감사원의 역할과 기능이 시대의 흐름에 따라 어떻게 변화됐는지를 분석하고 있다. 이를 위해 네 명의 필자가 주요 부문별로 감사원의 변화를 나누어 설명하고 있다. 서론에 해당하는 「1장 이 책의 연구목적과 문제 풀이과정」과 「2장 감사에 관한 이론적 사변」, 「3장 감사원의 리더와 정책」은 심호, 「4장 감사원의 독립성에 대한 감사정책의 변화」는 문호승, 「5장 감사원 감사유형의 시대적 변화에 대한 고찰」은 임보영, 「6장 감사원 감사활동의 성과 및 책무성」은 신민철이 각각 작성했다.

본 연구를 시작하게 된 것은 2014년 어느 늦은 가을이었다. 서울대학교 행정대학원 김병섭 교수님으로부터 우리나라의 시대적 변화 속에서 감사원이 어떻게 변화해 왔는지 연구해 보는 것은 어떻겠냐는 제안을 받았다. 감사원의 변화과정은 외부 연구자가 알기 어려우므로 감사원 내부에서 연구해야 한다고 제안하셨고, 필자 모두 평소에 연구해 보고 싶었던 분야였으며, 무엇보다 감사원 공무원의 또 다른 의무라고 생각하여 흔쾌히 동의했다.

그 후 1년여 동안 필자들은 각자의 업무가 바쁜데도 시간을 내어 일관되게 논문을 써야 했다. 참으로 힘든 기간이었다. 논문 간의 중복을 최대한 피하고자 어떤 기준으로 감사원의 변화를 살펴볼 것인지에 대한 여러 차례 토론을 거쳐 중점적으로 연구할 분야를 구분했다. 그 이후에도 정기적인 만남을 통해 글의 일관성을 유지하기 위한 노력을 해 왔다. 감사원 공무원으로서가 아니라 객관적인 연구자의 입장에서 변화과정을 분석하기 위해 노력했다. 그런데도 여전히 일부 내용이 중복되고, 미숙한 부분이 눈에 띄어 부끄럽다. 하지만 서울대학교 국가리더십연구센터의 응원에 힘입어 이렇게 책으로 세상에 나오게 되었다.

좋은 연구와 논의의 장을 마련해 주신 서울대학교 행정대학원 김병섭 교수님과 서울대학교 국가리더십연구센터에 감사드린다. 이 책을 시작으로 더 많은 외부 연구자가 감사원과 감사기능에 관심을 두게 되기를, 그리고 감사와 관련된 후속 연구가 많아지기를 희망한다.

2017년 12월

문호승 · 심 호 · 임보영 · 신민철

▌차례▌

3장 감사원의 리더와 정책

심 호

4장 감사원의 독립성에 대한 감사정책의 변화

문호승

5장 감사원 감사유형의 시대적 변화에 대한 고찰

임보영

6장 감사원 감사활동의 성과 및 책무성

신민철

1장

이 책의 연구목적과 문제 풀이과정

심 호

Ⅰ. 이 책의 연구목적[1]

이 책에서는 "감사(監査)가 국민과 국가사회발전에 기여한 내용과 방법은 무엇인가? 그리고 어떤 리더들이 어느 시대에 창도적인 감사 관련 정책을 만들고 추진했으며 그 성과와 한계는 무엇인가?"라는 문제를 진술하고 해답을 찾고자 한다.

연구목적은 국민들에게 감사에 대해 쉽게 설명하는 것이다. 더 나아가 감사기구가 정부부처, 지방자치단체, 공공기관들이 행하는 일을 살펴 공정한 행정이 이루어지도록 함으로써 국민들의 기본권을 충실히 보장하고, 국리민복(國利民福)에 기여하는 기구임을 알려 감사기구에 대한 국민들의 신뢰수준을 높이기 위함이다.

27년 넘게 감사를 수행해 온 필자는 감사라는 수단을 통해 국가와 국민들에게 봉사하는 것이 얼마나 보람 있는 일인지 잘 알고 있다. 그리고 우리나라 공공부문에 대한 감사는 국가 최고감사기구인 감사원뿐만 아니라 중앙행정기관, 지방자치단체, 공공기관 등에 속해 있는 감사실로 알려진 자체감사기구가 헌법, 법률 등에 의해 부여된 권한으로 수행하는 행정행위(administrative act)라는 것도 잘 알고 있다. 또한 감사기구의 구성원들은 1960년대부터 본격화된 경제발전 과정에서 대한민국이 부정부패에서 벗어날 수 있도록 지도, 규율하는 일을 담당함으로써, 오늘날 대한민국이 세계 강대 민족 중 하나로 우뚝 설 수 있게 만든 숨은 공신들이다.

그러나 정작 국민들은 감사가 무엇인지, 감사기구가 구체적으로 무슨 일을 하고 있는지, 감사기능이 국정운영에 어떤 도움을 주고 있는

1 '이 책의 연구목적'에 기술한 내용은 2015년 감사원과 서울대학교 행정대학원이 공동으로 개최한 세미나에서 심호가 발표한 내용을 일부 수정한 것이다(심호, 2015).

지, 또 감사가 국민들에게 어떤 이득을 가져다주는지 제대로 알지 못한다. 다만 국민들은 신문, 방송 등 언론매체를 통해 감사기구의 활동을 접하며, 감사를 공무원들의 비리를 찾아내는 역할 정도로 인식하고 있다. 필자도 국가고시 1차 시험 과목 중 하나였던 「헌법」을 공부하면서 헌법기관 중 하나가 감사원이고, 국민이 낸 세금이 적정하게 쓰이고 있는지 잘 감시하는 일을 맡아 하는 기관이라고 기억할 뿐, 정작 감사원에서 일하기 전까지는 감사에 대해 자세히 알지 못했다. 상황이 이럴진대 감사학(監査學) 관련 과목을 수강하거나 감사 관련 연구를 해보지 않고서는 감사에 대한 식견을 갖기 어렵다고 할 수 있다. 감사가 국민들에게 잘 알려지지 않은 이유를 추론해 보면, 감사업무의 흐름, 즉 감사를 계획하고, 시행하고, 감사결과보고서를 만들어 처분하며, 감사결과를 공개하고, 감사결과 이행 여부를 확인하는 일련의 감사과정에서 요구되는 직무의 독립성, 정치적 중립성, 전문성 등 감사의 속성에서 찾을 수 있다.

감사원의 사례를 중심으로 좀 더 자세히 설명해 보면 〈그림 1-1〉과 같다. 감사기구는 정치·경제·사회·문화적 요인을 고려하여 동시대에 문제가 되는 사항을 중심으로 중장기(3~5년) 감사전략을 수립하고, 이를 기반으로 매년 감사사항을 개발하며, 개별 감사계획을 세울 때도 감사중점을 몇 개 분야로 한정한다. 또한 감사자들은 감사과정에서 감사대상기관들이 집행했거나 향후 집행할 일을 살펴보면서 관련 규정에 적합한지, 당초 사업목표를 달성하는 데 효과적인지, 사업비용을 경제적으로 아껴 쓰고 있는지, 비용에 비해 큰 성과를 낼 수 있게 효율적으로 일하고 있는지 등을 판단한다. 그리고 감사대상기관과 그 구성원들이 한 일에 대한 성과와 문제점을 담은 감사결과보고서를 만들어 감사위원회에 상정하고 심의·의결을 받는다. 감사위원회의 심의·의결에 따라 잘한 것은 포상하고 널리 알리도록 감사대상기관에

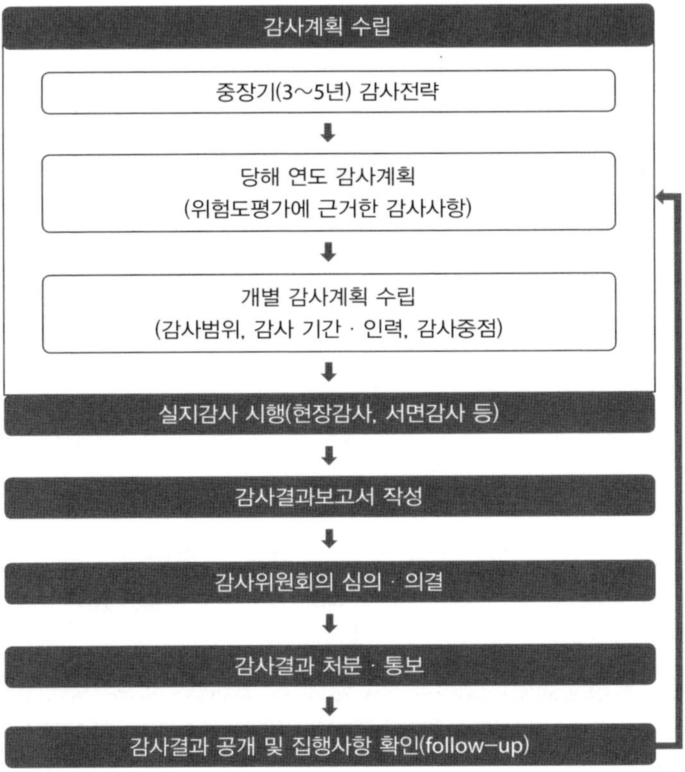

〈그림 1-1〉 감사원의 업무과정 설명도

출처: 「감사원법」과 감사원 내부자료를 참고하여 도식화.

모범사례로 통보한다. 그리고 잘못한 것은 감사원이 직권으로 변상판정하거나 수사기관에 고발하기도 하고, 감사대상기관에 징계, 문책, 시정, 주의 등을 요구하며, 권고 또는 통보하기도 한다. 마지막으로 감사결과를 감사원 홈페이지, 언론 등에 공개하며, 감사결과가 잘 집행되고 있는지 주기적으로 확인(follow-up)한다.

이 과정에서 감사기구는 〈그림 1-2〉와 같이 일반 국민, 대통령, 국회의원, 감사대상기관, 언론 등을 이해관계자(stakeholder)로 인식하고 각종 자료를 수집, 분류, 분석한 후 한정된 감사자원(인력, 예산, 감사기간, 전문성 등)을 고려해서 되도록 많은 국민에게 영향을 주면서 치유강도(impact)가 큰 감사사항과 감사중점을 정한다. 그런데 감사기구가 국민들을 위해 활동하려면 이해관계자들의 입과 그들이 생산한 문서를 통해 가능한 한 많은 정보를 조사, 분류, 분석하고, 스스로 판단으로 감사사항과 감사중점을 선정해야 한다. 또한 감사과정에서 사실과 증거에 근거하여 문제점을 찾아내고 그 개선방안을 제시하되, 외부의 영향을 받지 않고 독립적으로 판단하며 이해관계자들의 주장을 고려하여 건강한 균형점을 찾아내는 전문성이 필요하다. 따라서 감사기구들은 직무의 독립성, 정치적 중립성, 전문성을 생명과 같이 여긴다.

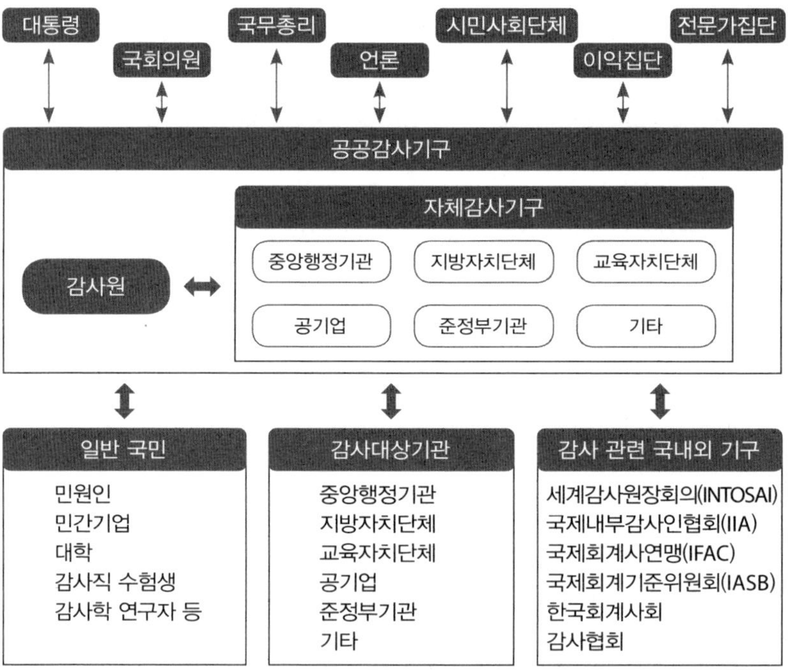

〈그림 1-2〉 감사기구의 이해관계자들

출처: 「감사원법」과 감사원 내부자료를 참고하여 도식화.

감사기구가 이해관계자들의 의견을 반영하려면 열린 조직이 되어야 한다. 하지만 현실에서 이해관계자들의 주장은 일방적이고, 사회적으로 균형 잡힌 토론과 합의 과정이 생략되는 경우가 많아 감사결과 등에 반영하는 데 주의를 기울여야 한다. 또한 감사기구가 이해관계자들의 주장에 굴복하거나 포획되어 독립적이고 독자적인 판단을 행사할 수 없다든지, 건강하지 못한 결정을 하게 되면 국민들에게 봉사해야 하는 감사기능은 이미 불구가 될 수밖에 없다. 감사기구는 감사의 독립성, 정치적 중립성 등 지켜내야 하는 가치와 이해관계자들의 주장 사이에서 번뇌하고 곤란을 겪는다. 따라서 감사기구와 그 구성원들은 업무과정에서 균형감을 잃지 않기 위해 더 신중해지고, 하는 일을 외부에 공개하지 않으려는 경향을 보인다. 이러한 이유로 인해 국민들은 감사기구 및 감사가 무엇인지 제대로 알지 못할 수 있다.

실제 감사기구는 여러 방법을 동원하여 직무의 독립성, 정치적 중립성, 전문성 확보를 위해 부단히 노력하고 있고 헌법, 법률, 규정, 잘 구성된 절차 및 과정에 의해 독립적이고 독자적인 판단을 한다. 가끔 언론, 국회, 시민사회단체들이 감사의 독립성, 정치적 중립성, 전문성을 문제 삼는 일도 있지만, 이는 실제 상황이 여러 이유로 왜곡되어 잘못 설명된 경우가 대부분이다. 그렇더라도 국민들이 감사기구의 감사결과를 인정하지 않으면 아무런 소용이 없다. 왜냐하면 국민들은 세금을 내고 감사자를 고용한 주인이기 때문이다.

국민들은 중앙정부, 지방자치단체, 공공기관들이 행하는 각종 사업과 업무의 원천을 제공하는 주인이므로 이들 기관이 자신들의 세금을 잘 활용하여 공공의 선(善)을 행하고 있는지 알고 싶어 한다. 심지어 스스로 알 수 있는 방법이 제한되자 국회의원, 도의원, 시·군·구 의원을 선출하여 이들을 통해 이 일을 대신하게 한다. 또한 감사기구의 종사자들에게 행정기관들과 그 종사자들이 국민의 세금을 관련 법과 규정 등에 맞게 그리고 경제적·효과적·효율적으로 사용하고 있는지 확인해 달라고 요구한다. 그러므로 감사활동이 국민들의 신뢰를 얻지 못하면 감사자의 존재 이유는 없다. 따라서 감사자는 어떤 어려움이 있더라도 국민의 신뢰를 받으면서 일해야 한다. 이를 위해서는 자신들이 중요하게 간직하고 싶은 가치를 유지하면서, 국민들의 요구와 목소리를 여러 채널을 통해 적극적으로 듣고 이를 감사업무에 반영해야 한다. 또한 내부로 닫혀 있는 폐쇄적인 조직이 아닌 외부로 열려 있는 개방된 조직의 형태를 유지하면서 이해관계자의 요구사항을 적극적으로 수용함은 물론 감사결과를 투명하게 공개함으로써 국민과 함께하는 감사, 국민의 목소리에 귀 기울이고 그 요구에 순종하는 감사, 국민에게 신뢰받는 감사를 실현해야 할 의무가 있다.

II. 문제 풀이과정

이 책에서 문제를 풀어 가는 과정, 즉 전체적인 논의는 〈그림 1-3〉과 같이 진행될 것이다. 먼저 2장에서는 서로 다른 세 가지 이론적 고찰방법, 즉 감사의 속성과 감사를 설명하는 이론들, 비교론적 관점에서 본 감사의 개념(외부감사와 자체감사, 내부통제와 자체감사, 평가와 성과감사, 민간부문 감사와 공공부문 감사) 등 여러 측면에서 감사를 해부하고자 한다. 3장에서는 감사원의 감사중점, 조직·지배 구조, 감사 관련 정책을 분석하여 역사적 관점에서 감사원의 리더와 정책을 개관한다. 4장에서는 감사원의 독립성에 대한 감사정책의 시대별 변화를 구체적으로 논의한다. 5장에서는 감사원의 업무 범위가 시대의 흐름에 따라 전통적인 회계감사와 직무감찰에서 성과감사로, 또 평가와 컨설팅 기능으로까지 확장, 팽창된 변화의 과정을 살펴본다. 마지막으로 6장

1장 이 책의 연구목적과 문제 풀이과정

연구목적: 감사기구에 대한 국민이해도 증진 및 신뢰 확보

2장 감사에 관한 이론적 사변

- 감사의 속성
  - 감사 관련 세 가지 질문과 답변
- 감사를 설명하는 이론들
  - 신뢰감고취 이론
  - 감사의 5단계 구조
  - 주인–대리인 이론
  - 프로그램 논리모형
  - 이해관계자 이론
- 감사의 정의 및 비교론적 관점에서 본 감사의 개념
  - 감사의 정의
  - 외부감사와 자체감사
  - 내부통제와 자체감사
  - 평가와 성과감사
  - 민간부문 감사와 공공부문 감사

3장 감사원의 리더와 정책

- 감사원의 리더와 감사중점
- 조직 · 지배 구조
- 감사 관련 정책

4장 감사원의 독립성에 대한 감사정책의 변화

- 지난 60여 년간 독립성 관련 감사정책의 주요 변화
- 독립성 관련 감사정책의 시대별 변화와 시사점

5장 감사원 감사유형의 시대적 변화에 대한 고찰

- 감사원 감사유형의 변화분석

6장 감사원 감사활동의 성과 및 책무성

- 감사활동의 성과 및 책무성에 관한 이론적 논의
- 감사원 감사활동 성과의 시기별 변화와 특성
- 감사원 책무성의 시기별 변화와 특성

〈그림 1-3〉 이 책의 전체 논의 개관

에서는 감사원 감사활동의 성과관리와 함께 감사원이 이해관계자의 수요에 따라 감사활동을 하고 감사품질을 높이려는 정책 등을 통해 책무성을 다하려는 노력을 서술한다.

참고문헌

심호(2015), 「감사역량의 관점에서 살펴본 감사원의 역할」, 서울대학교 행정대학원-감사포럼 공동세미나 발표집.

「감사원법」

2장

감사에 관한 이론적 사변

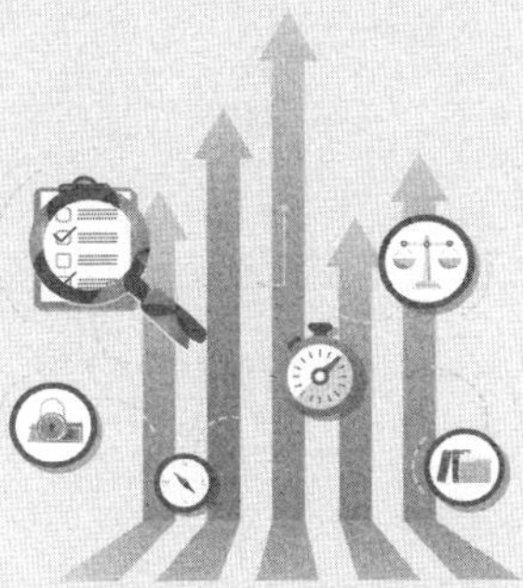

심 호

Ⅰ. 서론

감사의 속성을 알기 위해 몇 가지 의문, 즉 "감사란 무엇인가?", "감사는 왜 필요한가?", "감사를 통해 얻는 것은 무엇이고 부작용은 무엇인가?" 에 대해 진술하고 이에 답해 보고자 한다.

1. 감사의 논리적 근거

"감사란 무엇인가?" 이는 감사의 논리적 근거를 궁금해하는 것인데, 단언하면 감사는 다른 사람을 믿지 못하는 불신(mistrust)에 그 뿌리를 두고 있다. 서울메트로는 직원들을 배치하여 정당한 가격을 지불하지 아니한 시민들을 불시에 확인(check), 통제(control)하고 위반자에게 정당한 요금과 그 요금의 30배를 부가금으로 징수하는 정책을 시행하고 있다. 기본적으로 불신 때문에 확인, 통제하는 것인데, 이 정책은 시민들에게 무임승차를 줄이도록 하는 예방 또는 저지 효과가 있다. 더 나아가 정당한 요금을 지불한 시민들에게는 우리 사회가 공정하고 신뢰 있는 사회라는 생각을 하게 한다. 감사는 이처럼 불신에서 출발하여 확인, 통제라는 기본적인 수단 또는 보증(assurance) 절차를 통해 사회공동체 전체에 부정적인 영향을 주는 것을 예방 또는 저지하고, 결과적으로 신뢰(trust)와 공정함을 회복시키는 기능이다.

감사기구가 감사를 통해 사회공동체에 봉사하는 방법을 열거해 보면, 재무보고서의 적정 여부를 확인하는 재무감사, 특정 업무에 대해 관련 법령과 규정에 맞게 일을 했는지 확인하는 특정감사, 사업이나 정책 등이 경제적(economy), 효율적(efficiency), 효과적(effectiveness), 즉 3E로 집행되었는지 확인하는 성과감사, 그리고 환경감사, 공사감사, 정보화감사 등이 있다. 감사유형마다 서로 다른 목적과 중점, 다른 접근 방법 및 기법을 적용한다. 그럼에도 다른 사람이 행한 일의 적정성에 의문을 품고 독립적인 입장에서 확인, 분석, 통제, 권고함으로써 신뢰를 회복시킨다는 점에서 감사유형과 관계없이 감사의 속성은 같다.

2. 감사의 필요성

"감사는 왜 필요한가?"라는 질문에 대해 고찰해 보자. 국민들은 국가와 지방자치단체에 세금을 내고 중앙정부, 지방자치단체, 공공기관들은 국민의 세금으로 사업과 정책들을 집행한다. 또 주주들은 주식을 취득하는 방법 등으로 기업에 투자하고 기업의 관리자들은 주주들의 투자금을 원천으로 기업을 운영한다. 국민들이나 주주들은 자신들이 내거나 투자한 돈이 부정한 방법으로 소모되지는 않는지 의문을 갖게 된다. 그리고 자신들의 돈을 맡아 사업을 하는 사람들이 작성한 재무보고서가 너무 전문적이고 복잡해서 보고서에 어떤 오류나 사기성 행위(fraud), 법률과 규정에 맞지 않는 일 등이 포함되었는지 제대로 알 수 없는 문제에 봉착하게 된다. 따라서 보고서의 내용을 독립적이고 객관적으로 평가해 줄 전문가들을 찾게 되었다. 또한 현대사회에서 경제활동이 더욱 복잡해지면서 국민들, 주주들뿐만 아니라 시민사회단체, 언론 등 여러 이해관계자가 자신들에게 필요한 정보를 얻는 과정에서 감사자의 감사결과에 크게 의존하는 경향도 생겨났다. 감사는 바로 이러한 사회·경제적 역학관계(socio-economic mechanism) 때문에 현대사회에서 중요한 사회적 기능으로 인식되게 되었다. 감사는 관리자의 잘못된 행동을 예방 또는 저지하여 소위 대리인비용(agency cost)을 줄이는 데 도움을 줄 뿐 아니라, 감사활동에서 발견한 사실들을 투자자들에게 알려줌으로써 이들이 신뢰와 안정을 찾도록 돕는다는 의미에서 그 필요성이 인정된다.

3. 감사의 장점과 부정적 논란들

"감사의 장점은 무엇이고 부작용은 무엇인가?"에 대해 고찰해 보자.

감사의 장점은 첫째, 조직의 자금운용상태가 정상적인지, 거래들이 법률이나 규정에 적합하게 집행되는지, 사업과 정책이 경제적·효율적·효과적으로 이루어지고 있는지 보증함으로써 관리자와 구성원이 적절하게 일하고 있다는 확신을 준다. 둘째, 조직구성원의 일부가 사기성 행위, 위법·부당한 행위를 저지르고 있는지를 확인함으로써 이를 예방 또는 저지하는 효과가 있다. 셋째, 조직이 이해관계자들의 요구를 제때 인식하고 소통 및 설득할 수 있는 지배구조(governance)를 가졌는지, 적절한 통제환경을 갖추고 투명하고 효과적으로 내부통제(internal control)를 실시하고 있는지, 위험을 항시 관리하고 위험도를 분석(risk analysis)해서 우선순위가 높은 분야에 자원을 집중적으로 배분하고 있는지 평가 및 권고함으로써 조직에 가치를 더할 수 있다.

반면 감사의 부작용은 첫째, 감사는 이미 행한 일과 자금의 거래에 관해 법률과 규정에 따라 적정하게 집행되었는지를 확인하는 것이지 조직의 일을 예측, 분석, 평가, 권고하는 미래의 기능을 담당해서는 안 된다는 논란(감사업무 범위 팽창에 대한 적절성 논란)이 있다.[1] 둘째, 감사자들이 정치적으로 영향력 있는 이해관계자들에 대해서는 감사를 하지 않거나 독립적이고 객관적인 감사결과를 산출하지 못한다는 논란(독립성, 정치적 중립성 손상 논란)이 있다. 셋째, 감사자가 전문성이 부족하여 이해관계자들에게 유용한 정보를 제공하지 못한다는 논란(전문성 부족

1 일부 학자들은 감사자들이 전통적으로 위탁받아 온 회계보고서에 대한 감사도 제대로 하지 못하면서 성과감사, 정책에 대한 감사, 컨설팅에까지 업무를 확장하는 것은 적절하지 않다고 주장한다.

논란)이 있다. 넷째, 감사자가 감사결과보고서를 만드는 데 시간이 오래 걸려 보고서가 공개되는 시점에는 감사실효성이 떨어지고 또한 감사결과가 잘 집행되는지 제대로 확인하지도 않는다는 논란(감사실효성 저하 논란)이 있다. 다섯째, 감사자가 자료를 불필요하게 많이 요구하거나 감사의 대상이 되는 사람들의 주장에 귀 기울이지 않고 일방적인 감사결과를 내놓는다는 논란(감사대상기관의 민주성 보호 수준과 관련한 논란)이 있다. 여섯째, 감사진행 상황과 감사결과를 효과적인 방법으로 외부에 공개하지 않아 국민의 알 권리를 충족시키지 못한다는 논란(보고 책무성·투명성 부족 논란)이 있다. 일곱째, 감사에 소요되는 비용은 비생산적이기 때문에 그 비용을 다른 용도로 쓰면 생산성을 높일 수 있다는 논란(감사비용의 효율성 논란)이 있다. 여덟째, 여러 감사기구가 독자적으로 감사계획을 수립하고 감사를 하여 감사대상기관 입장에서는 같은 내용을 여러 번에 걸쳐 감사를 받게 되는 감사부담 증가논란(감사중복·사각에 관한 논란) 등이 있다.

II. 감사를 설명하는 이론들

감사전문가들은 감사자들이 감사를 효율적으로 하도록 돕기 위해 감사 기준·규칙·매뉴얼 등을 만들고 있다. 그러나 이러한 기법, 도구들은 시대에 따라, 또 감사환경변화 및 이해관계자들의 요구 내용 및 수준에 따라 달라질 수밖에 없으므로 안정적이지 않다. 따라서 상황이 변하더라도 감사기구와 그 구성원들이 더 좋은 결정을 할 수 있도록 돕는 감사이론의 개발이 필요하다. 감사이론이 정립되면 감사실무 차원에서 빠져나와 개념적으로 조금 떨어진 위치에서 감사효율성과 관련된 변수들을 정의하고, 이들의 상호작용을 이해, 설명, 예측할 수 있기 때문이다. 여기서는 감사를 설명하는 데 도움이 되는 이론들을 정리하고자 한다.

1. 신뢰감고취 이론(theory of inspired confidence)

Limperg는 1926년 국제회계사협회(International Congress of Accountants)에 신뢰감고취 이론에 관한 보고서를 발표했다. 이 이론은 나중에 합리적 기대이론(theory of rational expectations)으로 알려지게 된다. 그의 주장에 따르면 감사결과보고서의 가치는 독립적이고 전문적인 감사자의 본질에서 나온다는 것이다. 사회공동체는 자금을 집행하고 관리하는 사람들이 자신들에게 제공하는 자료와 책무성에 만족하지 못하고 더 전문적이고 독립적인 입장에서 자금의 운용상황을 살피고 정보를 제공해 줄 수 있는 사람을 찾게 되는데, 그는 이러한 사람들이 감사자들이라고 언급했다. 그에 따르면 감사자들은 전문적이고 독립적인 감사를 하고, 확인된 자료에 근거해서 객관적인 감사결과를 산출하며, 사회공동체에 정보를 제공해 주는 비밀스러운 대리인(confidential agent)으로서의 기능을 한다고 했다. 이러한 기능은 사회공동체가 감사에서 느끼는 자신감과 신뢰감에서 그 뿌리를 찾을 수 있는데, 따라서 감사자가 신뢰를 저버리거나 신뢰를 받지 못하면 감사기능은 쓸모가 없어진다는 것이다. 또한 환경이 바뀌면 사회구성원들은 감사자들에게 바라는 기대도 바꾸기 때문에 감사자들은 바뀐 기대에 부합해야 한다는 것이다. 그러므로 감사자들은 신뢰감에 기여하는 요소들이 무엇인지 잘 알아야 하며, 사회공동체에 더 큰 신뢰를 받을 목적으로 감사에서 발견한 사실관계를 과장해서도 안 된다는 것이다.[2]

Limperg의 신뢰감고취 이론은 공동체의 요구(community's need)와 이 요구를 만족하게 하는 감사능력(ability of audit techniques) 간의 관계 설명을 통해 사회공동체가 왜 감사자들을 필요로 하게 되었는지에 대한 근거를 제시하고 있으며, 감사에 필수적인 가치들, 즉 독립성, 전문성, 객관성 등에 대해서도 근거가 되는 단서를 준다.

2. 감사의 5단계 구조(five-level structure of auditing)

Mautz와 Sharaf는 1961년 논문 "The Philosophy of Auditing"에서 감사이론, 감사방법론, 감사의 공준(公準)뿐만 아니라 증거, 감사자로서의 성실의무, 공정한 표현, 독립성, 윤리적 행동 등에 대해 논의했다. 그들은 감사에서 발견되는 증거, 감사의견의 본질은 지식이론(theory of knowledge)에 근거하고, 감사가 실험과 표본에 의존하는 현상은 확률이론(probability theory)과 수학에 기초하기 때문이라고 언급했다. 또한 공정한 표현은 회계원칙, 재무분석, 커뮤니케이션 이론(communication theory)에 따르기 때문이고, 감사자로서의 성실의무는 사회공동체와 윤리적·도덕적 관계를 전제로 하기 때문이라고 했다. 이와 함께 감사는 실제문제에도 공헌할 수 있어야 한다고 했다. 그들의 이론을 요약하면 감사는 이론과 실제 간의 체계적인 연결관계로 설명할 수 있고, 감사자는 감사이론의 개발과 사용을 통해 실제문제에 대한 해답을 얻을 수 있다는 것이다. 이론적 개념은 감사자가 감사업무를 할 때 안정적이고 적절한 보증을 할 수 있게 도와주며, 잘 개발된 이론을 사용해야만 진정한 경제대리인이 될 수 있다고 한다. 그들은 〈그림 2-1〉에서 보는 바와 같이 감사이론부터 실제까지 5단계 구조를 설명했는데, 감사의 철학적

---

2 Theodore Limperg(1985), *The Social Responsibility of the Auditor: A Basic Theory on the Auditor's Function*, Limperg Instituut, The Netherlands, pp. 13-19, pp. 38-39; A. H. Millichamp and J. R. Taylor(2012), *Auditing*, 10th ed., Cengage Learning EMEA, pp. 3-4.

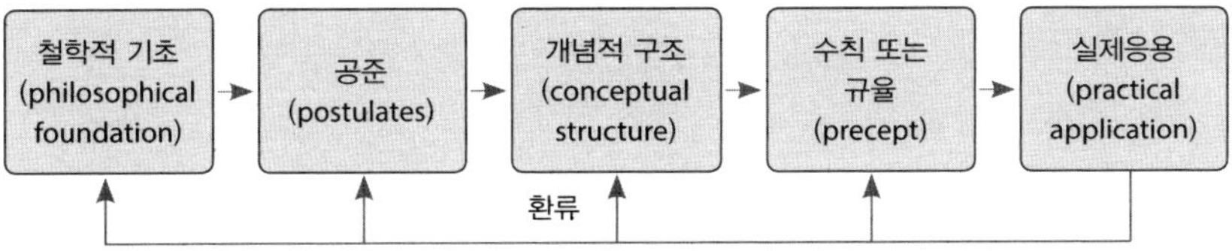

〈그림 2-1〉 감사이론과 실제의 이론적 연결구조

출처: Mautz and Sharaf(1961: 245-248)를 참고로 도식화.

기초(philosophical foundation), 공준(postulates)[3], 개념적 구조(conceptual structure), 수칙 또는 규율(precept), 실제응용(practical application) 등이 그것이다. 실제문제가 수칙에 관계되고 수칙이 개념적 구조를 따른다는 식의 5단계 구조를 밟아 올라가다 보면 실제는 강한 이론적 기초에 근거한다는 논리다.[4]

3. 주인–대리인 이론(principal–agent theory)

주인-대리인 이론 또는 대리인이론(agent theory)은 전문성이 낮은 주인이 전문성이 높은 대리인과 계약을 맺고 대리인을 통해 필요한 정보를

3 Mautz와 Sharaf(1961)는 감사자에게 필요한 요소들, 즉 여덟 가지 공준을 제시했다. 첫째, 재무보고서와 재무자료는 검증 가능하다. 둘째, 감사를 할 때 감사자와 감사대상기구의 관리자 사이에는 이해충돌이 없다. 셋째, 감사에 제공되는 재무보고서와 제반 정보들은 조작되거나 비일관적이지 않다. 넷째, 만족스러운 내부통제시스템이 조직 내 특이한 행동의 가능성을 없앤다. 다섯째, 일반적으로 적용되는 회계원칙을 일관되게 적용하면 재무상태나 운영결과가 공정하게 된다. 여섯째, 명시적인 증거가 새로 발견되지 않는 한 과거에 진실한 것으로 주장된 것은 미래에도 유지된다. 일곱째, 감사자는 재무자료에 대해 의견을 말할 때 감사자의 역량 범위 내에서 독립적으로 행동한다. 여덟째, 감사자가 독립적인 지위를 유지하려면 상응하는 전문성을 갖추어야 한다.

4 R. K. Mautz and H. A. Sharaf(1961), *The Philosophy of Auditing*, Monograph No. 6, American Accounting Association, pp. 245-248; A. H. Millichamp and J. R. Taylor (2012), *Auditing*, 10th ed., Cengage Learning EMEA, pp. 3-5.

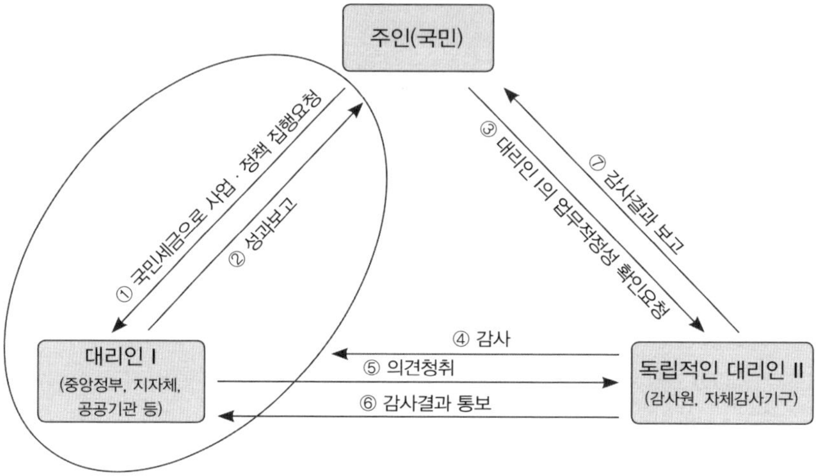

〈그림 2-2〉 감사를 설명하는 대리인이론 모형

얻는다는 개념을 담고 있다. 국민, 조직의 관리자, 주식투자자 등이 자신들이 투자한 자금이 효율적이고 안전하게 관리되고 있는지 알고 싶은데 식견이 부족하거나 전문성이 없어 잘 알 수 없을 때, 전문성이 있고 독립적인 대리인을 고용하여 그들에게 정보에 접근하고, 조사하고, 정리하도록 하여 문제가 되는 상황을 보고하게 하는 시스템을 만든다.[5] 〈그림 2-2〉는 대리인이론의 실제상황을 잘 설명하고 있다.

Flint(1988)는 Mautz와 Sharaf의 이론을 실제 감사상황에 맞추어 좀 더 확장하고 감사에 필요한 요소들, 즉 일곱 가지 공준을 제시했다.

5 대리인이론은 1976년 M. Jensen과 W. Meckling에 의해 처음 주장되었다. 주인이 대리인에게 인센티브(incentive)를 주어 효과적으로 계약목적을 달성하려고 하지만, 주인과 대리인 간 정보의 불균형, 감독의 불완전성 등 때문에 주인이 전문성이 낮은 대리인을 선택하는 역선택(adverse selection), 대리인의 도덕적 해이(moral hazard), 무임승차문제(free-rider problem) 등이 발생할 수 있다.

첫째, 감사에 필요한 기본조건을 책무성(accountability)[6]으로 보았다. 둘째, 국민은 세금 관련 정보에서 떨어져 있고(remote), 그 정보가 복잡할 뿐만 아니라(complex), 너무 중요해서(too significant) 감사를 통해 확인하고 이를 보고받지 않으면 안 된다고 했다. 셋째, 감사자의 행동, 감사활동, 감사결과, 정보품질 등과 관련해 책무성을 설명하는 적절한 기준을 미리 만들고 이 기준에 따라 감사자가 거둔 성과를 측정, 비교해야 한다고 주장했다. 넷째, 감사과정에서 독립성을 유지해야 하고, 다섯째, 감사결과 신뢰성을 증명할 수 있는 객관적인 증거를 확보해야 하며, 여섯째, 감사결과를 효과적으로 공개하여 가치를 높여야 한다. 일곱째, 감사비용보다 더 큰 경제적·사회적 편익을 산출해야 한다는 내용이다.[7] 특히 첫째와 둘째 공준은 대리인이론을 설명하고 있다. 다만 대리인이론에서는 감사자가 자금의 흐름을 모니터하는 경제대리인으로 설명된 반면 Flint의 이론에서는 세 번째 공준을 더함으로써 감사자를 경제대리인일 뿐 아니라 도덕적·성과관리자적 주체로 보았다.

대리인이론으로 감사를 설명한 학자는 조익순(1996), 박재완(1997), 문호승(2002), Normanton(1966), Wallace(1980), Antle(1982), Watts와 Zimmerman(1983), Mills(1990), Spicer 등(1990), Walker(2003)이다.[8]

---

6 이 연구에서는 이론적 고찰을 통해 책무성을 '공공서비스를 제공하는 기관과 그 구성원들이 국민들을 위해 일하면서 도덕적·윤리적 책임과 법적인 책임을 다함은 물론 국민들이 원하는 일을 파악하여 정책에 반영하고 집행한 후 당초 목표대로 성과를 거두었는지를 분석하여 잘한 일과 부족한 일에 대한 성과를 국민들에게 투명하게 설명하는 책임'이라고 정의하고, 이를 책임성의 개념과 차별화하고자 '책무성'이라고 통칭한다.

7 A. H. Millichamp and J. R. Taylor(2012), *Auditing*, 10th ed., Cengage Learning EMEA, pp. 4-5.

8 조익순(1996), 『한·미·일 정부회계 및 감사제도의 문화적 조명』, 박영사; 박재완(1997), 「공공부문 생산성과 공공감사의 합리화 방안」, 최광·임주영 편, 『공공부문 생산성 제고를 위한 연구(III)』, 한국조세연구원; 문호승(2002), 「감사원의 역할에 대한 연구」, 『감사

4. 프로그램 논리모형(program logic model)

Waring과 Morgan(2007)은 정부프로그램을 투입(input), 과정(process), 산출(output), 성과(outcome) 등의 요소로 설명하고, 모든 요소에 적용되는 기대되는 성과로서 법과 규정의 준수, 정보의 신뢰성·타당성·유용성, 필요한 가치(개인의 윤리·청렴, 사회적 형평, 협력과 파트너십)의 유지, 계속된 발전 등을 꼽았다. 그리고 투입-과정-산출-성과로 이어지는 논리적 연결구조는 정부관리자와 성과감사수행자가 업무에 적용할 수 있다고 주장했다. 국민들이 투입에서 기대하는 성과는 프로그램의 품질만 유지할 수 있다면 재무적 자원(화폐단위로 측정되는 것), 물리적 자원(인력, 도구, 사무실 공간 등)을 경제적으로 최소화하는 것이다. 또 과정은 서비스를 제공하기 위한 활동뿐 아니라 계획, 준비, 모니터링, 의사결정 등을 모두 포함하는 것으로서 국민들이 과정에서 기대하는 성과는 투입과 산출의 비율 등으로 측정할 수 있는 효율성이다. 한편 시민, 세금납부자, 국회의원들은 경제성·효율성 이외에도 효과적인 산출을 기대한다. 산출은 기대수준, 양, 질, 적시성 등으로 표현된다. 마지막으로 국민들은 미래에 얻을 효과적인 성과에도 관심을 둔다. 성과는 임

논집』 제7호, 1-2쪽; E. L. Normanton(1966), *The Accountability and Audit of Governments: A Comparative Study*, Manchester: University of Manchester; W. A. Wallace(1980), *The Economic Role of the Audit in Free and Regulated Markets*, New York: University of Rochester; R. Antle(1982), "The Auditor as an Economic Agent," *Journal of Accounting Research*, Part II, Vol. 20, Issue 2, pp. 503-527; R. Watts and J. Zimmerman(1983), "Agency Problems, Auditing and the Theory of the Firm, Some Evidence," *Journal of Law and Economics*, Vol. 26, Issue 3; P. A. Mills(1990), "Agency, Auditing and the Unregulated Environment: Some Further Historical Evidence," *Accounting, Auditing and Accountability*, Vol. 3, No. 1; E. E. Spicer et al.(1990), *Spicer's Practical Auditing*, London: Butterworths; M. Walker(2003), *Principal/Agency Theory When Some Agents are Trustworthy*, Accounting and Finance Working Paper, Manchester: Manchester Business School, Manchester University.

무나 목표에 대응한 성취, 재무적 성과, 고객만족도 등이다.[9]

European Court of Auditors는 앞에서 쓴 Waring과 Morgan이 주장한 프로그램 요소들의 논리적 연결구조를 조금 더 확장해서 〈그림 2-3〉과 같은 프로그램 논리모형(program logic model)을 제시했다. 성과감사에 이 모형을 적용하면 사회·경제적 요구(socio-economic needs)가 어떻게 행정목표, 투입, 과정, 산출, 성과 등에 연결되는지를 이해할 수 있고, 이론적으로는 경제성, 효율성, 효과성 등 3E에 중점을 두는 성과

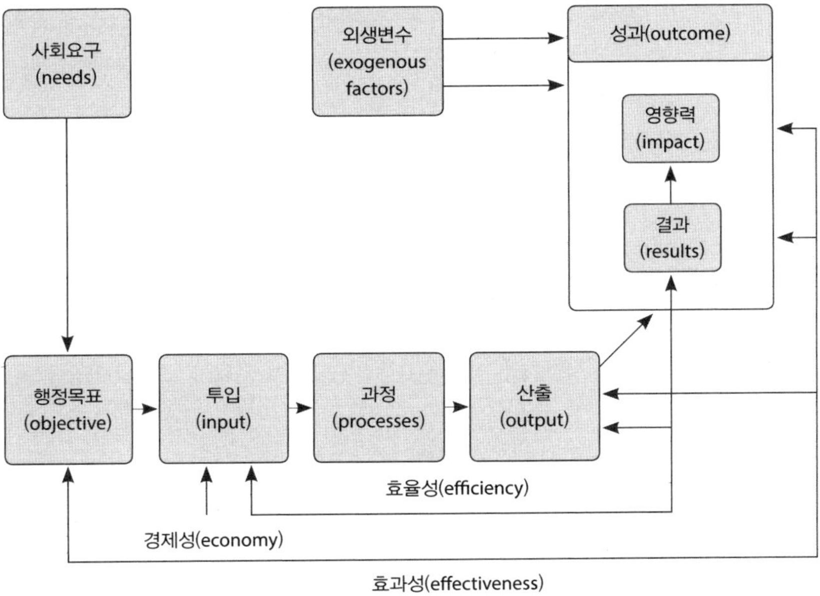

〈그림 2-3〉 성과감사에 적용되는 프로그램 논리모형

출처: European Court of Auditors-CEAD Chamber(2013: 16) 인용.

---

9 C. G. Waring and S. L. Morgan(2007), *Performance Accountability and Combating Corruption-Public Sector Performance Auditing in Developing Countries,* The World Bank, pp. 323-357.

감사를 통해 프로그램 요소들을 완벽하게 설명할 수 있다고 한다.[10]

문호승(2002)은 프로그램 논리모형을 체제이론(systems theory)으로 이해하고 있으나 이 모형은 체제이론을 일부 변형한 모형이다. 투입, 과정, 산출과 환류, 그리고 외부환경의 요구를 수용한다는 점에서는 열린 조직(open organization)에 적용되는 체제이론 개념을 취하고 있지만, 그 밖에 성과감사에 적용하는 3E의 개념을 추가한 점 등은 일반적인 체제이론으로 설명할 수 없기 때문이다. 이외에 감사를 정책이나 사업을 평가해서 환류시키는 기능이라고 주장한 국내 학자는 노화준(1985), 정정길(1986), 안문석(1996), 윤영일(1999), 류춘호(2000) 등이다.[11]

5. 이해관계자 이론(stakeholder theory)

20세기 초까지만 해도 재무보고서의 적정 여부를 주로 감사했던 감사자들은 대리인이론에서와같이 주인으로부터 업무를 위탁받은 대리인이 관련 법령과 규정에 따라 성실한 관리자의 의무를 다했는지 아닌지를 감사(합법성감사)했다. 20세기 중후반을 거쳐 21세기에 들어오면서 기술의 비약적인 발전과 세계화의 진전, 정보통신수단의 발달 등이 경제적 거래량을 더욱 증가시켰고, 민간기업, 공공기관 구분할 것 없이

---

10 European Court of Auditors-CEAD Chamber(2013), *Performance Audit Manual*, Audit Methodology and Support(AMS) Unit, Chapter 2, p. 16.

11 노화준(1985), 「정책평가와 정책감사」, 『감사』 1985년 여름호), 29-35쪽; 정정길(1986), 「정책감사의 개념」, 『감사』 1986년 봄호, 34-45쪽; 안문석(1996), 「감사부작용 발생원인과 유형 및 그 영향」, 『감사부작용 해소대책 자료집』 제1회 감사인 토론회 자료, 감사원, 13-50쪽; 윤영일(1999), 「감사기준으로서의 정의성에 대한 인식론적 증거와 감사의 질 평가방안」, 『감사논집』 제4호, 134-172쪽; 류춘호(2000), 「성과감사와 감사영역의 확대에 관한 연구」, 『감사논집』 제5호, 34-85쪽.

여러 형태의 이해관계자들에 둘러싸인 환경이 되었다. 그리고 각각의 이해관계자들은 그동안 축적하고 신장시킨 민주성을 최대한 발휘하여 조직의 재무상태나 운영과 관련한 서로 다른 정보를 조직의 관리자나 독립적인 감사자로부터 제공받기를 기대하고, 적극적으로 요청한다. 이해관계자는 민간회사의 경우 주주들 외에도 이사회 이사, 관리자, 고용된 직원, 회사와 구매·제조·공사 계약 등을 체결한 자, 규칙과 규정 제정자, 회계감사법인 등으로 다양하고, 정부기관도 대통령, 국회, 언론, 시민사회단체, 이익단체 등으로 다양하다. 또한 집행하려는 사업과 정책에 따라서도 이해관계자는 조금씩 달라진다. 이러한 상황이다 보니 국민, 대리인 I, 독립적인 대리인 II로 설명 가능한 대리인이론이 수정되어야 할 상황이다.[12]

이러한 현상을 설명하기 위해서 만들어진 이해관계자 이론은 Freeman(1984)이 처음 소개한 이후 조직관리, 경영윤리와 관련한 문제들에 자주 활용되고 있다. 이해관계자 이론에 근거하면 감사는 특별한 그룹의 이해관계자가 가지고 있는 기대를 충족시키기 위해 제공되는 전문가의 보증형태로 설명된다. 그러므로 경우에 따라서는 합법성감사만으로는 이해관계자의 기대를 충족시킬 수 없다. 여기서 3E(경제성, 효율성, 효과성)를 중요시하는 성과감사, 정책에 대한 감사, 감사의 컨설

12 C. W. L. Hill and T. H. Jones(1992), "Stakeholder-agent Theory," *Journal of Management Studies*, Vol. 29, pp. 131-153. Hill과 Jones는 이 논문에서 민간회사의 이사들(directors)을 이해관계자들 중 다른 이해관계자들과 계약을 맺은 특별한 그룹의 이해관계자로 보고, 이사들을 다른 이해관계자들의 대리인으로 설명했다. 그리고 principal-agent theory 대신 stakeholder-agent theory를 사용했다.; A. L. Friedman and S. Miles(2006), *Stakeholders: Theory and Practice*, Oxford: Oxford University Press. Friedman과 Miles는 이해관계자 개념을 소개하면서 "조직은 이해관계자의 그룹들로 설명되고, 따라서 조직의 목적은 이해관계자의 이익, 요구사항, 관점을 잘 관리하기 위한 것이어야 한다."라고 하며 조직의 정의를 바꿔야 한다는 입장을 표명했다.

팅 기능 등 감사의 진화(audit evolution) 현상을 설명할 단서가 생긴다.[13] 또한 감사에 필요한 자원이 한정되어 있는데 모든 이해관계자의 기대수준을 똑같이 만족시킬 수 없으므로, 어떤 기대에 대응할 때 사회정의 및 국민편익증진에 더 도움이 될지를 평가하여 감사자원을 선택, 집중할 수밖에 없다. 이러한 생각이 위험도 분석(risk analysis)에 근거한 자원배분 우선순위(priority)의 개념을 탄생시킬 수 있다.

이 책 1장 〈그림 1-2〉는 감사원과 자체감사기구를 둘러싼 이해관계자들, 즉 일반 국민, 대통령, 국회의원, 감사대상기관 등을 모형화해서 설명하고 있다. 이해관계자 이론은 국회, 감사대상기관 등을 대상으로 감사의 만족도를 조사하거나 감사업무에서 개선할 점 등에 대해 설문하여 그 결과를 업무에 반영하는 과정에도 적용된다. 한 사례로 이해관계자 이론에 근거하여 우리나라 최고감사기구인 감사원이 최근 변화하기 위해 노력하는 모습을 설명해 보고자 한다.

제23대 감사원장(2013. 12~) 황찬현은 2014년 12월, 감사원이 국민들로부터 신뢰받는 기관으로 거듭나려면 미래지향적인 변화와 발전을 소홀히 해서는 안 된다고 강조했다. 그리고 총 7명의 위원으로 구성한 감사혁신위원회[14]를 창설하여 변화와 혁신을 이끌도록 주문했다. 이에 따라 감사혁신위원회는 '국민의 시각에 맞추어', '원점(原點)에서부터 재검토하고', '반드시 이행'한다는 세 가지 기본원칙 아래 매달 1회 이상 만나 토론하면서 감사혁신을 주도했다. 그리고 감사혁신위원회와 감

---

13 Institute of Chartered Accountants in England and Wales(2008), *Evolution: Stakeholder Expectations of Audit*, Audit Quality Forum, pp. 5-18.

14 2014년 12월 1일 감사원장 직속 자문기구로 설치했으며, 외부위원은 정갑영 연세대학교 총장, 정재황 성균관대학교 교수, 김응권 우석대학교 총장, 고계현 경제정의실천시민연합 사무총장 등 4명, 내부위원은 감사원 최재해 감사위원, 강경원 기획조정실장, 심호 감사연구원장 등 3명이다. 감사혁신위원회는 2015년 12월까지 1년간 활동했다.

사원 감사연구원이 2015년 3월 24일 심포지엄을 개최했다. 한국공법학회는 심포지엄에서 감사원의 여러 이해관계자, 즉 감사원 직원, 감사대상기관, 국회, 사회시민단체, 언론종사자들이 감사원에 기대하는 역할과 핵심가치에 관해 조사한 결과를 발표했다.[15] 그 내용을 살펴보면 다음과 같다.

① 정부에 대한 국민신뢰가 낮아진 이유는 공직 부정부패(39.6%), 불합리한 정책·제도 남발(35.3%) 등으로 나타났고, 이러한 신뢰 저하 요인들을 방지하기 위해 감사원이 역할을 해야 한다는 응답(80.5%)이 대다수였다.

② 감사원의 핵심가치 확보 정도는 청렴성(92.4%) 〉 전문성(68%) 〉 투명성(61.6%) 〉 민주성(60.8%) 〉 실효성(60%) 순이고, 특히 앞으로 전문성, 청렴성과 함께 투명성, 실효성, 민주성도 지켜나가야 할 가치임이 의미 있게 확인되었다.

③ 감사원의 핵심가치 중 청렴성을 저해하는 요소는 감사이해관계자와 유착관계를 없앨 수 있는 제도적 장치 부족(60.3%), 소속 직원에 대한 내부통제시스템 작동 부족(59.4%) 등이었고, 전문성을 저해하는 요소는 감사자의 감사대상기관 사업·정책에 대한 이해 부족(63.1%), 잦은 순환보직으로 인한 전문성 부족(57.5%) 등으로 확인되었다. 투명성을 저해하는 요소는 감사과정 공개 소극적(50%), 감사일정 예측 어려움(48.3%) 등이었다. 또한 민주성을 저해하는 요소는 다양한 감사수요에 대처하지 못하거나(51.5%) 감사처리과정에서 감사대상기관에 소명기회를 잘 주지 않는 것(42.1%) 등이었고, 실효성을 저해하는 요소는

15 한국공법학회(2015), 「감사혁신 인식조사 및 시사점」, 감사원 감사혁신위원회·감사연구원 공동주최 감사혁신 심포지엄 발표자료, 『감사원의 혁신방향과 과제』, 2015년 3월 24일.

감사결과 이행관리 소홀(55.1%), 이행 불가능한 권고 및 통보 남발(44.4%) 등으로 조사되었다.

④ 끝으로 감사원 혁신방안으로 청렴성과 관련해서는 감사자 중 징계처분자, 감사업무 부적격자는 감사관 자격을 제한하는 규정 마련, 감사관 자격요건 강화, 외부 민간전문가 위주로 감사원 징계위원회 재구성 등을 과제로 제시했다. 전문성과 관련해서는 감사자에게 감사대상기관 업무 파악 및 교육을 한 후 감사실시, 순환보직제한 및 전문인력관리제 등 인사운영을 통한 전문성 제고 노력, 감사관 교육훈련강화, 신규직원 교육훈련강화 등을 필요한 과제로 제시했다. 투명성과 관련하여 감사예고 및 감사사항에 대한 정보공개, 연간 감사계획을 반기별로 공개, 감사처리 단계별 진행상황을 홈페이지에 공개 등을 향후 추진해야 할 과제로 꼽았다. 한편 민주성과 관련하여 감사소명기회 확대 및 소명자료검토 내실화, 감사대상기관의 업무를 이해하는 데 유용하고 유관기관의 입장이 반영된 균형 잡힌 감사결과보고서 개발 및 보급, 외부감사수요 반영통로 확대 등이 추진될 과제로 거론되었다. 실효성과 관련해서는 감사결과 사후관리강화, 감사결과 비위 관련자의 공직 재임용 등 방지, 개인정보 등 자료 수집 및 확보를 위한 법률개정, 수집된 자료의 공유·공동 활용을 통한 중복 및 과다 자료제출 관행 해소, 회계검사에만 가능한 금융거래자료 제출요구권한을 직무감찰 영역으로까지 확대하는 것 등이 향후 추진할 과제로 제시되었다.

Ⅲ. 감사의 정의 및 비교론적 관점에서 본 감사의 개념

여기서는 감사의 정의를 살펴보고 외부감사와 자체감사, 내부통제와 자체감사, 평가와 성과감사, 민간감사와 공공감사의 속성을 비교하면서 감사개념을 설명하고자 한다.

1. 감사의 정의(definition of audit)

심호(2013)는 감사를 '정해진 규칙, 정책, 합의된 요구조건 등에 부합하게 일이 되었는지 확신하기 위해 산출물, 일의 과정, 그리고 시스템을 점검, 평가하는 일이며, 더 나아가 조직의 목표를 달성할 수 있는 능력의 보유 여부를 확인하고 조직 내 변화를 증진하는 일까지도 포함하는 것'으로 정의했다.[16]

위 정의에서 확인되는 사실은 첫째, 전통적인 순응감사, 합법성감사의 개념은 지금까지도 감사의 주요 속성으로 유지되고 있다는 것이다. 정해진 규칙, 정책, 합의된 요구조건에 부합하게 일이 되었는지, 확신 또는 보증할 목적으로 감사한다는 구절이 이를 잘 설명해 주고 있다. 둘째, 일의 결과뿐 아니라 일의 과정이나 관련된 시스템도 감사의 대상이 된다. 감사는 일의 결과만 중시하지 않고 개입된 과정, 시스템을 살펴봄으로써 일의 결과에 영향을 미친 원인을 확인하여 개선의 여지를 갖겠다는 미래지향적인 의미가 있고, 경제성(economy), 효율성(efficiency), 효과성(effectiveness) 등 3E로 설명되는 성과감사의 개념으

16 심호(2013), 『자체감사와 조직역량』, 박영사, 13-15쪽.

로 확장되는 이론적 단서를 준다. 셋째, 감사는 조직의 목표를 달성할 수 있는 능력의 보유 여부를 확인하고 조직의 변화를 이끌어 나가는 역할도 한다. 공정하고 객관적인 감사라는 수단을 통해 국가와 국민들에게 봉사하고 국민들의 기본권을 보장하는 기능을 담당하는 한편, 국리민복을 증진하려는 감사조직의 목표를 달성하려면 행해진 일에만 감사하는 것은 부족하다. 조직의 목표를 달성하려는 데 필요한 인적·물적 자원과 구성원들의 역량을 명시적으로 산정하고 조직이 실제 보유한 인적·물적 자원 및 역량과 비교해 봄으로써 차이를 확인하며, 부족한 자원과 역량을 다른 방법으로 동원하거나 보강하도록 권고함으로써 조직의 목표달성에 도움을 주는 선도적인 역할도 수행해야 한다. 따라서 감사는 지배구조, 내부통제, 위험관리 과정과 절차를 평가하고 필요한 권고를 함으로써 그 조직의 목표를 효과적으로 달성하도록 돕는 기능을 담당한다.

2. 외부감사(external audit)와 자체감사(internal audit)

일반적으로 감사기구가 소속되어 있는 모체조직과 감사대상자들이 소속되어 있는 모체조직이 다르면 외부감사라고 하고, 같은 조직 내에 소속되어 있으면 자체감사라고 한다. 외부감사는 감사대상기관 조직 밖에 있으면서 법령, 계약 등에 의해 감사대상기관에 대해 합법성감사, 성과감사, 특정감사, 컨설팅감사 등을 실시하고 필요한 권고를 함으로써 감사대상기관의 목표달성에 가치를 더하는 기능이다. 자체감사는 구조적으로 감사대상이 되는 조직 내에 자리 잡고 있으면서 조직의 지배구조, 내부통제, 위험관리 과정과 절차를 평가하여 권고함으로써 조직의 목표달성에 가치를 더하는 기능이다. 외부감사는 감사대상 이외에도 국회 등 이해관계자에게 감사결과를 보고하는 반면, 자체감사는

조직의 최고관리자 또는 이사회에 감사결과를 보고한다.[17]

세계감사원장회의(INTOSAI, International Organization of Supreme Audit Institutions) 감사수칙지도서에 관한 리마선언문(Lima Declaration of Guidelines on Auditing Precepts) 1장 Section 3에는 외부감사와 자체감사를 구분하고 있다. "자체감사는 정부 및 관련된 기관 안에서 성립한다. 반면 외부감사는 감사를 받는 기관 조직구조의 한 부분이 아니다. 자체감사는 어쩔 수 없이 부서의 장에게 속해 있지만, 입법적 테두리 안에서 가능한 한 기능적·조직적으로 독립되어야 한다.[18]" 또한 INTOSAI 감사기준 GOV 9150(Coordination and Cooperation between SAIs and Internal Auditors in the Public Sector)에 따르면 최고감사기구는 일반적으로 최고입법기구나 「헌법」 등에 의해 설립된다. 임무는 민간부문의 감사자에 비해 넓은 영역, 즉 재무보고서에 대한 감사와 조직의 운영 및 행정에 대한 감사 등으로 설명되는 합법성감사(regularity audit), 경제성, 효율성, 효과성을 중시하여 사업과 정책을 분석·평가하는 성과감사(performance audit), 특정 업무 및 현안사항에 대해 감사하는 특정감사(special examination), 그리고 포렌식감사(forensic audit) 등을 포함한다. 반면 자체감사는 조직의 관리자가 만든 조직 내 특별 기능으로서 관리자가 최종 책임을 져야 할 절차나 과정이 실수가 최소화되는 방법으로 운영되고 있는지에 대해 자체감사기구가 보증하는 것이다.[19] 자체감사의 임무는 국제내부감사인협회(IIA, The Institute of

17 외부감사, 자체감사의 차이점은 IIA 홈페이지에 자세히 소개되어 있다. IIA, https://www.iia.org.uk/about-us/what-is-internal-audit/#diff(검색일: 2015. 3. 20).

18 INTOSAI Professional Standards Committee(1998), *The Lima Declaration*, http://www.issai.org/media/12901/issai_1_e.pdf(검색일: 2015. 3. 20).

19 INTOSAI Professional Standards Committee(1998), *Coordination and Cooperation between SAIs and Internal Auditors in the Public Sector*, http://www.issai.org/media/13353/intosai_gov_9150_e_.pdf(검색일: 2015. 3. 20).

Internal Auditors)가 1999년 6월에 승인하여 2014년 현재 운용하고 있는 자체감사의 정의에 다음과 같이 잘 설명되어 있다. "자체감사는 조직의 가치를 높이고 조직운영을 개선하기 위해 고안된 독립적이고 객관적인 보증활동과 자문활동이며, 이는 위험관리, 통제, 그리고 지배구조 과정의 효과성을 평가하고 개선하기 위해 체계적이고 잘 훈련받은 방법을 활용함으로써 조직의 목표를 달성하는 데 도움을 준다."[20]

이와 관련하여 일부 학자들은 내부감사와 자체감사의 개념을 혼동하고 있고, 감사 관련 국제기구인 INTOSAI, IIA의 정의와 다르게 정의하고 있어 혼선이 있다.

감사원이 2000년 12월에 발간한 『공공감사기준 주석서』에 따르면 자체감사를 당해 기관·단체에 대한 순수한 내부감사, 하급기관·단체에 대한 준내부감사, 산하기관·단체 등에 대한 외부감사를 모두 포함하는 개념으로 정의하고 있다.[21] 한편 「공공감사에 관한 법률」 제2조에는 자체감사를 중앙행정기관, 지방자치단체 및 공공기관의 감사기구의 장이 그 소속되어 있는 기관(그 소속기관 및 소관단체를 포함한다.) 및 그 기관에 속한 자의 모든 업무와 활동 등을 조사·점검·확인·분석·검증하고 그 결과를 처리하는 것으로 정의하고 있고, 감사원이 2014년 2월 발간한 『공공감사에 관한 법률의 이해』에서는 위 법률 제2조에서 말한 소속기관 및 소관단체의 범위는 관계 법령, 조례, 행정규칙, 정관 등에서 정해진 바에 따라 판단하도록 설명하고 있다.[22] 그런데 『공공감사기준 주석서』와 『공공감사에 관한 법률의 이해』에서의 자체감사는 INTOSAI, IIA 등이 정의를 내린 내용과 각각 차이가 있어 혼란스럽

---

20 IIA(1999), *Definition of Internal Audit*, https://na.theiia.org/standards-guidance/Public Documents/IPPF_Definition.doc(검색일: 2015. 3. 20).

21 감사원(2000), 『공공감사기준 주석서』, 13쪽.

22 감사원 공공감사운영단(2014), 『공공감사에 관한 법률의 이해』, 감사원, 15쪽.

다. 국제적으로 통용되는 감사 관련 기구들이 설명하는 자체감사의 범위는 『공공감사기준 주석서』의 내용에서 내부감사와 준내부감사의 범위 정도와 일치한다. 다만 여기에서 말하는 하급 기관·단체가 최고관리자가 같은 어느 조직의 소속 기관·단체일 경우에만 해당하며, 만일 최고관리자가 다른 조직일 경우에는 해당하지 않는다.[23]

3. 내부통제(internal control)와 자체감사(internal audit)

1985년에 설립된 독립성 있는 민간단체인 COSO(Committee of Sponsoring Organization of the Treadway Commission)는 내부통제를 '조직의 목적을 달성했다는 것을 보증하기 위해 고안된 그리고 이사회, 경영진 또는 다른 직원들에 의해 영향을 받는 절차들'로 정의하고, 내부통제의 구성요소를 통제환경, 위험평가, 통제활동, 정보와 의사소통, 모니터링 등 상호 연관된 다섯 가지로 설명하고 있다.[24] 이는 앞에서 언급한 자체감사의 정의와 매우 다르다.

특히 미국 뉴욕 주가 1987년에 제정한 「정부의 책무성, 감사와 내부통제법(New York State Governmental Accountability, Audit and Internal

---

23 법제처 법령해석에 따르면 '소속기관'이란 소속 중앙행정기관의 권한에 속하는 행정사무를 당해 관할구역에서 이를 집행하는 특별지역행정기관(예를 들어 지방세무서)과 각 행정기관에 부속되어 이를 지원하는 행정기관(예를 들어 시험연구기관, 교육기관)을 말하는 것이고, '산하단체'란 그 설립 또는 운영에 있어서 당해 주무관청의 승인·허가·인가 또는 지도감독 등을 받는 민법 또는 특별법에 의한 비영리법인, 공익법인, 기타 단체이며, '산하기관'이란 실정법상의 용어가 아닌 일반적인 관용어로서 위 소속기관의 뜻으로도 산하단체의 뜻으로도 쓰일 수 있다고 한다. 예를 들어 서울시의 경우 서울시 감사실(자체감사기구)은 서울시 소속기관인 서울시 지하철건설본부를 자체감사하지만 최고관리자가 다른 서울시 관내 구청을 감사하려면 자체감사가 아닌 외부감사를 하는 격이 된다.

24 COSO(1992), *Internal Control-Integrated Framework*, AICPA, Jersey City, NJ. pp. 13-78.

Control Act)」과 뉴욕 주의 예산정책 및 보고 매뉴얼(Budget Policy and Reporting Manual B-350)에는 내부통제와 자체감사를 잘 구분하고 있다. 내부통제는 '조직의 목표와 임무를 달성하고 있다는 것을 적절하게 보증하기 위해 조직에서 함께 일하는 사람들이 보이는 행동, 계획, 태도, 정책, 시스템, 자원 및 노력의 통합'이라고 정의되는 반면, 자체감사는 '조직이 관리자의 정책에 순응하며 내부통제가 효과적이라는 것을 보증할 목적으로 조직의 활동을 검토하기 위해 관리자에 의해 만들어진 평가활동'으로 정의된다.[25] 즉 감사는 내부통제와는 다르며, 내부통제를 다시 평가하는 기능이다.

4. 평가(evaluation)와 성과감사(performance audit)

평가와 성과감사는 닮은 점이 많고 시간이 지날수록 서로 수렴하는 현상을 보인다. Rossi와 Freeman(1985)은 평가연구(evaluation research)를 '사회개입프로그램의 구상, 설계, 집행, 유용성을 평가할 때 사회(과학) 연구과정을 체계적으로 적용하는 것'이라고 정의했으며,[26] Vedung(1997)은 평가를 '행정의 장점, 가치, 값어치 그리고 정부개입활동의 산출물, 성과를 신중하게 되돌아보고 미래의 실제상황에서 기대되는 것이 무엇인가를 알아보는 것'이라고 정의했다.[27] 또한 Dunn(2011)은 평가를 '정책결과의 가치 또는 값어치에 대한 정보를 생산하는 것'으로 정의했다.

---

25 State of New York(2012), *Governmental Internal Control and Internal Audit Requirements, Budget Policy & Reporting Manual B-350*, http://www.budget.ny.gov/guide/bprm/b/b350.html(검색일: 2015. 3. 20).

26 Peter H. Rossi and Howard E. Freeman(1985), *Evaluation: A Systematic Approach*, 3rd ed., Beverly Hills, New bury Park, CA: Sage Publications, Inc., p. 19.

27 E. Vedung(1997), *Public Policy and Program Evaluation*, New Brunswick, NJ: Transaction Publishers, p. 3.

그리고 INTOSAI의 성과감사가이드라인(Performance Audit Guidelines: ISSAI 3000-3100)에 따르면 성과감사란 '정부의 프로젝트, 프로그램, 조직에 대해 경제성, 효과성, 효율성을 조사하고 개선하도록 할 목적으로 수행하는 독립적인 감사업무'라고 정의한다.[28] Dunn(2011)[29]은 〈그림 2-4〉와 같이 정책분석과정을 모형으로 만들었는데 평가와 성과감사는 이와 비슷한 이론적 틀을 가지고 결과를 산출한다. 그러나 평가와 성과감사는 그 기능(function), 행위자의 역할(actors' role), 중점(focus), 독립성(independence), 일의 품질(quality), 전문성(professionalism)에서 차이를 보인다.[30]

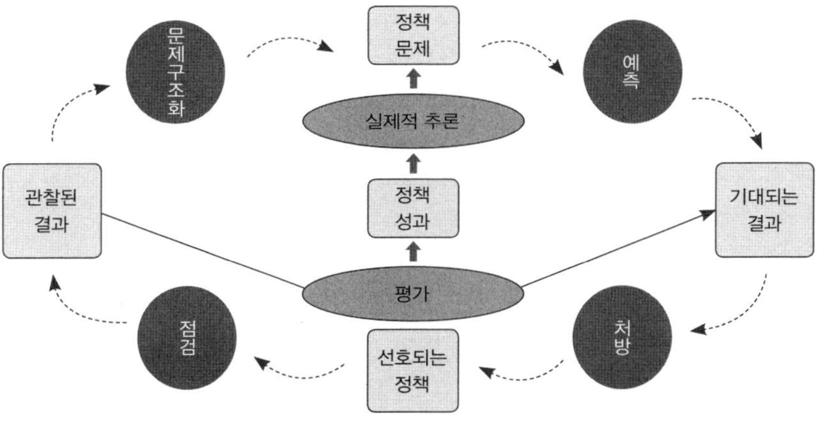

〈그림 2-4〉 정책분석과정

28 INTOSAI Professional Standards Committee(2003), *Standards and Guidelines for Performance Auditing based on INTOSAI's Auditing Standards and Practical Experience*, ISSAI 3000, p. 11, http://www.issai.org/media/13517/performance_audit_guidelines_e.pdf(검색일: 2015. 3. 20).

29 William N. Dunn(2011), *Public Policy Analysis*, 5th ed., London: Routledge. (남궁근 외 옮김(2013), 『정책분석론』 제5판, 법문사)

첫째, 평가자는 조직의 관리자에 의해 고용되어 조직활동의 문제점을 개선하도록 지원하는 참모적 관료 기능을 하는 반면, 성과감사자는 헌법, 법률 등에 의해 그 기능의 독립성을 인정받은 자로서 사업 또는 정책의 투입, 집행, 산출 및 성과 과정에서 경제성·효율성·효과성(3E)이 실현되고 있는지 확인하고, 이를 유지하도록 권고, 조치하는 합리적 관료 기능을 한다. 둘째, 평가자는 사업 또는 정책에 대한 근거를 정의하고, 관리자와 구성원들에게 사업 또는 정책과 관련한 지식을 전달하는 한편 사업 또는 정책이 어떻게 집행되어야 수혜자인 국민들에게 효과가 있을지 등을 제시하고, 집행결과를 당초 예상했던 목표와 대비한 후 그 차이와 원인을 알려 주어 사업 또는 정책의 형성 및 변경을 유도한다. 반면 성과감사자는 사업 또는 정책의 형성 및 변경보다는 이미 확정된 사업 또는 정책의 집행, 관리와 관련하여 자원의 경제적·효율적·효과적 배분 방법을 제시, 수정하도록 하는 것을 목표로 업무를 수행한다.[31] 셋째, 평가는 프로그램 그 자체는 확인되지 아니한 블랙박스(black box)로 취급하고, 계획지표 대비 성과를 비교하는 프로그

30 Dwight F. David(1990), "Do You Want a Performance Audit or a Program Evaluation?" *Public Administration Review*, Vol. 50, No. 1, pp. 35-41; C. Pollitt and H. Summa(1996), "Performance Audit and Evaluation: Similar Tools, Different Relationships?" *New Directions for Evaluation*, No. 71, Fall, pp. 29-50.

31 Mayne(2006)은 성과감사를 효과성감사, 효율성감사로 나누고 효과성감사는 정책, 프로그램이 원래 목표를 달성했는지 조사하는 감사, 효율성감사는 프로그램, 서비스의 집행에 소요된 비용에 비해 얼마의 편익을 얻게 되었는지에 관심을 두는 감사로 설명했다. 특히 효과성감사는 미국, 영국, 스웨덴 감사원 등에서 확인되고 있는 반면, 캐나다, 뉴질랜드, 노르웨이 감사원에서는 그 사례가 확인되지 않고 있고 법률적으로 효과성감사의 임무도 주어지지 않고 있다고 지적하면서 이러한 현상은 정치적 중립성, 업무독립성이 필요한 감사자가 정부정책의 효과성과 관련한 분석, 평가, 권고를 하다 보면 정치싸움의 소용돌이 속으로 빠질 수 있기 때문에 이를 피하려는 경향이라고 언급했다. John Mayne(2006), "Audit and Evaluation in Public Management: Challenges, Reforms, and Different Roles," *The Canadian Journal of Program Evaluation*, Vol. 21, No. 1, pp. 11-45.

램의 성과측정에 중점을 두는 반면 성과감사자는 프로그램에 기여하는 블랙박스, 즉 조직구조, 계획, 절차, 모니터링 등 관리통제에 관련된 변수에 관심을 가지고 이들 변수를 분석하여 확인된 문제들에 대해 개선방안을 권고하여 성과를 개선하는 데 중점을 둔다. 넷째, 평가자는 정책평가의뢰자와의 협력관계가 중요하고 의뢰자에 의해 해고될 수도 있는 반면, 성과감사자는 이해관계자와의 협력도 중요하지만 업무를 하는 데 기능적으로 독립성을 유지해야 한다. 다섯째, 평가자는 서로 다른 평가계획, 평가방법을 사용하고 평가과정에서 오류와 모호함이 있을 가능성이 많은 반면, 성과감사자는 일반적으로 통용되는 감사기준에 따라 품질관리를 하기 때문에 신뢰도를 높이고 오류, 모호함을 최소화할 수 있다. 여섯째, 평가자는 특별한 자격기준이 없으므로 따라서 사회학자, 정치학자, 공학자 등 여러 사람이 참여할 수 있으며, 정책평가자의 충고와 권고는 정책의 입안과 집행에 참고하기는 하지만 이행비율이 낮은 반면 성과감사자는 공인회계사(certified accountant), 공인감사사(certified auditor) 등 전문자격을 갖추도록 권고되고, 자격을 갖춘 자들이 관련 규정에 순응하지 않으면 제재를 하는 방법으로 전문성을 유지하고 있다. 감사자의 권고 및 조치 사항은 정책평가자의 경우에 비해 높은 이행비율을 유지한다.

5. 민간부문 감사와 공공부문 감사

감사자는 감사대상조직의 재무기록과 업무 흐름을 정확하게 그리고 깊이 있게 살펴볼 능력이 있어야 한다. 회계자료를 재검토하고 자료를 대조하고 일의 과정과 기록된 자료의 문제를 확인하여 시정하도록 조치할 뿐만 아니라 자금정보가 적정하게 기록, 관리되었다는 것을 확정해 주는 일을 한다. 이러한 능력을 갖추면 감사자는 민간부문이든 공공부문이든 어디서든 일할 수 있다.

그러나 민간부문 감사와 공공부문 감사는 역할이 서로 다르다. 공공부문 감사자는 공적자금이 사용, 투자되는 방법, 공공기관의 서비스가 효율적으로 제공되고 서비스의 효과성이 높은지 등을 조사한다. 또 지출예산이 효율적으로 집행되는지, 낭비하는 것은 없는지에 관심을 두고 감사보고서를 작성한다. 반면 민간부문 감사자는 회사에 고용되거나 아니면 그 회사로부터 아웃소싱 받아 감사하면서 기업의 영업이 효율적이고 수익성이 있는지 등을 조사한다. 또한 회사가 작성한 회계보고서가 가장 최근 자료까지 포함하고 있는지, 정보가 정확한지를 조사하며, 조사결과를 기초로 감사보고서에 회계감사의견[32]을 표시한다. 이러한 역할의 차이에도 불구하고 민간부문이나 공공부문 감사자들은 사회과학적 기법, 정보통신기법, 회계기법 등에 전문성이 있어야 하며, 공공부문 감사자들은 맡은 역할에 따라 회계사, 정책분석평가사, 감사사 등 여러 자격이 요구되는 반면 민간부문 감사자는 대부분 회계사(accountant) 자격을 취득한다.

조형석과 신민철(2012), 성용락(2013)은 공공부문 감사와 민간부문 감사의 차이점을 세 가지 관점으로 정리했다.[33] 첫째, 감사자가 업무를

---

32 적정의견(unqualified), 한정의견(qualified), 부적정의견(adverse), 의견거절(disclaimer) 등을 표시한다. ① 재무회계보고서가 일반적으로 인정되는 회계기초 및 회계정책을 사용하여 준비되었고, 관련 법령과 규정을 준수했으며, 회계보고서에 표시된 사항들이 감사자가 감사대상기관에 대해 알고 있는 내용과 일치하고, 모든 중요한 문제가 적정하게 공개되었을 경우 감사자는 적정의견을 표시한다. ② 회계보고서에서 중요한 것 중 감사자가 1개 이상의 문제에 동의할 수 없거나 확신할 수 없을 때 한정의견을 표시한다. ③ 감사자가 동의할 수 없는 사항 중 독자가 회계보고서를 이해하는 데 매우 필수적인 것이어서 한정의견조차 표시할 수 없는 상황이 발생하면 감사자는 부적정의견을 표시한다. ④ 감사자는 불확실한 사항과 감사 범위의 제한 때문에 회계보고서의 필수적인 내용을 확인할 수 없고, 한정의견을 표시하기도 적정하지 않다고 판단하면 의견거절 표시를 한다.

33 조형석·신민철(2012), 『주요국 최고감사기구의 지위 및 기능에 관한 비교연구』, 감사원

할 때 감사대상기관으로부터 어느 수준의 독립성을 유지할 수 있는가에 대한 관점이다. 공공부문 감사는 민간부문 감사와 비교하면 더 높은 수준의 독립성을 요구받는다. 둘째, 감사자의 역할 범위에 대한 관점이다. 민간부문 감사는 특정한 기업에 투자한 이해관계자들에게 재무제표가 회계기준에 부합되게 작성되었는지 등 재무적 정보를 제공할 목적으로 특정 기업에 대해 감사를 하지만 공공부문 감사는 국민들에게 재무적 정보뿐 아니라 사업, 정책, 업무의 효율성 등 비재무적 정보까지 제공할 목적으로 국정 전반에 걸쳐 광범위하게 감사한다. 셋째, 감사결과의 보고 범위와 공공책무성의 강도에 대한 관점이다. 민간부문 감사결과는 기업의 주주, 경영진 등 소수의 이해관계자에 국한하여 보고되고 국민들에게 한정적인 영향을 주므로 공공책무성의 강도는 낮다. 그러나 공공부문 감사결과는 국회와 국민에게 보고되고 업무개선과 직접 연결되므로 공공책무성의 강도가 높다.

Ⅳ. 결론

감사의 속성, 감사를 설명하는 이론, 감사의 정의와 비교론적 관점에서 본 감사의 개념 등 세 가지 방법을 동원하여 감사를 해부해 보았다.

첫째, 감사와 관련하여 일반인들이 가지는 의문, 즉 "감사란 무엇인가?", "감사는 왜 필요한가?", "감사를 통해 얻는 것은 무엇이고 부작용은 무엇인가?"에 대해 답변하는 형식을 취하면서 감사의 속성을 연구했다.

감사연구원, 19-20쪽; 성용락(2013), 『공공감사 제도의 새로운 이해: 공공감사의 이론과 실무』, 석탑출판, 258-259쪽.

① 감사는 다른 사람을 믿지 못하는 불신(mistrust)에 뿌리를 두고 있고, 독립적인 입장에서 확인(check), 통제(control)라는 수단과 보증(assurance) 절차를 활용하여 사회공동체에 부정적인 영향을 주는 것을 예방 또는 저지하고, 신뢰(trust)와 공정성을 회복시키는 기능을 하는 것이다.

② 국민들은 자신들이 낸 세금이 어떻게 쓰이고 있는지, 주주들은 자신들이 투자한 돈이 얼마나 수익을 내고 있는지 알고 싶지만 정보의 한계, 전문성의 한계 때문에 어려움을 느낀다. 그래서 독립적이고 전문성 있는 감사자들을 고용하여 필요한 정보를 받으려는 사회·경제적 역학관계가 발생했다. 감사는 자금관리자의 잘못된 행동을 예방 또는 저지하여 대리인비용을 줄이고, 감사결과를 이해관계자들에게 알려 줌으로써 이들이 신뢰와 안정을 찾도록 돕는다는 의미에서 필요성이 인정된다.

③ 감사의 장점은 행해진 일에 대해 보증해 줌으로써 조직의 관리자와 구성원들이 적절하게 일하고 있다는 확신을 줄 뿐만 아니라 사기성 행위, 위법·부당 행위를 예방 또는 저지해 준다. 또한 조직의 지배구조, 내부통제, 위험관리와 관련한 절차·과정을 평가 및 권고함으로써 조직에 가치를 더한다. 반면 감사의 부작용은 감사업무 범위 팽창에 대한 적절성 논란, 독립성·정치적 중립성 손상 논란, 전문성 부족 논란, 감사실효성 저하 논란, 감사대상기관의 민주성 보호 수준과 관련한 논란, 보고 책무성·투명성 부족 논란, 감사비용의 효율성 논란, 감사 중복·사각에 관한 논란 등이 있다.

둘째, 감사 관련 이론, 즉 신뢰감고취 이론(theory of inspired confidence), 감사의 5단계 구조(five-level structure of auditing), 주인-대리인 이론(agent theory), 프로그램 논리모형(program logic model), 이해관계자 이론(stakeholder theory) 등에 대하여 정리하면서 감사의 속성에 관해 연구

했다.

① 감사환경, 이해관계자들의 요구내용과 요구수준이 변하더라도 감사기구와 그 구성원들이 더 좋은 결정을 할 수 있도록 돕는 감사이론의 개발이 필요하다. 또한 감사는 이론적(추상적) 세계와 경험적(실제적) 세계를 연역적·귀납적 방법으로 넘나드는 과학의 원리가 반복적으로 적용될 때 안정적이고 효과적인 감사성과를 낼 수 있다.

② Limperg의 신뢰감고취 이론(theory of inspired confidence)은 감사자들이 사회구성원들에게 전문적이고 독립적인 정보를 제공해 주는 비밀스러운 대리인의 기능을 한다고 인식하고, 이 기능은 사회가 효과적인 감사에서 느끼는 자신감 또는 신뢰감에 기초한다고 한다. 따라서 감사자들은 신뢰감에 기여하는 요소들이 무엇인지 잘 알고, 변화하는 사회의 환경과 기대에 부합해야 하며, 신뢰를 받지 못하면 그 기능은 더는 존재할 수 없다고 한다. 신뢰감고취 이론은 사회공동체의 경제활동, 행정행위에서 감사자들이 왜 필요하게 되었는지 그 근거를 제시하고 있으며, 독립성, 전문성, 객관성 등 감사에 필요한 가치에 대한 단서를 준다.

③ Mautz와 Sharaf는 감사를 이론부터 실제까지 5단계의 체계적인 연결관계, 즉 철학적 기초(philosophical foundation), 공준(postulates), 개념적 구조(conceptual structure), 수칙 또는 규율(precept), 실제응용(practical application)으로 설명하면서, 실제문제가 수칙에 직접 관계되고 수칙이 개념적 구조를 따른다는 식의 5단계 구조를 밟아 올라가다 보면 감사는 강한 이론적 기초에 근거하게 된다고 한다. 감사실무와 이론을 질서 있게 구분 정리한 시도라는 의미가 있고, 감사기구들이 이 이론에 근거하여 감사활동을 체계적으로 정리한다면 이론적으로나 실무적으로도 공고한 감사기준을 확립할 수 있을 것이다.

④ 주인-대리인 이론은 전문성이 상대적으로 낮은 주인이 전문성

이 높은 대리인과 계약을 맺고 대리인을 통해 필요한 정보를 얻는다는 개념인데 감사에서는 재무회계보고서를 감사하는 전통적인 합법성감사를 설명하기에 적합한 이론이다. 그리고 Flint는 감사에 필요한 일곱 가지 공준을 제시했는데, 여기서 그는 감사자를 경제적인 대리인일 뿐만 아니라 도덕적이고 성과관리자적인 주체로 보았다.

⑤ Waring과 Morgan은 프로그램을 투입, 과정, 산출, 성과 등의 요소로 설명하고 투입-과정-산출-성과로 이어지는 논리적 연결구조는 성과감사 수행자가 업무에 적용할 수 있다고 한다. European Court of Auditors는 Waring과 Morgan의 논리적 연결구조를 더 확장해서 프로그램 논리모형을 제시했다. 이 모형을 사용하면 사회·경제적 요구가 어떻게 행정목표, 투입, 과정, 산출, 성과 등에 연결되는지 잘 이해할 수 있고, 이론적으로는 성과감사 요소들을 쉽게 설명할 수 있다고 한다. 이 이론은 열린 조직에 적용되는 체제이론(systems theory) 개념을 취하고 있지만, 성과감사에 적용하는 3E 개념을 추가한 점 등을 고려하면 체제이론과는 구별된다.

⑥ Freeman의 이해관계자 이론(stakeholder theory)은 이해관계자들에 둘러싸인 감사환경을 잘 설명해 준다. 이 이론에 의하면 감사는 특별한 그룹의 이해관계자가 가지고 있는 기대를 충족시키기 위해 제공되는 전문가의 보증형태이다. 그리고 합법성감사뿐만 아니라 성과감사, 컨설팅 등 감사의 진화(audit evolution) 현상을 설명하는 데도 도움이 된다. 또한 감사자원이 한정되어 있으므로 위험도 분석(risk analysis)에 근거한 자원배분 우선순위(priority)의 개념도 설명할 수 있다.

셋째, 감사의 정의를 살펴보고 외부감사와 자체감사, 내부통제와 자체감사, 평가와 성과감사, 민간부문 감사와 공공부문 감사 등을 비교론적 관점에서 연구함으로써 감사의 개념을 더 구체적으로 확인했다.

① 감사는 '정해진 규칙, 정책, 합의된 요구조건 등에 부합되게 일

이 되었는지 확신하기 위해 산출물, 일의 과정, 그리고 시스템을 점검, 평가하는 일이며, 더 나아가 조직의 목표를 달성할 수 있는 능력의 보유 여부를 확인하고 조직 내 변화를 증진하는 일까지도 포함하는 것'으로 정의할 수 있다.

② 외부감사는 감사대상기관 조직 밖에 있으면서 감사대상기관에 대해 합법성감사, 성과감사, 특정감사, 컨설팅감사 등을 하고 권고함으로써 감사대상기관의 목표달성에 가치를 더하는 기능이다. 반면 자체감사는 구조적으로는 감사대상이 되는 조직 내에 자리 잡고 있으면서 조직의 지배구조, 내부통제, 위험관리 과정과 절차를 평가하여 권고함으로써 조직의 목표달성에 가치를 더하는 기능이다.

이론적 고찰을 통해 내부감사와 자체감사는 법률상 정의와 해석서 등에 근거할 때 동일한 개념으로 볼 수 없었다. 감사원이 2000년 12월 발간한 『공공감사기준 주석서』 및 2014년 2월 발간한 『공공감사에 관한 법률의 이해』, 그리고 2010년 3월 22일 제정된 「공공감사에 관한 법률」 제2조 등에 따르면 국제적으로 통용되는 감사 관련 기구인 INTOSAI, IIA 등이 설명하는 자체감사의 범위는 『공공감사기준 주석서』에서 설명하는 내부감사와 준내부감사의 범위 정도와 일치한다. 하지만 이 또한 경우에 따라 다르게 해석될 수 있으므로 이를 명확하게 다시 정의해 둘 필요가 있다.

③ 내부통제는 '조직의 목표와 임무를 달성하고 있다는 것을 적절하게 보증하기 위해 조직에서 함께 일하는 사람들이 보이는 행동, 계획, 태도, 정책, 시스템, 자원 및 노력의 통합'이라고 정의되는 반면 자체감사는 '조직의 가치를 높이고 조직운영을 개선하기 위해 고안된 독립적이고 객관적인 보증활동과 자문활동이며, 이는 위험관리, 내부통제, 그리고 지배구조 과정의 효과성을 평가하고 개선하기 위해 체계적이고 잘 훈련받은 방법을 활용함으로써 조직의 목표를 달성하는

〈표 2-1〉 평가와 성과감사의 차이

구분	평가(evaluation)	성과감사(performance audit)
① 기능(function)	참모적 관료 기능	합리적 관료 기능
② 행위자의 역할 (actors' role)	사업 · 정책의 형성, 변경을 목표로 권고	이미 확정된 사업 · 정책의 집행, 관리와 관련하여 자원의 경제적 · 효율적 · 효과적 배분 방법을 제시 및 수정하도록 유도
③ 중점(focus)	프로그램 자체는 블랙박스로 취급하고 계획지표 대비 성과를 비교하는 프로그램의 성과측정에 중점	프로그램에 기여하는 블랙박스, 즉 조직구조, 계획, 절차, 모니터링 등 관리통제와 관련된 변수들에 관심을 두고 변수별 개선방안을 권고하는 데 중점
④ 독립성 (independence)	평가의뢰자와의 협력 > 평가의 독립성	감사대상과의 협력 < 업무의 독립성
⑤ 일의 품질 (quality)	평가자마다 평가방법이 다르고 평가과정에 오류, 모호함의 가능성 많음	감사기준 표준화로 업무신뢰도 높고 오류, 모호함의 가능성 최소화
⑥ 전문성 (professionalism)	평가자는 특별한 자격기준 필요 없음	감사자는 회계사, 감사사 등 일정한 자격기준 필요함

데 도움을 주는 일'로 정의된다. 즉 감사는 내부통제와는 다르며 내부통제를 평가하는 기능이다.

④ 평가와 성과감사는 이론적인 면, 적용하는 기법 등에 있어 구별이 쉽지 않다. 그러나 기능, 행위자의 역할, 중점, 독립성, 일의 품질, 전문성에서는 차이를 보인다. 〈표 2-1〉에서 구체적인 차이를 살펴볼 수 있다.

⑤ 공공부문 감사자는 공적자금이 사용, 투자되는 방법 그리고 공공기관의 서비스가 효율적·효과적으로 제공되고 있는지 등을 조사한다. 반면 민간부문 감사자는 기업의 영업이 효율적·효과적이고 수익성이 있는지 등을 조사한다. 이러한 역할의 차이에도 불구하고 이들 감사자는 사회과학적 기법, 정보통신기법, 회계기법 등에 전문성이 있어

야 한다. 한편 공공부문 감사는 민간부문 감사에 비해 높은 수준의 독립성을 요구받고, 국정 전반에 걸쳐 감사하므로 특정 기업을 대상으로 하는 민간부문 감사에 비해 역할 범위가 넓다. 또한 민간부문 감사와 비교하면 공공책무성의 강도도 높다.

참고문헌

감사원(2000), 『공공감사기준 주석서』.

감사원 공공감사운영단(2014), 『공공감사에 관한 법률의 이해』, 감사원.

노화준(1985), 「정책평가와 정책감사」, 『감사』 1985년 여름호, 29-35쪽.

류춘호(2000), 「성과감사와 감사영역의 확대방안에 관한 연구」, 『감사논집』 제5호, 34-85쪽.

문호승(2002), 「감사원의 역할에 대한 연구」, 『감사논집』 제7호, 1-29쪽.

박재완(1997), 「공공부문 생산성과 공공감사의 합리화 방안」, 최광 · 임주영 편, 『공공부문 생산성 제고를 위한 연구(III)』, 한국조세연구원.

성용락(2013), 『공공감사 제도의 새로운 이해: 공공감사의 이론과 실무』, 석탑출판.

심호(2013), 『자체감사와 조직역량』, 박영사.

안문석(1996), 「감사부작용 발생원인과 유형 및 그 영향」, 『감사부작용 해소대책 자료집』 제1회 감사인 토론회 자료, 감사원, 13-50쪽.

윤영일(1999), 「감사기준으로서의 정의성에 대한 인식론적 증거와 감사의 질 평가방안」, 『감사논집』 제4호, 134-172쪽.

정정길(1986), 「정책감사의 개념」, 『감사』 1986년 봄호, 34-45쪽.

조익순(1996), 『한 · 미 · 일 정부회계 및 감사제도의 문화적 조명』, 박영사.

조형석 · 신민철(2012), 『주요국 최고감사기구의 지위 및 기능에 관한 비교연구』, 감사원 감사연구원.

한국공법학회(2015), 「감사혁신 인식조사 및 시사점」, 감사원 감사혁신위원회 · 감사연구원 공동주최 감사혁신 심포지엄 발표자료, 『감사원의 혁신방향과 과제』, 2015년 3월 24일.

Antle, R.(1982), "The Auditor as an Economic Agent," *Journal of Accounting Research*, Part II, Vol. 20, Issue 2, pp. 503-527.

COSO(1992), *Internal Control-Integrated Framework*, AICPA, Jersey City, NJ.

David, Dwight F.(1990), "Do You Want a Performance Audit or a Program Evaluation?" *Public Administration Review*, Vol. 50, No. 1, pp. 35-41.

Dunn, William N.(2011), *Public Policy Analysis*, 5th ed., London: Routledge. (남궁근 · 이희선 · 김선호· 김지원 옮김(2013), 『정책분석론』 제5판, 법문사)

European Court of Auditors-CEAD Chamber(2013), *Performance Audit Manual*, Audit Methodology and Support(AMS) Unit, Chapter 2.

Flint, D.(1988), *Philosophy and Principles of Auditing: An Introduction*, Macmillan Education.

Freeman, R., Edward(1984), *Strategic Management: A Stakeholder Approach*, Cambridge: Cambridge Universitiy Press.

Friedman, A. L. and S. Miles(2006), *Stakeholders: Theory and Practice*, Oxford: Oxford University Press.

Hill, C. W. L. and T. H. Jones(1992), "Stakeholder-agent Theory," *Journal of Management Studies*, Vol. 29, No. 2, pp. 131-153.

IIA, https://www.iia.org.uk/about-us/what-is-internal-audit/#diff(검색일: 2015. 3. 20).

IIA(1999), *Definition of Internal Audit*, https://na.theiia.org/standards-guidance/Public Documents/IPPF_Definition.doc(검색일: 2015. 3. 20).

Institute of Chartered Accountants in England and Wales(2008), *Evolution: Stakeholder Expectations of Audit*, Audit Quality Forum.

INTOSAI Professional Standards Committee(1998), *Coordination and Cooperation between SAIs and Internal Auditors in the Public Sector*, http://www.issai.org/media/13353/intosai_gov_9150_e_.pdf(검색일: 2015. 3. 20).

INTOSAI Professional Standards Committee(1998), *The Lima Declaration*, http://www.issai.org/media/12901/issai_1_e.pdf(검색일: 2015. 3. 20).

INTOSAI Professional Standards Committee(2003), *Standards and Guidelines for Performance Auditing based on INTOSAI's Auditing Standards and Practical Experience*, ISSAI 3000, p. 11, http://www.issai.org/media/13517/performance_audit_guide-lines_e.pdf(검색일: 2015. 3. 20).

Limperg, Theodore(1985), *The Social Responsibility of the Auditor: A Basic Theory on the Auditor's Function*, Limperg Instituut, The Netherlands.

Mautz, R. K. and H. A. Sharaf(1961), *The Philosophy of Auditing*, Monograph No. 6, American Accounting Association.

Mayne, John(2006), "Audit and Evaluation in Public Management: Challenges, Reforms, and Different Roles," *The Canadian Journal of Program Evaluation*, Vol. 21, No. 1, pp. 11-45.

Millichamp, A. H. and J. R. Taylor(2012), *Auditing*, 10th ed., Cengage Learning EMEA.

Mills, P. A.(1990), "Agency, Auditing and the Unregulated Environment: Some Further Historical Evidence," *Accounting, Auditing and Accountability,* Vol. 3, No. 1.

Normanton, E. L.(1966), *The Accountability and Audit of Governments: A Comparative Study*, Manchester: Manchester University Press.

Pollitt, C. and H. Summa(1996), "Performance Audit and Evaluation: Similar Tools, Different Relationships?" *New Directions for Evaluation*, No. 71, Fall, pp. 29-50.

Rossi, Peter H. and Howard E. Freeman(1985), *Evaluation: A Systematic Approach*, 3rd ed., Beverly Hills, New bury Park, CA: Sage Publications, Inc.

Spicer, E. E. et al.(1990), *Spicer's Practical Auditing*, London: Butterworths.

State of New York(2012), *Governmental Internal Control and Internal Audit Requirements, Budget Policy & Reporting Manual B-350*, http://www.budget.ny.gov/guide/bprm/b/b350.html(검색일: 2015. 3. 20).

Vedung, E.(1997), *Public Policy and Program Evaluation*, New Brunswick, NJ: Transaction Publishers.

Walker, M.(2003), *Principal/Agency Theory When Some Agents are Trustworthy*, Accounting and Finance Working Paper, Manchester: Manchester Business School, Manchester University.

Wallace, W. A.(1980), *The Economic Role of the Audit in Free and Regulated Markets*, New York: University of Rochester.

Waring, C. G. and S. L. Morgan(2007), *Performance Accountability and Combating Corruption-Public Sector Performance Auditing in Developing Countries*, The World Bank.

Watts, R. and J. Zimmerman(1983), "Agency Problems, Auditing and the Theory of the Firm, Some Evidence," *Journal of Law and Economics*, Vol. 26, Issue 3.

3장

감사원의 리더와 정책

심 호

Ⅰ. 서론

우리나라의 발전과정에서 감사원이 어떤 역할을 담당했고 그 역할을 수행하기 위해 어떤 리더들이 어떤 정책들을 시행했는지 역사적인 관점에서 살펴보면 국민들이 감사원을 이해하는 데 큰 도움이 될 것이다.

문제를 효율적으로 풀기 위해 연구의 범위를 다음과 같이 정하고자 한다. 먼저 연구의 시간적 범위는 대한민국이 본격적으로 산업화 시기에 진입한 1960년대부터 감사통계자료가 정리되어 있는 2014년까지로 한정하고, 과거로부터 일련의 연결된 설명이 불가피한 경우만 예외로 한다. 연구의 공간적 범위는 연구의 효과성을 위해 국가 간 비교 등을 지양하고 대한민국 감사원을 중심으로 연구한다. 연구의 내용적 범위는 역사적 맥락으로 감사원의 정책변화에 관해 연구한다.

문제를 풀어 가는 방법은 1960년대부터 2014년까지를 시대 특성에 따라 구분하는 한편 시대에 따라 감사원이 어떤 감사중점과 감사 관련 정책을 만들어 시행했는지 살펴봄으로써 역사적 관점에서 감사원의 역할과 정책의 변화를 정리한다. 이를 위해 첫째, 1960년대부터 2014년까지를 시대 특성에 따라 산업화 시기, 민주화 시기, 정보화 및 개방화 시기로 분류하고 연구의 분석틀을 제시한다. 둘째, 시기마다 감사원장들이 어떤 감사중점을 강조했는지, 어떤 조직·지배 구조로 되어 있었는지, 그리고 어떤 감사 관련 정책들을 시행했는지 정리하고, 그 정책들이 시기별로 어떤 의미를 함축하고 있는지를 설명한다. 셋째, 연구결과 요약 및 함의, 연구의 한계점을 기술한다.

Ⅱ. 대한민국 시대 분류와 연구의 분석틀

1. 해방 이후 대한민국 시대 분류

대한민국은 일제강점기를 탈출하여 1945년 해방을 맞았다. 그리고 70년 동안 정치·경제·사회·문화적 격변기를 잘 이겨내고, 2014년을 기준으로 무역 규모는 미화 1조 982억 달러로 세계 7위, 1인당 국내총생산 GDP(Gross Domestic Product)는 미화 27,963달러로 명실공히 선진국 대열에 합류했다. 또한 1996년 경제개발협력기구 OECD(Organization for Economic Cooperation and Development) 회원국이 되었고, 2004년 칠레를 시작으로 2015년 현재까지 16개 자유무역협정 FTA(Free Trade Agreement)를 총 54개 국가와 맺어 이들 국가와 자유롭게 무역할 수 있는 환경을 조성했다. 2007년에는 대한민국 출신 반기문(潘基文)이 제8차 UN 사무총장으로 취임하는 등 국제 정치·경제·외교 무대에서도 괄목할 만한 성장을 했다. 그런가 하면 대한민국이 만든 드라마, K-Pop 등 한류문화(韓流文化)가 미국, 일본, 영국, 브라질 등 세계 곳곳에 전파되어 문화융성의 시대를 창출하고 있다.

1) 산업화 시기(1960년대~1987년 6 · 29민주화선언)

이 시기는 1961년 5월 군사정변으로 등장한 군정을 시작으로 1987년 6월 민주화항쟁 및 민주화선언 때까지 지속된다.

1961년 제4대 대통령 윤보선(尹潽善)이 집권하던 제2공화국(1960. 8~1962. 3)은 「대한민국헌법」상 의원내각제로 국무총리 장면(張勉)이 실권을 행사하고 있었다. 군인 박정희(朴正熙)는 5·16군사정변으로 실권을 잡고 6·25전쟁 이후 피폐해진 국가 경제를 부흥시키기 위해 국가재건최고회의 의장 자격으로 1962년 제1차 경제개발 5개년계획을 수립 및 집행한다. 그리고 제3, 4공화국(1963. 12~1979. 10) 때까지 집권하면서 제4차 경제개발 5개년계획까지 수립 및 집행하여 부를 축적하는 산업화 시기를 연다. 기존의 농림어업 중심의 1차 산업에서 탈피하여 광공업, 중화학공업 중심의 2차 산업을 진흥시켰고, 1970년부터는 전국 마을 단위로 지역사회개발운동인 새마을운동을 전개했다. 국내 실업문제 해소와 외화획득을 위해 서독에 광부와 간호사를 파견(1963~1980)하고, 일본과 처음 한일협정(1965)을 맺었으며, 북한을 대상으로 8·15 평화통일구상선언(1970), 남북적십자회담과 남북 이산가족찾기운동(1971~) 등을 시행했다.

1979년 10월 26일 박정희 대통령 서거와 신군부세력에 의한 12·12사태 이후 1980년 5월 광주민주화운동을 계기로 전국에 민주화 바람이 불기 시작했음에도 불구하고 산업화 시기는 1987년까지 계속 이어졌다. 국가보위비상대책위원회 상임위원장과 제11, 12대 대통령을 역임한 전두환(全斗煥)은 제5공화국(1980. 9~1988. 2) 초기인 1982년에 제5차 경제개발 5개년계획을 수립 및 집행한다. 1970년대 말부터 발전설비, 중기계공업, 해운산업 등 중화학공업 과잉투자가 문제시되자 정부는 1979년 5월부터 1980년 10월까지 3차례 중화학공업 투자조정 및 산업합리화를 단행하고, 1985년 이후에는 해외건설업, 석탄산업, 조선산업에 대해서도 업종별 합리화를 추진했다.[1]

대한민국의 산업화 시기는 정부가 주도하여 국부와 동력을 축적하는 시기였으며, 우리나라가 민주화 시기를 거쳐 세계로 뻗어 나가는 기반을 마련했다는 성과가 있다. 그러나 이와 함께 개발성장연대에 만연했던 과당경쟁이 국민들의 화합을 저해하고, 관치에 의한 금융, 물

---

1 한국경제60년사 편찬위원회(2011), 『한국경제60년사』, 30-94쪽.

가, 노동시장 통제가 정경유착, 소득불균형, 인권 훼손 등 심각한 사회적 부작용을 낳았다는 혹평도 있다.

2) 민주화 시기(1980년대 중후반~1998년 2월)

민주화 시기는 1987년 6월 민주화선언 때부터 제14대 대통령 김영삼(金泳三)이 집권한 문민정부(1993. 2~1998. 2)까지로 인식된다. 그러나 실질적인 민주화 시기는 제15대 대통령 김대중(金大中)의 국민의 정부(1998. 2~2003. 2), 제16대 대통령 노무현(盧武鉉)의 참여정부(2003. 2~2008. 2) 때까지 이어진다.

대한민국의 근현대화 과정에서는 민주화와 관련된 분절적이고 급진적인 사건들이 자주 발생했다. 제1~3대 대통령을 역임한 이승만(李承晩)이 1960년 재집권을 위해 이기붕을 부통령으로 당선시키기 위한 부정선거(1960. 3. 15)를 저지르자 학생들이 중심이 되어 자유당과 이승만 정권의 독재에 항거한 4·19혁명, 전두환이 계엄사령부 합동수사본부장으로서 박정희 대통령 암살사건(1979. 10. 26)을 수사하던 도중 쿠데타를 일으켜 실권을 장악한 후 1980년 5월 계엄령을 확대하고 야당 정치인을 구속하자 광주시민들이 이에 저항하여 분연히 일어난 5·18 민주화운동, 제11, 12대 대통령을 역임한 전두환이 1987년 4월 13일 개헌논의를 중지하고, 제5공화국 「헌법」에 의한 정부 이양을 내용으로 하는 호헌조치(護憲措置)를 발표하자 종교계, 재야가 반발하여 일어난 6월 민주화 항쟁 등이 그것이다. 결국 1987년 민주화 항쟁이 발생하고 그 결과 전두환과 그로부터 정권을 이양받을 예정이었던 노태우(盧泰愚)는 같은 해 6월 29일 「대한민국헌법」을 개정하여 대통령을 직선제로 선출하겠다는 내용 등을 담은 민주화선언을 발표함으로써 민주화의 의미 있는 결실을 본다.

1987년 6·29민주화선언 이후에 과거 산업화 시기부터 쌓여 왔던 소득불균형에 대한 불만과 민주화 욕구가 분출되면서 같은 해 7, 8월만 해도 무려 3,500여 건의 노동쟁의가 발생했다. 국내 시장은 1986~1988년까지 과거에 없었던 달러 약세, 저유가, 저금리 등 3저 호황기를 맞아 내수경기가 활성화되었고, 1988년에는 서울에서 제24회 올림픽을 개최하여 대한민국을 세계에 알리는 계기를 맞는다. 1990년 4월에는 행정규제완화위원회(위원장 국무총리)를 한시적으로 설치하고 규제완화정책을 범정부적으로 추진했다. 정치·외교적인 측면에서 보면, 해외에서는 1985년 소련 고르바초프 대통령의 개혁·개방정책이 기폭제가 되어 1989년 미국과 소련의 냉전체제 종결, 1990년 독일통일, 1991년 소비에트연방 해체가 연이어 진행되었고, 국내에서도 1990년에 야당인 통일민주당(총재 김영삼)과 신민주공화당(총재 김종필), 여당인 민주정의당 등 3당이 민자당으로 합당했으며, 노태우 대통령은 1990년, 1991년에 러시아 고르바초프 대통령과 정상회담, 1991년에 한반도 비핵화 선언 및 남북한 UN(United Nations) 가입, 1992년에 중국과 국교수립을 하는 등 큰 성과가 있었다.

세계 국가들은 제2차 세계대전 이후 1947년부터 운영해 오던 관세·무역에 관한 일반협정 GATT(General Agreement on Tariffs and Trade) 체제를 1995년에 마감하고 대신 다자간무역을 강화하는 세계무역기구 WTO(World Trade Organization)를 출범시켰다. 국내에서는 1993년에 우루과이라운드 타결로 14개 농축산물 수입이 전면 자유화되었고, 1995년에 지방자치를 시행하고 전국민주노동조합총연맹(민주노총)을 설립했으며, 1996년에 대한민국이 경제협력개발기구 OECD(Organization for Economic Cooperation and Development)에 가입했다. 1994~1996년 중 24개 투자금융회사가 종합금융회사로 전환되어 해외활동을 시작했고 국내 은행들이 해외에 28개 지점을 열면서 단기해외부채가 많이 증가했다. 결국 단기해외부채 상환금이 일시에 많아져 국내 외화보유액으로 이를 감당할 수 없게 된 1997년 12월 문민정부 김영삼 대통령은 국가 부도 위기를 피하기 위해 IMF 구제금융을 신청한다.

민주화 시기는 정치·경제·사회적으로 자율성이 강조되고 다양성이 표출되기 시작한 시기로서 국민들에게 민주성의 가치가 얼마나 중요한지 깨닫게 해 주었으며, 국회의 권한이 강화되었다. 또 산업구조의 고도화, 시장구조의 경쟁화가 확대되었으나 반면에 사회가 혼란스러워지고 개인적 욕구가 해소되지 않아 국민들이 도덕적·정신적으로 혼란을 겪기도 했다.

3) 정보화 및 개방화 시기(1990년대 후반~2014년 현재)

우리나라가 본격적으로 정보화 및 개방화를 경험하기 시작한 때는 보유외환 부족으로 국가 부도 위기가 발생하자 문민정부를 이끌었던 김영삼 대통령이 1997년 12월 IMF(International Monetary Fund) 구제금융을 요청하고 자본시장을 해외에 전면 개방한 때부터로 인식된다. 그런데 1998년 2월부터 제15대 대통령 김대중이 국민의 정부를 이끌었기 때문에 이 시점을 우리나라 정보화 및 개방화 시기의 시작으로 본다.

실제 1993년부터 문민정부를 이끌었던 김영삼 대통령은 세계화, 개방화를 정책운영 기조로 선언했다. 미국에서는 세계화를 촉진했던 인터넷 운영체계 넷스케이프(Netscape)가 1994년 말에 그리고 익스플로러(Explorer)가 1995년에 출시되었고, 대한민국 정부도 1994년 12월 정보통신부를 행정부처의 하나로 신설하여 정보화를 추진했다. 그러나 세계의 정보화 및 개방화 흐름에도 불구하고 우리나라가 본격적으로 이를 실감한 것은 1990년대 후반 IMF 구제금융 요청과 이에 따른 자본시장 전면개방, 국민의 정부의 IT(Information Technology) 산업 장려정책이 실현된 때부터다.

1998년부터 국민의 정부를 이끈 김대중 대통령은 금모으기운동 등을 통해 범국민적 대응을 함으로써 2001년 8월에 IMF 관리체제를 벗어났고 대북정책, 국가정보화, R&D(Research and Development) 촉진 정책 등을 강화했다. 2003년부터 참여정부를 이끈 노무현 대통령은 지방분권, 자유무역협정 FTA(Free Trade Agreement) 등을 국가정책으로 집행했다. 2007년 8월에는 미국 서브프라임모기지(subprime mortgage) 부실로 세계 제5위 금융그룹이 파산하는 등 금융위기가 전 세계로 확산되었고, 경제불황 시기인 2008년에 집권한 이명박(李明博) 대통령은 4대강 사업과 해외자원개발 정책 등을 시행했다.

2. 연구의 분석틀

연구의 분석틀은 〈그림 3-1〉과 같다.

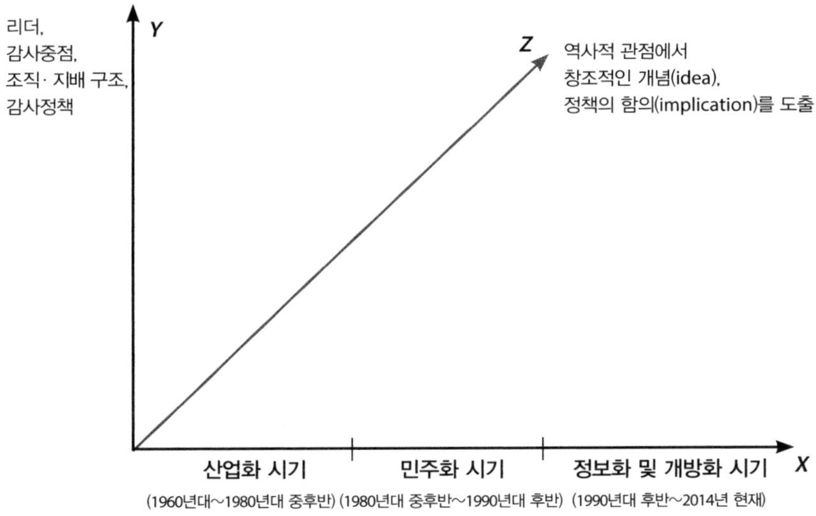

〈그림 3-1〉 연구의 분석틀

대한민국의 발전과정에서 감사원의 어떤 리더가 어떤 감사중점, 조직·지배 구조, 감사 관련 정책 등으로 국가와 국민들에게 봉사했는지 알아보고자 한다.

Ⅲ. 역사적 관점에서 대한민국 감사원의 역할, 감사 관련 정책의 변화

1. 감사원의 리더와 감사중점

1) 산업화 시기(1960년대~1987년 6 · 29민주화선언)

대한민국은 1961년 5·16군사정변 이후 1963년 12월까지 국가재건최고회의를 중심으로 운영되었는데 초대 감사원장 이원엽(二元燁, 1963. 3~1963. 7),[2] 2대 감사원장 한신(韓信, 1963. 7~1963. 12)[3]은 5·16군사정부의 국정운영 방향에 맞추어 감사를 계획하고 실시했다.

『감사60년사』 I(2008) 등에 따르면 초대 감사원장 이원엽은 감사운영방침을 '혁명과업 적극수행, 정실유혹배제, 감사태도 공정친절, 실력배양 부단노력, 상호이해·인화단결'로 정했다. 2대 감사원장 한신은 '정부목표에 맞는 감사, 행정운영 개선향상'을 강조했다. 이 기간에 감사원은 계획에 따라 국가기관, 정부투자기관, 보조단체 등을 감사하는 정기감사, 진정서와 투서 등을 기초로 실지감사를 하는 수시감사, 그리고 주요 사업 또는 시책, 대민행정, 직무감찰과 관련한 특별감사를 실시했

2 이원엽 감사원장은 3개월 만에 국가재건최고회의 위원으로 복귀하고 육군소장 한신이 2대 감사원장에 취임했다.

3 2대 감사원장 한신은 5·16군사정부에서 민정이양을 하기 전인 1963년 12월 16일 현역으로 복귀했다.

다. 한편 감사대상기관으로부터 자료를 받아 분석함으로써 문제를 발견하는 서면감사도 처음 시작했다.

3, 4대 감사원장 이주일(李周一, 1964. 2~1971. 6)은 경제부처, 사업부서를 중점적으로 감사하여 공직 부정부패를 척결함으로써 1962년부터 시작된 경제개발 5개년계획의 추진을 지원했다. 이주일 감사원장은 1964년에 취임하면서 감사자원 부족을 극복하기 위해 일부 특정 분야에 대해 중점적으로 감사하여 감사효과가 전체에 파급되도록 강조했고, 감사원 직원들에게는 '관기확립, 자질향상, 인화단결'을 요청했다. 1968년에 감사원장으로 재임명된 후에는 경제부처·사업관서·세무관서 감사, 2차 경제개발 5개년계획과 관련된 감사 등에 중점을 두었고, 이외에 대민관서에 대한 직무감찰을 강화했다. 정부관리양곡 재고조사, 경부고속도로감사 등 중요 기관과 주요 사항에 대한 감사는 계획을 수립해 정기감사로 실시하는 한편 서면감사결과 미심사항, 정기감사결과 지적사항에 대해 종합감사가 필요한 경우, 정보 등 특별한 사유에 의해 감사를 하는 경우 등에는 수시감사를 실시했다.

정부는 경제성장 과정에서 공직사회에 만연되었던 부조리를 척결하고 국민들에게 건전한 정신을 진작시키기 위해 1975년부터 서정쇄신(庶政刷新)을 추진했는데 5, 6대 감사원장 이석제(李錫濟, 1971. 7~1976. 7)와 7대 감사원장 신두영(申斗泳, 1976. 9~1980. 9)은 행정기관 비리척결과 감사원 직원 기강확립에 감사역량을 집중시켰다. 5, 6대 감사원장 이석제는 감사 기본지표를 '무사안일·소극행정 척결, 감사대상기관 자체통제기능 강화, 대민분야개혁, 성실 공직자 보호, 부정공직자 공직배제' 등으로 정했다. 그리고 감사운영방침으로 '회계감사·직무감찰·서면감사 적정균형, 위법·부당 사항 적발과 성과 측정·지도 병행, 입체적·집중적 단기감사 역점, 감사결과 신속처리, 감사대상기관 자체개선' 등으로 정했다. 감사종류는 실지감사를 일반감사와 특별감사로 나누고 일반감사는 중앙행정기관 등에 대해 매년 1회 정기적으로 실시했고, 특별감사는 종합감사, 계통감사, 부분감사로 구분하여 실시했다. 종합감사는 시·군, 경찰서, 정부투자기관 등의 업무를 감사하는 것이고, 계통감사는 정부가 역점을 두고 추진하던 농어촌개발, 소득증대사업, 도시 서민을 위한 상수도·보건위생·청소업무 등에 대해 상급기관에서 하급기관까지 종적·횡적으로 감사하는 것이었으며, 부분감사는 비리가 있거나 부실한 업무에 대해 소수 인원으로 감사하는 것이다.

한편 7대 감사원장 신두영은 '한정된 감사자원으로 감사효율제고, 자체감사 역할강화, 서면감사강화로 실지감사기간단축' 등을 감사운영 기본방침으로 정했다. 그리고 감사중점으로 회계감사는 '실지감사기간 단축, 실지확인범위 확대, 자체감사기능 강화, 비위 요인제거 및 불합리한 제도개선'으로 정하고, 직무감찰은 '부조리 시정, 불합리한 제도개선, 대국민 인허가·검사·검정업무 공정촉구, 도로통행·업소공해 등으로 인한 주민 불편·불안 제거' 등으로 정했다. 신두영 감사원장은 계산증명서류 검산체계정비, 서면감사 강화로 회계질서를 확립하려고 노력했다. 감사종류는 회계 관련 사무감사와 비회계 사무감사로 나누었다. 그중 회계 관련 사무감사는 일반감사, 세무감사, 도급경비의 점검으로 구분하여 시행했고, 비회계 사무감사는 계통감사, 분야별 감사, 특정사항조사 등의 방법으로 시행했다.

1980년대 초·중반에는 8, 9대 감사원장 이한기(李漢基, 1980. 9~1982. 9),[4] 10대 감사원장 정희택(鄭喜澤, 1982. 9~1984. 4),[5] 11, 12대 감사원장

4 제11대 대통령 전두환은 1980년 9월 2일 이한기 전 서울대학교 법학대학장을 8대 감사원장서리에 임명하고 국회 동의를 얻어 같은 해 9월 22일 감사원장에 임명했는데, 같은 해 10월 27일 「헌법」이 개정됨에 따라 이한기 감사원장은 1981년 4월 16일 국회에서 다시 임명동의를 받아 9대 감사원장으로 임명되었다. 그리고 1982년 정년퇴임했다.

5 1984년 정년퇴임했다.

황영시(黃永時, 1984. 6~1988. 7) 등이 감사원을 이끌었다. 이들은 공직사회를 정화시키는 한편 정부시책사업 등에 대한 효율성감사, 예방적 지도감사를 강조했다. 또한 이 시기의 특징은 역점감사, 총괄감사, 전문감사, 교체감사, 공개감사, 비교감사, 감사사전예고제 등 여러 감사유형 및 감사기법을 시도했다는 점과 총합감사체계를 구축하여 감사원이 자체감사기구와 감사업무를 분담하려는 시도가 있었다는 점이다.

8, 9대 감사원장 이한기는 감사운영방침을 '공직사회 정화, 주요시책사업 효율추진 및 성과확보, 행정능률과 국민편익 증진, 정부투자기관 경영쇄신'에 두었다. 이를 근거로 감사방향은 '취약분야 감사역량집결, 비리근원제거, 감사원과 자체감사 업무분담 및 중복감사지양, 종합적 감사계획수립, 시책사업 성과확보, 행정능률과 국민편익증진, 예방지도감사, 감사대상기관 재량권 존중 및 현지시정확대' 등으로 정했다.

10대 감사원장 정희택은 감사운영방침을 '공직사회 정화, 주요시책사업 성과확보, 행정 및 예산 효율성, 국민편익증진' 등으로 정해 전임 이한기 감사원장의 감사운영기조를 그대로 유지했다. 그리고 감사목표는 '비위 사전예방, 행정효율성, 사업의 경제성 및 고성과 촉구, 국민위주 공직복무자세'로 정했다.

11, 12대 감사원장 황영시는 감사운영목표를 1984~1987년까지는 '통치이념구현'으로 정했다가 민주화 시기인 1988년에는 '민주화합의 새 시대를 위한 깨끗하고 신뢰받는 정부구현'으로 바꾸었다. 그는 감사활동방향을 '공직기강정착, 행정능률향상, 정부시책 실효성, 정책개선감사 강화, 사치 낭비 및 외채증가 등 사회안정저해요인 제거, 국민생활불편해소, 예방지도로 감사대상기관의 자율쇄신' 등으로 정했다.

2) 민주화 시기(1980년대 중후반~1998년 2월)

이 시기에는 13, 14대 감사원장 김영준(金永駿, 1988. 7~1993. 2), 15대 감

사원장 이회창(李會昌, 1993. 2~1993. 12), 16대 감사원장 이시윤(李時潤, 1993. 12~1997. 12) 등이 재직했다.

13, 14대 감사원장 김영준은 1989년 감사운영방침을 '깨끗한 공직자상 정립, 자율책임행정 풍토조성, 주요시책 효율추진지원, 준법·질서확립 촉구'로 정했다. 그리고 감사운영 방향을 '무사안일 색출, 감사성역 및 사각 배제, 부정 의심·취약 분야 감사, 인허가 등 대민업무 중점, 주요시책 추진지원, 감사부담경감, 감사관 청렴유지, 국회권한 강화에 능동대처'로 정했다. 1992년에는 감사운영방침을 '엄정한 공직기강확립, 건전회계질서 정착, 경제·사회 발전지원, 준법질서확립'으로 바꿨다.

15대 감사원장 이회창은 감사기본원칙을 '감사업무 독립성, 감사의 적정성'으로 정하고, 감사운영 기본방향을 '직무감찰강화, 부정부패척결과 근원해결을 위한 거시적 감사, 기강 및 행정질서 확립 위한 전향적감사, 우선척결분야 심층감사' 등으로 정했으며, 10개월이라는 짧은 재임기간에도 불구하고 종래 감사 성역으로 여기던 대통령비서실, 경호실, 국방부 전력증강(율곡)사업, 평화의 댐 건설사업 등을 감사하여 성과를 냄으로써 감사원의 독립적인 업무수행 이미지를 보여 주었다.

16대 감사원장 이시윤은 감사기본원칙을 '부정부패 발본색원을 위한 감사업무 독립성, 행정의 효과성·능률성·경제성 제고를 위한 성과감사'로 정하고, 감사운영 기본방향을 '예산편성 및 집행의 적정성 확보, 부실공사방지 등 국민생활 불편·불안 요인 해소, 행정규제완화, 주요시책 효율성 제고, 깨끗한 정부와 활기 있는 공직풍토조성'으로 정했다. 그리고 1994년을 '부실공사방지 원년의 해'로 선포하고 부실공사 추방을 위해 노력하는 등 공사, 환경, 식품, 의료 등 민생감사에 중점을 두어 국민의 삶의 질 증진에 중점을 두었다. 종래 해 오던 정기감사, 특별감사 대신 1993년에는 일반감사, 기관종합감사, 계통감사, 특정감사로 나누어 감사했고, 1994년 이후에는 일반감사, 성과감사, 특정감사로 구분하여 감사했다. 특히 서면감사, 회계감사는 다소 줄이고 문제가 있는 기관에 대규모 인력을 투입해 성과감사를 했다.

3) 정보화 및 개방화 시기(1990년대 후반~2014년 현재)

국민의 정부를 이끈 김대중 대통령이 임명한 17대 감사원장 한승헌(韓承憲, 1998. 8~1999. 9), 18대 감사원장 이종남(李種南, 1999. 9~2003. 9), 참여정부를 이끈 노무현 대통령이 임명한 19, 20대 감사원장 전윤철(田允喆, 2003. 11~2008. 5), 이명박 대통령이 임명한 21대 감사원장 김황식(金滉植, 2008. 9~2010. 9), 22대 감사원장 양건(梁建, 2011. 3~2013. 8) 등이 이 시기에 활동했다.

17대 감사원장 한승헌은 대한민국이 외환위기에 시달리던 1998년 8월에 취임했고 감사운영 기본방향을 '예방감사체제로 전환, 경제난 극복지원, 국가정보화 기반구축, 소외계층 생활안정지원'에 두었다. 이를 위해 감사중점을 '국가정책 실효성을 검증하는 성과감사, 정책부실 조기파악시스템, 국책사업 상시평가, 예방·지도 차원의 감사교육 프로그램 개발 및 교육 강화, 투자환경저해 규제제도개선, 공공부문 고비용·저효율 구조개선, 정보화 추진실태점검, 소외계층 복지시책점검' 등에 두었다.

18대 감사원장 이종남은 '생산적 감사, 열린 감사'라는 감사운영기조를 제시하고 '국정개혁과제 추진실태점검, 불합리한 규제와 제도 배제, 환경·식품·의약품·교육 등 민생감사, 위험시설·풍수해 등 안전감사, 국가 및 지방 재정 건전성, 국책사업 시행착오·부실 방지, 원칙과 기강 있는 공직사회구현' 등을 감사운영 방향으로 정했다. 총사업비 2조 원 이상인 경부고속철도, 인천국제공항, 원자력발전소 등 국책사업에 대한 감사를 강화하고, 환경·문화감사단도 신설하여 환경, 보건, 관광·문화 부문 감사사각을 해소시켰다.

19, 20대 감사원장 전윤철은 '감사원이 정부 변화와 개혁을 선도'한다는 목표 아래 '주요 정책·사업 진단 및 평가 시스템 구축, 국민세금 감시·감독 강화, 공직비리 발본색원, 국민감사청구제도 활성화, 대국회 지원강화, 개방·진취적인 감사문화창달' 등을 감사운영 방향으로 정했다. 2008년에는 '경제활력회복·미래성장동력 창출, 재정 효율성·투명성, 정부시책 실효성, 다극화·세계화에 대응한 공공기관 경영효율 및 정보공개, 지역경제 및 자치행정 효율성, 공직기강 확립' 등 6대 감사중점을 정했다. 그의 재임기간 중에 시스템감사, 전략적 감사, 성과중심 감사 등 미래지향적인 단어들이 양산되었다. 2003년까지는 일반감사, 성과감사, 특정감사, 서면감사로 구분하여 감사했고, 2004년부터 재무감사, 기관운영감사, 성과감사, 특정과제감사, 서면감사 등으로 감사종류를 바꾸었다.

21대 감사원장 김황식은 '법과 원칙, 국리민복'을 감사운영기조로 삼고, 2009년에는 '경제활력회복, 민생안정, 적극적 공직 분위기 조성'을 감사중점으로 정했다. 정부와 공공기관의 운영실태를 점검하고 민주화 시기부터 만연된 민원과 떼법, 탈법적 노사협약실태 등을 점검하여 법치행정을 확립하려고 했다. 그리고 2008년 미국발 글로벌 금융위기 여파로 경색된 국내 경제를 부양하려는 정부정책에 부응하여 규제혁파, 재정조기집행, 미래성장동력 육성·지원을 위해 감사역량을 집중했다. 이와 함께 고용, 교육, 식약품, 재난재해, 주거 등 5대 민생분야 감사를 지휘했고, '한 일에 대한 감사'에서 '해야 할 일을 하지 않은 무사안일에 대한 감사'로 감사 방향을 전환했다. 실지감사는 재무감사, 기관운영감사, 성과감사, 특정감사로 구분하여 실시했다.

22대 감사원장 양건은 '엄정한 감사원, 깨끗한 공직사회'를 감사운영기조로 삼고 '취약분야 비리척결, 국가미래위험요인 대비, 국가경쟁력강화 및 성장기반조성, 민생안정 및 사회통합, 공공부문 효율성 제고, 지자체 책임성 제고 및 발전기반강화' 등을 전략감사목표로 정했다. 그리고 '공직사회 비리척결 및 기강확립, 재정건전성과 성과제고, 재난·재해 대비 및 민생안정지원, 주요국가시책 완수지원'을 감사중점으로 삼았다. 실지감사는 재무감사, 기관운영감사, 성과감사, 특정감사로 구분하여 실시했다.

4) 감사원의 리더와 감사중점 연구에서 발견한 사실들

감사중점은 감사운영방침, 감사기본원칙, 감사목표 등으로 표현되고 감사원 감사사항으로 구체화된다. 본 연구에서는 감사원장들이 제시한 감사중점을 핵심 단어·문구로 단순화시키고 시기별로 구분한 후 속성이 같은 것끼리 묶어 국정운영지원, 감사원 역량, 행정기관 자율통제 등 3개로 대분류하고 이를 다시 14개로 세분류했다.

〈표 3-1〉과 같이 3개 대분류 중심으로 살펴보면, 감사원은 역량의 71.9% 정도를 국정운영지원에, 나머지 28.1%의 역량은 감사의 적정성·효율성을 위해 사용하고 있다.

세분류를 중심으로 살펴보면 특정시기에 특히 강조된 감사중점도 확인되었지만 시기에 관계없이 감사원이 지속적으로 강조하고 있는 감사중점들이 많았다.

① 14개 세분류 중 행정개선·능률, 정보·개방·분권화, 민주화 등 5개 분야[6] 감사중점은 특정시기에서만 확인된다. 행정개선·능률은 산업화 시기에 재직한 2대 감사원장 한신 등 3명의 감사원장들이 강조했는데 이는 산업화 시기가 안정적인 국정시스템이 확보되지 않은 기간

6 〈표 3-1〉에서 민주화 관련 감사중점은 시기 구분 없이 강조된 것으로 표현되었으나 11, 12대 감사원장 황영시가 1987년 6·29민주화선언 이후 감사원 운영목표를 민주화와 관련한 내용으로 바꾸었으므로 민주화 시기부터 출현한 것으로 본다.

〈표 3-1〉 시기별 감사원의 리더와 감사중점

시기 구분		총계	산업화 시기 (1960년대~1980년대 중후반)		민주화 시기 (1980년대 중후반~ 1990년대 말)		정보화 및 개방화 시기 (1990년대 말~2014년 현재)	
감사중점		빈도(회)/ 비율(%)	빈도(회)/ 비율(%)	감사원장 (강조 횟수)	빈도(회)/ 비율(%)	감사원장 (강조 횟수)	빈도(회)/ 비율(%)	감사원장 (강조 횟수)
국정 운영 지원	국민 편익 · 안전 · 사회 통합	27/14.1	13/6.8	5, 6대 이석제(4) 7대 신두영(4) 8, 9대 이한기(2) 10대 정희택(1) 11, 12대 황영시(2)	2/1.0	13, 14대 김영준(1) 16대 이시윤(1)	12/6.3	17대 한승헌(2) 18대 이종남(4) 21대 김황식(4) 22대 양건(2)
	예산 · 공공기관 · 주요시책 효율	21/10.9	11/5.7	5, 6대 이석제(5) 8, 9대 이한기(3) 10대 정희택(2) 11, 12대 황영시(1)	3/1.6	13, 14대 김영준(2) 16대 이시윤(1)	7/3.6	17대 한승헌(1) 18대 이종남(1) 19, 20대 전윤철(2) 21대 김황식(1) 22대 양건(2)
	규제개선 · 경제활력 제고	11/5.7	2/1.0	3, 4대 이주일(1) 5, 6대 이석제(1)	2/1.0	13, 14대 김영준(1) 16대 이시윤(1)	7/3.7	17대 한승헌(2) 18대 이종남(1) 19, 20대 전윤철(1) 21대 김황식(2) 22대 양건(1)
	행정 개선 · 능률	4/2.1	4/2.1	2대 한신(1) 8, 9대 이한기(2) 10대 정희택(1)	–	–	–	–
	정보 · 개방 · 분권	6/3.1	–	–	–	–	6/3.1	17대 한승헌(2) 19, 20대 전윤철(2) 21대 김황식(1) 22대 양건(1)
	민주화	8/4.2	2/1.0	11, 12대 황영시(2)	4/2.2	13, 14대 김영준(4)	2/1.0	19, 20대 전윤철(2)
	계획 · 예산편성 · 집행적정성	12/6.3	2/1.0	5, 6대 이석제(2)	3/1.6	13, 14대 김영준(2) 16대 이시윤(1)	7/3.7	18대 이종남(1) 19, 20대 전윤철(2) 21대 김황식(3) 22대 양건(1)
	직무감찰 · 공직기강	31/16.1	17/8.9	3, 4대 이주일(2) 5, 6대 이석제(4) 7대 신두영(3) 8, 9대 이한기(3) 10대 정희택(3) 11, 12대 황영시(2)	7/3.6	13, 14대 김영준(3) 15대 이회창(3) 16대 이시윤(1)	7/3.6	18대 이종남(1) 19, 20대 전윤철(2) 21대 김황식(1) 22대 양건(3)
	성과감사 · 제도개선	10/5.2	5/2.6	7대 신두영(3) 8, 9대 이한기(1) 11, 12대 황영시(1)	1/0.5	16대 이시윤(1)	4/2.1	17대 한승헌(3) 19, 20대 전윤철(1)
	기타 국정관련	8/4.2	5/2.6	1대 이원엽(1) 2대 한신(1) 3, 4대 이주일(2) 11, 12대 황영시(1)	–	–	3/1.6	18대 이종남(1) 19, 20대 전윤철(1) 22대 양건(1)

감사원 역량	청렴·윤리·독립	11/5.7	6/3.1	1대 이원엽(3) 3, 4대 이주일(2) 10대 정희택(1)	3/1.6	13,14대 김영준(1) 15대 이회창(1) 16대 이시윤(1)	2/1.0	17대 한승헌(1) 22대 양건(1)
	전문성	15/7.8	12/6.3	1대 이원엽(1) 3, 4대 이주일(6) 7대 신두영(3) 8, 9대 이한기(1) 10대 정희택(1)	–	–	3/1.5	17대 한승헌(3)
	감사효율성	16/8.3	10/5.2	3, 4대 이주일(2) 5, 6대 이석제(5) 7대 신두영(2) 8, 9대 이한기(1)	2/1.0	13, 14대 김영준(1) 15대 이회창(1)	4/2.1	17대 한승헌(1) 18대 이종남(2) 19, 20대 전윤철(1)
행정기관 자율통제		12/6.3	10/5.3	3, 4대 이주일(1) 5, 6대 이석제(4) 7대 신두영(3) 8, 9대 이한기(1) 11, 12대 황영시(1)	1/0.5	13, 14대 김영준(1)	1/0.5	17대 한승헌(3)

출처: 감사원(2008), 『감사60년사』 I·II 등을 참고하여 작성.

이었던 것을 생각하면 당연한 강조로 보인다. 정보·개방·분권과 관련한 감사중점은 국가정보화기반구축, 정보공개, 지방분권 등으로 표현되는데, 정보화 및 개방화 시기에 재직했던 17대 감사원장 한승헌 등 4명의 감사원장만 강조했고, 민주화 관련 감사중점은 11, 12대 감사원장으로 재직했던 황영시 등 3명의 감사원장이 강조했다. 1987년 6·29 민주화선언으로 시작된 민주화 시기에는 국민들의 욕구분출, 노사분규 등이 많았는데, 이에 따라 11, 12대 감사원장 황영시는 감사원 운영목표를 통치이념구현(1984~1987)에서 민주화합 새 시대를 위한 깨끗하고 신뢰받는 정부구현(1988)으로 바꾸었고, 후임인 13, 14대 감사원장 김영준은 준법질서확립, 감사 성역·사각 배제, 국회권한강화에 대처 등을 감사중점으로 정했다. 물론 민주화와 관련된 감사중점은 정보화·개방화 시기에도 발견된다. 19, 20대 감사원장 전윤철은 국회감사청구제도, 대국회 지원체계를 강조했다.

② 14개 세분류 중 국민편익·안전·사회통합, 예산·공공기관·주요

시책 효율, 규제개선·경제활력 제고, 직무감찰·공직기강 등 9개 분야 감사중점은 시기에 관계없이 거론되었다. 다만 일부 감사중점은 시기에 따라 정도에 차이는 있는데, 규제개선·경제활력 제고, 계획·예산편성·집행 적정성은 경제활황기인 산업화 시기보다 경제침체기인 정보화 및 개방화 시기에 더 자주 강조되었다. 이는 현재에 가까울수록 외환위기 등 국내 경제를 짓누르는 사건이 자주 발생하고 정부부채, 경직성지출예산, 복지예산 등이 증가되는 반면 세입액이 지출액보다 적어짐에 따라 한정된 재정을 적정하게 집행해야 하고 경제활성화를 조장해야 하는 현실상황에서 비롯된 것으로 추론된다.

반면 행정기관 자율통제는 산업화 시기에 자주 강조되었는데 이는 개발성장기에 감사를 최소화하여 경제발전 분위기를 해하지 않으려는 감사원장들의 의지가 반영된 것으로 추론된다. 한편 감사원의 청렴·윤리·독립성, 감사효율성 등의 감사중점도 시기와 관계없이 강조되고 있을 알 수 있다.

2. 조직 · 지배 구조

감사원의 조직·지배 구조는 감사원의 설치 근거와 소속, 감사원의 지위·조직·감사위원, 감사원사무처 등에 대한 것이다.

1) 감사원 설치 근거와 소속

감사원은 처음에 「대한민국헌법」이 아닌 「국가재건비상조치법」에 근거해서 설치되었다. 5·16군사정부는 1962년 12월 국민투표를 통해 「대한민국헌법(헌법6호)」을 개정하고 「헌법」 제3장 제2절 제4관 제92~95조에 감사원을 대통령 소속으로 설치하도록 규정했다. 그러나 혁명공약실현을 위해 감사원을 먼저 설치할 필요가 있다고 판단하여

위 「헌법」 시행일인 1963년 12월 17일까지 기다리지 않고 「국가재건비상조치법(국가재건최고회의령 0호)」 제19조의2에 감사원 설치규정을 신설했다. 그리고 초대 감사원장 이원엽은 같은 해 3월 5일 「감사원법(법률1286호)」을 제정하여 같은 해 3월 20일 국가재건최고회의 의장 소속으로 감사원을 설립하고 국가의 세입·세출 결산, 회계감사, 직무감찰을 했다. 1963년 12월 17일 위 「헌법」 6호가 시행되면서 감사원은 대통령 소속으로 바뀌고 현재에 이른다.

2) 감사원의 지위, 조직, 감사위원

초대 감사원장 이원엽은 1963년 3월 5일 「감사원법(법률1286호)」을 제정할 때 감사원은 직무에 관하여 독립된 지위를 갖는다고 처음 규정했으며, 현재에 이르고 있다.

감사원은 1962년 12월 26일 개정(1963. 12. 17. 시행)된 「대한민국헌법(헌법6호)」 제93조에 따라 감사원장을 포함한 5명 이상 11명 이하의 감사위원으로 구성된다. 1963년 1월 26일 개정된 「국가재건비상조치법(국가재건최고회의령0호)」 제19조의2에 감사원의 설치 근거를 둘 때도 위 「헌법」 규정에 따라 감사원은 감사원장을 포함한 5명 이상 11명 이하의 감사위원으로 구성하도록 규정했으나 같은 해 3월 5일 초대 감사원장 이원엽이 「감사원법(법률1286호)」을 제정할 때 감사원장을 포함한 감사위원 9명으로 된 감사위원회와 사무처로 조직을 구성하도록 바꾸었다. 3, 4대 감사원장 이주일이 1970년 12월 31일 「감사원법(법률2245호)」 개정 시 감사원 조직을 감사원장을 포함한 감사위원 7명으로 된 감사위원회와 사무처로 규정했으나 16대 감사원장 이시윤은 1995년 1월 5일 「감사원법(법률4937호)」 개정 시 감사원장을 포함한 7명의 감사위원으로 구성하도록 규정을 변경했다. 따라서 현재 감사원은 7명의 감사위원으로 구성되어 있고 「대한민국헌법(헌법10호)」 제4장 제2절

제4관 제98조의 규정에 따라 「감사원법」만 개정하면 감사원장을 포함한 11명 이하의 감사위원으로 구성할 수 있다.

감사위원의 임명방법은 1963년 3월 5일 「감사원법(법률1286호)」 제정 시 감사원장은 국가재건최고회의 의결을 거쳐 최고회의의장이, 감사위원은 감사원장의 제청으로 최고회의의장이 임명하도록 했다가 2대 감사원장 한신이 1963년 12월 13일 「감사원법(법률1495호)」을 다시 폐지제정할 때 감사원장은 국회동의를 얻어 대통령이, 감사위원은 감사원장 제청으로 대통령이 임명하도록 규정을 변경해서 현재에 이른다. 감사위원의 보수는 1963년 3월 5일 「감사원법(법률1286호)」 제정 시 차관보수와 동액으로, 감사원장의 보수는 내각의 수반과 각 원의 보수 사이에서 정하도록 규정했다가 1963년 12월 13일 「감사원법(법률1495호)」을 다시 폐지제정할 때 감사위원의 보수는 차관보수와 동액으로, 감사원장의 보수는 국무총리와 국무위원의 보수 사이에서 정하도록 규정이 바뀌어 현재에 이른다.

감사위원의 임기는 1962년 12월 26일 「대한민국헌법(헌법6호)」 개정 시 감사원장은 4년에 1차 연임하도록, 감사위원은 4년에 법률이 정하는 대로 연임할 수 있도록 규정되었다. 그러나 1963년 3월 5일 「감사원법(법률1286호)」 제정 시 감사원장을 포함한 감사위원의 정년만 65세로 정하고 임기를 따로 정하지 않았다가 1963년 12월 13일 「감사원법(법률1495호)」을 다시 폐지제정할 때 4년으로 정하고, 연임이 가능하도록 했으며 정년은 65세로 규정했다. 그러다가 1972년 12월 27일 「대한민국헌법(헌법8호)」 개정 시 감사원장과 감사위원의 임기가 4년 단임으로 변경되자 5, 6대 감사원장 이석제는 1973년 1월 25일 위 「헌법」의 규정에 맞게 「감사원법(법률2446호)」을 개정하여 감사원장과 감사위원의 임기를 4년 단임, 정년 65세로 규정했다. 그런데 민주화 시기인 1987년 10월 29일 「대한민국헌법(헌법10호)」 개정 시 감사원장과 감사위원의 임기가 4년에 1차 중임할 수 있도록 변경 규정되었는데도 그 이후 감사원장들은 감사원법 개정 때마다 감사위원 임기를 개정하지 않아 「헌법」 규정과 「감사원법」 규정 사이에 불부합이 있다. 한편 17대 감사원장 한승헌은 1999년 8월 31일 「감사원법(법률5998호)」을 개정할 때 감사원장의 정년만 70세로 변경했다.

감사위원 임용자격은 1963년 3월 5일 「감사원법(법률1286호)」을 제정할 때 1급 이상 공무원 3년 이상, 2급 이상 공무원 6년 이상, 판사·검사·군법무관·변호사 10년 이상, 법률학·경제학 부교수 이상 8년 이상, 영관급 이상 현역장교 10년 이상 재직자로 정했다. 이 규정은 16대 감사원장 이시윤이 1995년 1월 5일 「감사원법(법률4937호)」 개정 시 1급 이상 공무원 3년 이상 또는 3급 이상 공무원 8년 이상, 판사·검사·군법무관·변호사 10년 이상, 법률학·경제학 부교수 이상 8년 이상 재직자로 변경했고, 영관급 이상 현역장교는 감사위원 자격요건에서 제외되었다. 군부 출신 엘리트들이 경제성장을 주도했던 산업화 시기에 영관급 이상 현역장교를 감사위원 임용자격에 포함했으나 1993년 2월 노태우 대통령을 마지막으로 군부정권이 막을 내리자 이 규정이 변경된 것이다. 그러다가 19, 20대 감사원장 전윤철은 2004년 3월 5일 「감사원법(법률7176호)」 개정 시 「증권거래법」에 의한 주권상장법인·협회등록법인 또는 정부투자기관에서 20년 이상 근무한 자 중 임원으로 5년 이상 재직자를 감사위원 자격요건에 추가했다. 2006년 12월 28일 「감사원법(법률8132호)」 개정 시에는 1급, 2급 공무원이 정부정책에 의해 고위공무원으로 바뀐 것을 고려하여 고위공무원단에 속하는 공무원 또는 3급 이상의 공무원직에 8년 이상 재직한 자로 자격요건을 변경했으며, 2007년 8월 3일 다른 법 개정으로 「감사원법(법률8635호)」을 개정할 때 「증권거래법」에 의한 협회등록법인을 자격요건에서 제외했다. 따라서 현재 감사위원의 임용자격은 고위공무원단에 속하는 공무원 또는 3급 이상 공무원 8년 이상, 판사·검사·군법무관·변호사 10년 이상, 「증권거래법」에 의한 주권상장법인 또는 정부투자기관에서 20년 이상 근무한 자 중 임원으로 5년 이상 재직자로 규정되어 있다.

감사위원의 신분보장은 1963년 3월 5일 「감사원법(법률1286호)」 제정 시 탄핵결정, 금고 이상의 형의 선고, 장기간 심신쇠약으로 직무를 수행할 수 없게 된 경우가 아니면 본인의 의사에 반하여 면직되지 않도록 규정함으로써 시작되었다. 2대 감사원장 한신이 1963년 12월 13일 「감사원법(법률1495호)」을 다시 제정할 때에도 이 규정은 그대로 유지되어 현재에 이른다. 감사위원이 탄핵결정, 금고 이상의 형의 선고를 받은 경우는 당연히 퇴직되며, 장기간 심신쇠약으로 직무를 수행할 수 없을 경우는 감사위원회의 의결을 거쳐 감사원장의 제청으로 대통령이 퇴직을 명한다.

3) 감사원사무처의 직원 구성, 직원 임면, 사무총장 · 사무차장의 지위 등

초대 감사원장 이원엽이 1963년 3월 5일 「감사원법(법률1286호)」 제정 시 감사원사무처는 사무총장, 사무차장 각 1명, 2~5급(갑·을) 국가공무원으로 구성되었다. 그리고 국·실의 명칭까지 감사원법에 규정하고 과의 설치, 국·실·과의 분장사무, 직원 정원은 감사원 규칙으로 정하되 직원 정원은 내각과 협의하라고 규정함으로써 조직운영의 자율성이 적었다. 3, 4대 감사원장 이주일 재임 중인 1970년 12월 31일 「공무원임용령(대통령령5449호)」 개정에 따라 감사관, 부감사관 등 감사직렬이 일반행정직 명칭으로 바뀌었다가 4개월만인 1971년 4월 19일 「공무원임용령(대통령령5606호)」이 또 개정되면서 감사직렬로 환원되었다. 5, 6대 감사원장 이석제는 1973년 1월 25일 「감사원법(법률2446호)」을 개정할 때 사무처 국·실·과의 설치와 분장사무를 감사원 규칙에 위임하여 정하도록 규정하여 조직운영의 자율성 수준을 개선시켰으나 이 또한 국·실의 설치에 대해서는 국무회의와 협의하도록 단서를 둠으로써 조직운영의 자율성에 한계가 있었다.

결국 16대 감사원장 이시윤은 약 22년 만인 1995년 1월 5일 「감사원법(법률4937호)」 개정 시 사무처 직원 구성을 사무총장 1명, 사무차장 2명, 기타 필요한 직원으로 자율성 있게 바꾸고, 국·실·과의 설치와 분장사무를 감사원 규칙으로 정하도록 했으며 국무회의와 협의하도록 한 단서규정을 삭제했다. 또 직원 정원도 예산범위 내에서 대통령의 승인을 얻어 감사원 규칙으로 정하도록 했다. 한편 19, 20대 감사원장 전윤철은 2005년 5월 26일 「감사원법(법률7521호)」 개정 때 전문성과 효율적인 업무수행을 위해 공직 내·외부에서 적격자를 임용할 수 있도록 개방형 직위, 공모직위를 신설했다. 이는 당시 집권했던 노무현 대통령이 각 행정기관에 적용한 국가정책 중의 하나였다.

감사원사무처 직원의 임면은 1963년 3월 5일 「감사원법(법률1286호)」을 제정할 때 사무총장, 1급, 2급(갑·을) 공무원은 감사위원회의 의결을 거쳐 감사원장 제청으로 국가재건최고회의의장이, 3급(갑·을) 공무원은 감사원장 제청으로 국가재건최고회의의장이 하도록 규정했고, 4급(갑·을) 이하 공무원만 감사원장이 임면하도록 했다. 그리고 2대 감사원장 한신이 1963년 12월 13일 「감사원법(법률1495호)」을 다시 폐지제정할 때에도 임면권자가 국가재건최고회의의장에서 대통령으로 변경되었을 뿐 직원 임면 구조는 같았다.

16대 감사원장 이시윤은 1995년 1월 5일 「감사원법(법률4937호)」 개정 시 감사원공무원의 임면, 조직, 예산편성과 관련하여 감사원의 독립성을 최대한 존중해야 한다는 원칙을 천명했다. 그리고 사무총장, 사무차장, 4급 이상 공무원은 감사위원회의 의결을 거쳐 감사원장 제청으로 대통령이, 5급 공무원은 감사원장 제청으로 대통령이 임명하도록 규정을 변경했고 6급 이하 공무원은 감사원장이 직접 임면하도록 했다. 또한 감사원 인사감사를 종래 총무처에서 실시하던 것을 감사원 사무총장이 자체적으로 실시하도록 규정했고, 감사원 직원에 대한 징계도 자체징계위원회의 의결을 거쳐 감사원장이 시행하되 5급 이상 직원의 파면, 해임은 징계위원회의 의결을 거쳐 감사원장 제청으로 대통령이 시행하도록 규정하는 등 인사운영과 관련한 독립성을 높였다. 그러나 아직도 감사원장의 인사권한에는 한계가 있고, 따라서 한국공법학회(2015)는 대통령에게 부여된 감사원 직원에 대한 임면권한을 감사원장에게 위임하여 감사원의 독립성을 제고해야 한다는 주장을 한다.[7]

사무총장, 사무차장의 지위 등을 살펴보면 1963년 3월 5일 「감사원법(법률1286호)」 제정 시 사무총장은 사무처 직원을 지휘 감독하는 자로 규정했고, 사무총장의 보수는 차관보수와 동액으로 정했다. 사무차장은 1급 공무원으로 보했다. 그런데 5, 6대 감사원장 이석제는 1973년 1월 25일 「감사원법(법률2446호)」 개정 시 사무총장, 사무차장을 별정직으로 바꾸고 사무총장의 봉급은 차관봉급과 동액으로, 사무차장의 봉급은 차관보봉급과 동액으로 정하도록 하여 지위를 보강했다. 16대 감사원장 이시윤은 1995년 1월 5일 「감사원법(법률4937호)」 개정 시 사무총장은 정무직, 사무차장 2명은 별정직으로 바꾸어 지위를 더욱 보강했다.

16대 감사원장 이시윤은 1995년 1월 5일 「감사원법(법률4937호)」 개정 시 감사교육원을 신설하고 교육원장을 1급 공무원으로 보했다. 또한 19, 20대 감사원장 전윤철은 2005년 5월 26일 「감사원법(법률7521호)」 개정 시 감사 제도·방법 연구, 각종 평가 제도·방법 연구를 담당하는 평가연구원을 신설했다. 2008년 2월 29일 「감사원법(법률8875

---

7 한국공법학회(2015), 「바람직한 감사원법 개정 방향에 관한 연구」, 감사원 연구용역보고서, 20-21쪽.

호)」 개정 때 평가연구원 업무 중 평가 기능은 국무조정실로 이관하고 감사 제도·방법 연구만 담당하는 감사연구원으로 명칭을 변경하지만 감사교육원, 감사연구원의 설치는 감사의 전문성을 제고시키기 위한 획기적인 조치였다.

감사원의 조직·지배 구조에 관한 연구는 「감사원법」을 중심으로 분석했다. 특히 「유신헌법」으로 알려진 「대한민국헌법(헌법8호)」이 1972년에 개정된 후 5, 6대 감사원장 이석제가 1973년 1월 25일 위 「헌법」에 부합되게 「감사원법(법률2446호)」을 개정한 후에는 16대 감사원장 이시윤이 1995년 1월 5일 「감사원법(법률4937호)」을 개정할 때까지 무려 22년 동안 「감사원법」이 개정되지 않았다. 그 기간에 감사원의 업무 범위, 기능 등에 많은 변화가 있었던 것을 고려하면, 감사원 조직운영에 구조상, 기능상 문제들이 제때 개선되지 않았을 개연성을 설명해 준다.

3. 감사 관련 정책

역대 16명의 감사원장이 시행한 정책의 양이 많아 이를 효과적으로 분석할 필요가 있었다. 연구의 분석틀은 IIA(The Institute of Internal Auditors)가 만든 감사역량모형 IA-CM(Internal Auditing Capability Model)[8]을 일부 수정하여 7개의 분류체계, 즉 지배구조(governance), 서비스와 역할(service and role of auditing), 사람관리(people management), 전문적 감사활동(professional practices), 성과관리와 책무성(performance management and accountability), 조직 간 관계 및 조직문화(organizational relationships and culture), 감사 중복 및 사각 해소 노력 등으로 정했고, 분류마다 시기별,

8 IIA Research Foundation(2009), *Internal Auditing Capability Model(IA-CM) for the Public Sector: Overview and Application Guide*, p. 14; 심호(2013). 『자체감사와 조직역량』, 박영사, 76쪽.

감사원장별로 감사 관련 정책을 정리함으로써 시기별 정책의 변화를 알 수 있게 했다.

1) 지배구조(독립성 포함)와 관련된 정책

지배구조는 효율적인 조직 정비 및 운영에 관련된 것으로 〈표 3-2〉에 정리했다.

〈표 3-2〉 지배구조와 관련된 정책

감사원장	정책 내용
산업화 시기(1960년대~1980년대 중후반)	
1대 이원엽	① 감사위원회의 매주 1회 정기개최(1963) ② 회계감사 거부 시 6월 이하 징역(1963)
2대 한신	감사위원회에 관계인 · 증인 출석, 신문(1963)
3, 4대 이주일	① 「직원의 복무지침 및 행동준칙」 제정(1964), 국실별 교차 자체감사(1965) ② 종로구 삼청동에 청사 짓고 감사원 이전(1971)
5, 6대 이석제	① 자체감사반을 구성, 기획실이 주관 자체감사 실시(1971) ② 감사대상기관 이외 자에게 자료제출요구권, 감사거부 · 자료제출 해태 시 1년 이하 징역 또는 10만 원 이하 벌금(1973)
7대 신두영	① 직무감찰 전담국(5국) 신설(1977) ② 기술감정 업무만 담당하던 기술실에 공사감사 분장(1977)
8, 9대 이한기	① 「감사원 정책자문위원회 규정」 만들고 매년 운영(1981) ② 감사원 院訓 '公明正大', 院歌 '감사원의 노래' 선포(1981) ③ 사무차장 직속 감찰담당관(3급) 신설, 자체감찰 담당(1981) ④ 공직자에게 비리에 대한 경각심 주기 위해 『감사회보』(1981), 『교육회보』(1982) 발간
11, 12대 황영시	종래 「감사반장수칙」, 「감사원직원복무수칙」, 「감사원직원생활기준」 등을 정비, 「감사원직원수칙」 제정(1985)
민주화 시기(1980년대 중후반~1990년대 후반)	
13, 14대 김영준	① 감찰담당관(3급)을 국장급(2급, 3급)으로 승격, 사무총장 직속으로 변경(1990) ② 부산 등 12개 시 · 도에 기동감찰반 상주, 현장 감찰활동 강화

15대 이회창	감사원장 자문기구 정책자문위원회 운영(1993~1997)
16대 이시윤	① 원법개정추진특별반 구성, 1995년 「감사원법」 개정(1994~1995) ② 이회창 원장이 구성한 부정방지대책위원회 계속 운영(1993~1997) ③ 21세기 감사업무발전위원회 설치, 22개 과제 연구(1995) ④ 변상책임판정, 재심의 사항 심의 때 이해관계자 서면 · 구술 의견 진술권(1995) ⑤ 금융거래에 대한 정보제출요구권, 감사자 취득 자료 · 정보 외부누설 방지(1995) ⑥ 감사 거부 · 방해, 자료제출 불응 시 종래 1년 이하 징역 또는 10만 원 이하 벌금을 1년 이하 징역, 500만 원 이하 벌금으로 강화, 금융정보자료 제출거부자는 3년 이하 징역, 2천만 원 이하 벌금, 징역형과 벌금형 병과 가능(1995)
정보화 및 개방화 시기(1990년대 후반~2014년 현재)	
17대 한승헌	① 청 단위 중앙행정기관 대전 이전에 맞추어 대전사무소(3급부서) 개설(1998) ② 院訓을 '바른감사, 바른나라', 감사원 상징 마패를 눈과 귀를 형상화한 이미지로 변경(1998)
18대 이종남	① 「회계관계직원 등의 책임에 관한 법률」 개정으로 현금, 물품 망실 · 훼손 등에 대한 입증책임을 회계관계 직원에게 두던 것을 면제, 변상판정금액도 책임 정도에 따라 감면(2001) ② 중앙관서 장의 변상명령에 이의 있는 회계관계 직원은 감사원에 판정 청구 가능(2001)
19, 20대 전윤철	① 정책자문위원회 새로 구성, 「감사원 정책자문위원회 규칙」 제정(2004) ② 감사자료 중 개인 사생활 자료 목적 외 사용금지(2005) ③ 「감사원직원수칙」 폐지, 「감사활동수칙」, 「감사원공무원의 청렴유지 등을 위한 행동강령」으로 변경(2003), 후자는 「감사공무원 행동요령」으로 명칭변경(2005) ④ 정보화 대응 차원 자료제출을 정보통신망, 전자문서로도 할 수 있게 규정(2006) ⑤ 「골프 및 사행성 오락 관련 행위기준 운영지침」, 「사생활 관련 범죄행위 처분기준」 제정(2006) ⑥ 감찰관에게 고위감사공무원 직위의 직무등급 부여(2007)
22대 양건	공직비리를 제보한 국민에게 보상금(2012)

출처: 감사원(2008), 『감사60년사』 I · II 등을 참고하여 작성.

첫째, 감사원 설립 초기 초대 감사원장 이원엽, 2대 감사원장 한신, 3, 4대 감사원장 이주일은 감사원 규칙, 내훈, 훈령, 예규 등을 많이 제정하여 시행했다.

1963년 3월 20일 「감사원 규칙의 공포에 관한 규칙」을 처음 만들었고, 같은 해 4월 23일에는 감사사무 운영방법을 규정한 「감사원 사무처리규칙」과 국민들이 행정기관 결정 등에 불복할 때 감사원에 심사를 청구할 수 있도록 규정한 「감사원 심사규칙」을 제정했다. 같은 해 12월 10일에는 감사원의 회계감사대상자가 자신이 처리한 회계사무가 적정하다는 것을 입증하기 위해 현금, 물품의 입금과 출금 상황을 명백히 한 계산서를 작성하고 증거서류를 첨부하여 감사원에 제출하도록 규정한 「계산증명규칙」을 제정하는 등 1963~1971년 사이에 총 9개의 감사원 규칙을 마련했다. 그리고 「감사사무처리규정」 등 16개의 내훈, 「관기확립을 위한 직원복무지침 및 행동준칙」 등 15개의 훈령, 「감사결과 처리 및 처리안 등의 작성에 관한 예규」 등 92개 예규도 제정하여 감사원 초기 운영의 기틀을 마련했다.

둘째, 16대 감사원장 이시윤의 1995년 1월 5일 「감사원법(법률4937호)」 개정은 리더의 올바른 문제의식과 다양한 지배구조의 채택이 가져온 성과임을 확인할 수 있었다.

15대 감사원장 이회창은 1993년 4월 9일 자문기구로 부정방지대책위원회를 설치했다. 외부인사가 위원장이 되고 위원장을 포함하여 모두 17명으로 구성되었다. 위원회는 매월 1회 개최하여 사회병폐원인과 개선대책을 논의한 후 감사원장에게 건의했다. 위원회는 1993년 8월 「금융부조리실태 및 방지대책」이라는 보고서를 시작으로 1997년 말까지 세무·경찰·건설 관련 부조리실태 및 방지대책에 대해 총 30권(550건)의 정책건의서를 만들어 감사원장에게 제공하는 등 감사원 업무발전에 기여했다.

16대 감사원장 이시윤은 부정방지대책위원회를 계속 운영하면서 업무개선에 필요한 정보들을 꾸준히 얻었고 1994년 3월에는 '원법개정 추진특별반'을 구성하여 「감사원법」 개정안을 만들고 1995년 1월 5일에 「감사원법」을 개정했다. 이로써 감사원의 위상이 과거에 비해 크게 높아졌다. 그는 더 나아가 감사원의 발전방안과 추진전략을 발굴하기 위해 1995년 10월 27일 21세기 감사업무발전위원회를 설치하고 이 위원회들의 건의내용, 연구결과를 활용하여 감사업무에 변화를 가져온 몇 가지 조치들을 취한다. 리더가 지배구조를 다양화하고 의견을 많이 들을수록 조직의 위험요소를 제때 확인하고 개선 또는 부흥시킬 수 있다는 논고를 설명하는 데 적확한 사례다.

셋째, 감사원은 독립성을 계속 강화하면서도 이에 따라 훼손될 수 있는 국민의 권익과 민주성을 신장시키기 위해 여러 노력을 해 왔다는 것이 확인된다.

5, 6대 감사원장 이석제는 1973년 1월 「감사원법(법률2446호)」 개정 시 감사대상기관 이외의 자에게도 감사에 필요한 자료를 받을 수 있도록 규정했다. 만일 정당한 사유 없이 감사를 거부하거나 자료제출을 해태했을 때에는 공무원에 대해서 징계를 요구할 수 있으며, 공무원을 포함하여 감사대상자에 대해서 1년 이하의 징역 또는 10만 원 이하의 벌금에 처하는 벌칙도 규정했다. 종래 회계감사를 거부한 때에만 6월 이하의 징역에 처하도록 벌칙규정을 두었던 것을 크게 강화한 것이다. 그리고 16대 감사원장 이시윤은 1995년 1월 「감사원법(법률4937호)」 개정 시 금융기관의 특정점포에 금융거래 정보 및 자료 제출요구할 수 있도록 규정하고, 감사를 거부 또는 방해하거나 자료제출요구에 불응한 자에 대해서 종래 1년 이하의 징역, 10만 원 이하의 벌금에 처하도록 한 규정을 1년 이하의 징역, 500만 원 이하의 벌금에 처하도록 강화했다.[9] 특히 금융정보 및 자료의 제출요구에 불응한 자에 대해서는

3년 이하의 징역, 2천만 원 이하의 벌금에 처하게 하고, 징역형과 벌금형을 병과할 수 있게 규정했다. 반면 국민권익보호, 민주성 향상을 위해 감사자는 수집한 정보 및 자료를 타인에게 제공, 누설, 목적 외 사용할 수 없도록 했고, 변상책임판정, 재심의 사항을 심의할 때 이해관계자로 하여금 서면 및 구술로 의견을 진술할 수 있도록 규정을 신설했다.

18대 감사원장 이종남은 2001년 4월 7일 「회계관계직원 등의 책임에 관한 법률」을 개정하여 종래 현금, 물품의 망실·훼손 등에 대한 입증책임을 회계관계직원에게 두던 것을 면제했고, 변상판정금액도 책임정도를 고려하여 감면할 수 있도록 했으며, 중앙관서의 장 등이 변상명령을 한 데 대해 회계 관계 직원이 이의가 있으면 감사원에 판정을 청구할 수 있도록 규정했다. 또한 19, 20대 감사원장 전윤철은 2005년 5월 「감사원법(법률7521호)」 개정 시 감사권한남용, 개인인권침해를 방지하기 위해 감사 때 제출받은 개인의 신상과 사생활에 관한 정보 및 자료를 해당 감사목적 이외 용도로 이용하지 못하도록 규정하고, 2006년 7월 1일 「감사원법(법률8132호)」 개정 시에 정보통신망, 전자문서로도 자료 요구 및 제출을 할 수 있도록 규정했다.

넷째, 공직기강, 감사원 직원들의 청렴, 윤리와 관련된 정책들은 산업화 시기에 더욱 자주 강조되었고, 최근에 가까울수록 감사원 자체감찰조직이 보강되는 경향이 있다.

산업화 시기에 재직한 3, 4대 감사원장 이주일은 취임 첫해인 1964년, 감사원 직원들의 기강확립을 위해 「직원의 복무지침 및 행동준칙」을 제정했고, 1965년 9월에는 국실별로 인원을 선발하여 서로 교차하여

9 이 규정은 23대 감사원장 황찬현이 2014년 1월 7일 「감사원법(법률12222호)」을 개정할 때 1년 이하의 징역 또는 1천만 원 이하의 벌금으로 변경되었다.

자체감사를 처음 실시했다. 그리고 5, 6대 감사원장 이석제는 박정희 대통령이 1971년 7월 대통령사정담당특별보좌관을 신설하고 범국가적으로 사정(司正)을 추진할 때 감사원을 포함하여 공직사회에 대한 사정에 중점을 두었다. 또 박정희 대통령이 1975년 5월에 대민업무와 관련된 민폐를 없애라고 내각에 주문하는 등 서정쇄신을 강조할 때 공직사정에 더욱 박차를 가했다. 그 결과 1972~1976년까지 5년간 감사에서 지적건수 40,679건(매년 6,691~10,010건), 변상판정·시정금액 715억(매년 55억~287억 원), 징계·문책 인원 4,895명(매년 434~1,559명)의 감사성과를 거두어 이 기간에 감사원 일반직 직원수 대비 지적건수비율, 감사원 연간운영예산 대비 변상판정·시정금액 비율이 각각 16.5건/인, 12.1로서 1963~2014년 평균 10건/인, 6.4를 크게 상회하고, 감사대상기관 직원수 대비 징계·문책 인원 비율, 감사대상기관 연간 운영예산 합계 대비 변상판정·시정금액 비율도 각각 0.0019, 0.0038로서 1963~2014년 평균 0.001과 0.0015의 2배 이상 되었다. 감사원도 1971년 8월에 직제를 개정하고 5급 이상 상위직 51명을 퇴직시켰고, 1971년 12월 자체감사반을 구성하여 자체감사를 실시했으며, 이때부터 기획실 기획담당관이 주관하여 매년 자체감사를 했다. 그러다가 8, 9대 감사원장 이한기는 1981년 11월 2일 사무차장 직속으로 자체감사기구인 감찰담당관을 신설하여 감사원 자체감사와 직원 복무기강업무를 담당하게 했다. 11, 12대 감사원장 황영시는 1985년 5월 24일 종전 「감사반장수칙」, 「감사원직원복무수칙」, 「감사원직원생활기준」 등을 정비하여 「감사원직원수칙(훈령69호)」을 만들었다.

민주화 시기에 재직한 13, 14대 감사원장 김영준은 1990년 12월 감사원 자체감찰기구인 감찰담당관(3급)을 사무차장 직속에서 사무총장 직속으로 변경하고 직급도 국장(2급·3급)급 감찰관으로 승격시켰다.

정보화 및 개방화 시기에 재직한 19, 20대 감사원장 전윤철은 2003년

5월 종래 「감사원직원수칙」을 폐지하고 「감사활동수칙」, 「감사원 공무원의 청렴유지 등을 위한 행동강령[10]」으로 변경했다. 2006년 6월에는 「골프 및 사행성 오락 관련 행위기준 운영지침」을, 2006년 9월에는 「사생활 관련 범죄행위 처분기준」을 제정했다. 그리고 감사원 자체감사기구의 장인 감찰관을 2006년 12월 28일 「고위감사공무원단 직위의 직무등급 표시에 관한 규정(감사원훈령566호)」을 개정할 때 2007년 7월 1일부터 고위감사공무원이 되도록 규정했고, 현재에 이른다.

다섯째, 특이하게도 13, 14대 감사원장 김영준은 부산 등 12개 시·도에 기동감찰반을 상주시켜 현장 감찰활동을 전개했다. 이는 민주화 시기에 국민들의 요구가 증가하고, 우리 사회에 방종과 혼동이 일부 있었기 때문에 감사원이 현장에서 민원의 목소리를 듣고 문제를 빨리 인식, 개선하기 위해 기동감찰반을 운영한 것으로 보인다. 1988년 4월 6일 「지방자치법(법률4004호)」이 개정되어 1961년 이후 유보되었던 지방자치의 길이 다시 열렸고, 1991년 3월에는 시·군·구 기초의회의원 선거, 같은 해 6월에는 광역의회의원 선거가 실시되어 전국이 어수선했던 것도 원인이 될 수 있다.

2) 서비스 및 역할과 관련된 정책

서비스 및 역할과 관련된 정책은 감사원의 업무 범위, 감사대상기관 확대, 감사업무 효율성을 설명하고 있다. 〈표 3-3〉에 이와 관련된 정책을 정리했다. 감사원의 감사 범위는 시기에 따라 계속 확대되었고, 이 때문에 감사업무를 효율적으로 운영하려는 노력이 정책들에서 많이 확인된다.

10 2005년 12월 「감사원공무원 행동강령」으로 명칭이 변경되었다.

〈표 3-3〉 서비스 및 역할과 관련한 정책

감사원장	정책 내용
	산업화 시기(1960년대~1980년대 중후반)
2대 한신	① 감사위원회는 국가결산확인, 변상책임판정, 징계 · 문책요구, 시정 · 개선요구, 재심의, 결산검사보고 · 수시보고, 심사청구결정, 회계관계법령 제정 · 개폐 및 해석적용에 대한 의견진술 등을 의결(1963) ② 회계감사 범위는 국가, 지방자치단체의 수입 · 지출, 현금 · 물품, 유가증권, 재산 등, 국가가 자본금의 2분의 1 이상 출자하거나 국가귀속 주식이 자본금의 2분의 1 이상 법인, 한국은행 등으로, 직무감찰 범위는 정부조직법 등에 의해 설치된 행정기관 및 지방자치단체 사무와 소속공무원(중령급 이하 장교가 지휘하는 군부대, 국회 · 법원 공무원 등 제외) 직무 등으로 규정(1963) ③ 감사위원회 의결사항 중 경미한 시정 · 주의 사항은 사무총장 위임처리(1963) ④ 「계산증명규칙」 제정, 서면감사 강조(1963)
3, 4대 이주일	재외공관 감사 시작(1966)
5, 6대 이석제	① 「중앙정보부법」, 「군수관리법」을 제외하고 다른 법률이 정한 감사제한 무효 규정(1973) ② 감사위원회 의결사항 중 경미한 시정 · 주의에 더하여 재심의, 심사청구 결정, 회계관계법령 제정 · 개폐 및 해석 적용에 대한 의견진술 중 경미한 것까지 사무처에 위임처리 확대. 다만, 감사원장이 처리(1973)
7대 신두영	1971년부터 중단된 재외공관감사 재개(1977)
8, 9대 이한기	① 감사대상기관으로부터 징구하는 계산증명자료가 많아져 인건비 · 여비 증거서류 제출생략(1980) ② 회계집행 증거서류 원본제출제도 폐지(1982)
10대 정희택	종래 주무장관 주관으로 외부감사를 하던 정부투자기관을 감사원이 외부감사. 예외적으로 감사원이 주무장관에게 위탁 가능(1983)
	민주화 시기(1980년대 중후반~1990년대 후반)
16대 이시윤	① 국가 · 지방자치단체가 출연한 자의 회계, 「기금관리법」에 따라 기금관리자의 회계, 기금에서 출연 · 보조한 자의 회계를 선택적 감사사항에 포함(1995) ② 법령에 의해 국가, 지방자치단체가 위탁 · 대행하게 한 사무를 직무감찰 범위에 추가(1995)
	정보화 및 개방화 시기(1990년대 후반~2014년 현재)
21대 김황식	「국가재정법」에 따라 중앙관서가 작성한 성과보고서를 검사, 국회에 제출(2009)

출처: 감사원(2008), 『감사60년사』 I · II 등을 참고하여 작성.

2대 감사원장 한신은 1963년 12월 13일 「감사원법(법률1495호)」을 폐지제정할 때 감사원의 업무범위를 규정(제21~24조)했다. 국가, 지방자치단체의 수입·지출, 현금·물품, 유가증권에 대한 검사, 국가의 재산, 채권, 국채에 대한 검사, 한국은행이 국가를 위해 취급하는 현금·귀금속, 유가증권에 대한 검사, 자본금의 2분의 1 이상을 국가가 출자한 법인, 다른 법률에 따라 감사원의 회계감사를 받도록 규정된 자의 회계검사(필요적 회계감사사항), 국가기관 이외의 자가 취급하는 국가의 현금·물품, 유가증권, 보조금, 장려금, 조성금, 자본금 등(선택적 회계감사사항), 「정부조직법」 및 그 밖의 법률에 의해 설치된 행정기관의 사무와 그 소속 공무원의 직무, 지방자치단체의 사무와 그 소속 공무원의 직무, 기타 법령에 의해 공무원의 신분을 가지거나 공무원에 준하는 자의 직무 등에 대한 감찰(감찰사항)이 그것이다.

그런데 시간이 지날수록 재외공관(1966), 지방자치단체 출자법인(1973), 정부투자기관(1983), 국가 또는 지방자치단체가 출연금을 교부한 자, 기금관리자, 기금에서 출연·보조한 단체 등(1995)에 대해 회계감사범위가 확대되고, 법령에 의해 국가 또는 지방자치단체가 위탁·대행한 사무 등(1995)에 대해서도 감찰범위가 확대되었다. 2009년부터는 「국가재정법」에 따라 중앙관서가 작성한 성과보고서를 검사하고 그 결과를 국회에 제출하는 업무도 하게 되었다. 그 결과 1963년에 감사원의 감사대상기관수, 감사대상기관 직원수, 감사대상기관 세출예산은 각각 3,964개, 28만 7,988명, 2,130억 원이었던 것이 지난 2014년에는 6만 5,253개, 121만 2,616명, 723조 4,661억 원으로 확대되어 감사대상기관수는 16.5배, 감사대상기관 직원수는 4.2배, 감사대상기관 세출예산은 3,397배 증가했다.

그러나 1964년 486명이던 감사원 직원수(정원)는 2014년 1,035명으로 같은 기간에 2.1배밖에 늘지 않는 등 자원이 많이 부족하여 감사수요를 모두 감당할 수 없다. 그래서 2대 감사원장 한신은 감사를 효율적으로 운영하기 위해 1963년 12월 13일 「감사원법(법률1495호)」을 다시 폐지제정할 때 감사위원회 의결사항 중 시정·주의 사항으로서 경미한 것은 사무총장에게 위임하여 처리할 수 있도록 규정했고, 5, 6대 감사원장 이석제는 1973년 1월 25일 「감사원법(법률2446호)」 개정 시 감사위원회가 사무처에 결정을 위임하는 범위를 종래 시정·주의 사항에 더하여 재심의, 심사청구결정, 회계관계법령의 제정·개폐·해석 적용에 대한 의견진술 중 경미한 사항까지 확장했으며, 대신 종래 사무총장에게 처리를 위임했던 것을 감사원장이 직접 처리하는 것으로 변경했다. 또한 8, 9대 감사원장 이한기는 「계산증명규칙(규칙 제11호)」에 따라 감사대상기관이 계산증명서류(계산서, 증거서류)의 원본을 1963년부터 감사원에 제출하던 제도를 1982년 2월 폐지했다.

3) 전문성(사람관리)과 관련된 정책

사람관리와 관련된 정책은 자격 있는 직원을 채용하고, 감사자들에 대해 전문역량을 배양, 유지하도록 교육하는 내용을 담고 있다. 〈표 3-4〉가 이를 잘 보여 준다. 분석결과 감사원장들은 직원교육에는 힘썼지만 신규직원을 채용하는 정책은 많이 시행하지 않았다.

5, 6대 감사원장 이석제는 1973년 2월 19일 기획실에 교육담당관을 신설하고 신입직원을 위한 교육교재를 제작했다. 교육담당관은 7대 감사원장 신두영 재직 때인 1977년 폐지되었으나 8, 9대 감사원장 이한기는 1980년 9월 이를 기획실에 부활시켰고 같은 해 12월 '교육훈련 4개년 기본계획'을 수립했다. 1981년 11월에는 교육담당관을 심의실 소속으로 변경했고, 1982년 8월 감사원은 「공무원교육훈련법」상 특수교육훈련기관으로 지정되어 감사원 직원에 대한 기본교육을 외부기관에 위탁하지 않고 스스로 할 수 있게 되었다. 또한 「인사관리규정」에

〈표 3-4〉 전문성(사람관리)과 관련된 정책

감사원장	정책 내용
산업화 시기(1960년대~1980년대 중후반)	
5, 6대 이석제	① 총무처에 의뢰, 감사직 4급(현재 7급)을 공개채용(1971) ② 기획실에 교육담당관, 제도담당관 신설, 신입직원 교육교재 제작(1973)
8, 9대 이한기	① 교육훈련 4개년 기본계획 처음 수립, 1977년 폐지된 교육담당관을 기획실에 부활(1980) ② 교육담당관을 교육연구담당관으로 변경, 심의실로 소속변경(1981), 교육관 개관, 「공무원교육훈련법」상 특수교육훈련기관 지정으로 직원기본교육 자체시행 가능, 「인사관리규정」에 감사특기제도를 규정하고 4급 이하 직원 감사 관련 자격취득 교육강화(1982)
11, 12대 황영시	심의실 교육연구담당관을 국장급(2급) 감사교육실로 확대(1985)
민주화 시기(1980년대 중후반~1990년대 후반)	
16대 이시윤	① 감사교육원(원장 1급) 신설(1995) ② 대형공사전담반, 환경기동반 등 전문감사팀제 운영(1995) ③ 전문감사요원(11개 분야 각1~2명) 활용 및 양성 계획(1995) ④ 국제화 · 정보화 · 전문화 대응하여 변호사, 공인회계사, 박사 등 전문인력 채용(1996)
정보화 및 개방화 시기(1990년대 후반~2014년 현재)	
18대 이종남	「감사원 중단기 발전계획」(1999), 「감사원비전 2000」(2001)에 감사자 주특기 부여제도 포함, 미시행
19, 20대 전윤철	① 정부정책으로 전문성과 능력 갖춘 감사공무원을 임용하기 위해 개방형 · 공모직위 신설(2006) ② 순환보직제 운영(2006)
21대 김황식	「중장기 인적자본 전략계획」 수립, 11개 감사분야 전문인력관리제(2010~)

출처: 감사원(2008), 『감사60년사』 I · II 등을 참고하여 작성.

감사특기제도를 규정했으며, 공인회계사, 세무사 등 자격취득교육을 강화하고 전문교육기관에 직원을 파견했다. 그 결과 1984년까지 부기 2급·3급, 공인회계사, 공인감정사들이 많이 배출되었다. 11, 12대 감사원장 황영시는 1985년에 국장급(2급) 감사교육실을 신설했고, 16대 감사원장 이시윤은 1995년 1월 5일 「감사원법(법률4937호)」 개정 시 감사교육원(원장 1급)을 신설해 현재에 이른다. 감사교육원은 감사원 직원, 감사대상기관의 자체감사자 및 회계관계직원, 외국감사기구직원 등을 교육훈련하고 있다. 한편 감사원 직원들에게 개인별 전문분야를 정해 해당 부서에 근무하게 하는 전문인력관리제는 자주 시도되었으나 뿌리내리지 못하다가 2010년 21대 감사원장 김황식 때 실행력을 얻어 2014년 현재까지 시행 중이다.

그러나 자격 있는 신규직원채용과 관련한 정책은 많지 않다. 5, 6대 감사원장 이석제는 종래 수습행정원 등에서 선발하던 4급(현재 7급)을 직원을 공무원 선발부처인 총무처에 의뢰하여 1971년부터 감사직렬로 공개 채용한다. 또한 정보화 및 개방화 시기에 재직한 16대 감사원장 이시윤은 국제화, 정보화, 전문화에 대응하기 위해 변호사, 공인회계사, 박사 등 전문인력을 적극적으로 채용했다. 그리고 19, 20대 감사원장 전윤철은 2006년 12월 28일 「감사원법(법률8132호)」 개정 시 정부정책에 부합되게 개방형 직위, 공모 직위를 신설하여 전문성과 능력 있는 감사공무원을 채용할 수 있는 개방성을 높였다. 그러나 나머지 감사원장들은 신규직원채용과 관련한 특별한 정책을 시행하지 않았다.

4) 전문적 감사활동과 관련된 정책

전문적 감사활동과 관련된 정책은 감사계획, 감사시행, 감사결과보고서 작성, 감사결과 이행력 확보 등을 내용으로 한다. 〈표 3-5〉에 해당 정책들이 정리되어 있다. 분석결과 첫째, 감사계획, 감사시행, 감사결과보고서의 품질제고와 관련된 정책은 산업화 시기부터 강조되고 있지만 감사결과 이행력 확보와 관련된 정책은 드물게 확인되거나 확인하기 어렵다.

〈표 3-5〉 전문적 감사활동과 관련된 정책

감사원장	정책 내용
산업화 시기(1960년대~1980년대 중후반)	
2대 한신	① 감사위원회 심의 시 학식 · 경험자에게 감정위촉, 『감사월보』 발간(1963~1972) ② 기획실에 기획과, 심의실에 심의과, 법규과 두어 감사기획, 감사품질 제고 노력(1963)
3, 4대 이주일	① 『감사판정례집』 발간(1965) ② 감사대상기관 회계관계직원을 대상으로 「예산회계법」 등 회계교육 시작(1967)
5, 6대 이석제	① 기획실에 기획, 평가, 제도 교육담당관을, 심의실에 법무, 재심의, 조정 1, 2, 3담당관을 신설하여 감사결과 품질 제고, 기술실에 토목, 건축, 기계, 전기통신, 화공 담당관을 두어 전문적 감사활동 강조(1973) ② 『감사』지 1회 발간 후 중단, 『감사총람』, 『감사원사』 발간(1973)
7대 신두영	① 감사업무 전산화를 위해 컴퓨터 터미널(정부종합전산망 연계) 가동(1977) ② 『회계검사편람』 발간(1977) 및 보정(1979), 『직무감찰편람』 발간(1978)
8, 9대 이한기	① 감사결과 경미한 사항 현지조치(1981), 감사대상기관 자체처리 타당사항 통보제도(1981) ② 『연구회보』 발행(1980), 『감사』지로 변경(1981) ③ 『감사 관련 법령 · 판례 · 유권해석』 발간(1982) ④ 감사원 단독 컴퓨터시스템 운영(1982)
10대 정희택	『국정과 감사(감사원 20년)』 발간(1983)
11, 12대 황영시	① 감사결과 처리규정들 정비, 「감사결과 보고 및 처리 등에 관한 요령」 제정(1985) ② 전산담당관 신설, 「전산업무발전 4개년계획」 수립, 수동타자기를 워드프로세서로 교체하는 사무자동화(1986)
민주화 시기(1980년대 중후반~1990년대 후반)	
13, 14대 김영준	① 『감사40년사』 발간(1988), 「국가기관 회계검사지침」 제정 ② 감사결과자료 관리시스템 구축, 원내 업무 처음 전산화(1992)
16대 이시윤	① 감사 방향이 합법성감사에서 효율성감사로 전환되는 추세 따라 통보, 권고제도를 「감사원법」에 반영(1995) ② 『외국감사원 법령집』 발간(1996), 『감사논집』 발간(1996~) ③ 감사결과자료 관리시스템을 윈도 기반으로 향상(1996), 21세기 감사종합정보특별반 구성(1997), 감사결과자료 관리시스템을 개선하여 감사종합정보시스템 구축(1999)

정보화 및 개방화 시기(1990년대 후반~2014년 현재)	
17대 한승헌	① 『감사50년사』 발간(1998) ② 『공공감사기준』 발간 제정(1999)
19, 20대 전윤철	① 「감사중기계획」 처음 수립(2005) ② 감사결과자료 관리시스템을 개선, e감사시스템 구축(2005)
21대 김황식	① 『감사60년사』 I · II 발간(2008) ② 「디지털기반 감사체계구축 기본계획」 수립, 종래 운영하던 감사원, 자체감사기구 간 통합정보체계 '국가감사정보시스템(NAIS)' 고도화(2010)
22대 양건	① 『감사 실무 매뉴얼』 발간(2011) ② '국가감사정보시스템(NAIS)'을 감사원 e감사시스템에서 분리(2012)

출처: 감사원(2008), 『감사60년사』 I · II 등을 참고하여 작성.

2대 감사원장 한신은 1963년에 기획실에 기획과, 심의실에 심의과와 법규과를 두어 감사기획, 감사품질제고에 힘썼고, 1963년 12월 13일 「감사원법(법률1495호)」을 다시 폐지제정할 때 감사위원회의 심의를 위해 학식과 경험이 많은 자에게 감정을 받을 수 있도록 규정했다. 그리고 5, 6대 감사원장 이석제는 1973년 2월 기획실에 기획, 평가, 제도, 교육담당관을, 심의실에 법무, 재심의, 조정1, 2, 3담당관을, 기술실에 토목, 건축, 기계, 전기통신, 화공 담당관을 두는 등 전문적 감사활동을 강조했다. 한편 감사원은 감사결과신속처리를 위해 노력했는데 8, 9대 감사원장 이한기는 1981년 12월 「통보사항처리지침(예규112호)」, 「현지조치사항 처리지침(예규113호)」을 제정하고 감사결과 중 감사대상기관에서 자체처리하는 것이 타당한 사항은 관계기관에 통보했고, 감사대상기관과 이견이 없으면서 경미한 사항은 감사반장이 판단하여 현지에서 빨리 조치하도록 정책을 시행했다. 특히 통보와 권고는 16대 감사원장 이시윤이 1995년 1월 「감사원법(법률4937호)」 개정 시 법에 반영했고, 현지조치는 갈수록 확대되었다. 그리고 11, 12대 감사원장 황영시는 종래 감사결과처리규정들을 정비하여 1985년 5월에 「감사결과보고 및 처리 등에 관한 요령(예규120호)」을 제정했다. 그러나 감사결과의 이행 여부를 확인하는 정책은 많지 않아 감사원이 그동안 감사결과 실효성 확보에 소홀했던 면이 보인다.

둘째, 감사활동결과를 정리, 발간하여 전문적 감사활동에 활용하거나 업무전산화를 통해 업무지식 통합관리를 추구한 정책은 시기와 관계없이 자주 확인된다. 2대 감사원장 한신은 감사 관련 연구자료와 논문, 감사활동실적 등을 수록한 『감사월보』를 1963년 5월 월간지로 발간하여 감사제도 및 전문적 감사활동발전에 기여했다. 『감사월보』는 5, 6대 감사원장 이석제 재직 시인 1972년 4월 108호를 끝으로 폐간되었다가 1973년 6월 『감사』지로 명칭을 바꾸었으나 1회 발간 후 다시 중단되었고, 8, 9대 감사원장 이한기 재직 시인 1980년 『연구회보』로 바꾸어 연 4회 발간해 왔으며, 1981년 『감사』지로 변경하여 현재에 이른다. 다만 감사 관련 연구논문은 감사원이 1996년부터 『감사논집』에 수록하고 있어 현재 『감사』지에는 감사원과 자체감사의 활동 내용 등만 게재된다. 3, 4대 감사원장 이주일은 『감사판정례집』, 7대 감사원장 신두영은 『회계검사편람』, 『직무감찰편람』, 8, 9대 감사원장 이한기는 『감사 관련 법령·판례·유권해석』, 16대 감사원장 이시윤은 『외국감사원 법령집』, 17대 감사원장 한승헌은 『공공감사기준』, 22대 감사원장 양건은 『감사 실무 매뉴얼』을 발간했다.

한편 감사원이 전산화를 통해 업무를 자동화하고 업무지식을 통합하려는 노력은 특별히 눈에 띈다. 7대 감사원장 신두영은 1977년 정부종합전산망에 연계하여 컴퓨터터미널을 운영했고 8, 9대 감사원장 이한기는 1982년 10월 주전산기(VAX-11/750)를 설치하고 단독으로 컴퓨터시스템을 운영했다. 그리고 11, 12대 감사원장 황영시는 1986년 12월 기획실에 전산담당관을 신설하고 '전산업무발전 4개년계획'을 수립했으며, 수동타자기를 워드프로세서로 교체하는 사무자동화를 시작했다. 또한 13, 14대 감사원장 김영준은 1992년 '감사결과자료 관리시스템'을 구축함으로써 감사활동, 처분요구, 보도내용, 원내문서작성 등을 전산화했다. 정보화 시기가 1998년에 시작된 것을 고려하면 감사원이 일찍부터 업무자동화에 기울인 노력은 감탄할 만하다. 그 후 16대 감사원장 이시윤, 19, 20대 감사원장 전윤철, 21대 감사원장 김황식, 22대 감사원장 양건 등이 감사원 인트라넷인 감사종합정보시스템 'e감사시스템'과 감사원, 자체감사기구 간 통합정보체계인 '국가감사정보시스템(NAIS)'을 개선했다.

5) 성과관리 및 책무성과 관련된 정책

성과관리 및 책무성은 맡은 업무를 얼마나 잘 수행했는지를 설명한다. 감사원은 〈표 3-6〉과 같이 1963년부터 기획실에 결산통계과를 두어 감사결과에 관한 통계를 축적 및 관리해 왔고, 부서변동은 몇 번 있었지만 1990년부터는 기획실 결산담당관이 감사활동실적 평가업무를 맡은 이후 현재에 이른다.

또한 5, 6대 감사원장 이석제는 1973년 12월 공보관을 신설하여 감사결과의 홍보를 담당하게 했고, 공보관은 2, 3급 공무원 또는 별정직공무원으로 보했다. 정보화 및 개방화 시기인 2003년 7월, 18대 감사원장 이종남은 「감사결과 공개에 관한 규정(훈령268호)」을 제정하고 감사결과를 감사대상기관에 보낸 날로부터 30일 이내에 감사원홈페이지에 공개했다. 한편 19, 20대 감사원장 전윤철은 업무개선을 위해 2004년부터 국회, 국민, 감사대상기관을 상대로 1년에 1회 이상 감사만족도에 대해 설문을 했다. 2006년 10월 「정부업무평가기본법」 제정으로 중앙부처 성과관리가 의무화되었고, 감사원 직원들의 업무성과를 개인별 감사실적 위주의 평가에서 벗어나 국민들에게 어떤 영향을 미쳤는지에 대한 평가로 개념을 바꾼 것도 이때쯤이다.

〈표 3-6〉 성과관리 및 책무성과 관련된 정책

감사원장	정책 내용
산업화 시기(1960년대~1980년대 중후반)	
2대 한신	기획실에 결산통계과 두어 감사결과 통계축적(1963)
5, 6대 이석제	① 기획실에 평가담당관 두어 성과관리(1973) ② 공보관(2, 3급 또는 별정직 공무원) 신설, 감사결과 홍보강화(1973)
7대 신두영	기획실의 평가담당관 폐지, 통계담당관, 자료담당관 신설(1977)
8, 9대 이한기	기획실의 통계담당관 폐지, 평가담당관, 자료담당관 신설(1981)
민주화 시기(1980년대 중후반~1990년대 후반)	
13, 14대 김영준	① 기획실 평가담당관을 결산담당관으로 변경, 감사활동실적 평가업무를 심의실 조정의사담당관에 분장(1988) ② 심의실 조정의사담당관이 하던 감사활동실적 평가업무를 기획관리실 결산담당관에 이관(1990)
정보화 및 개방화 시기(1990년대 후반~2014년 현재)	
18대 이종남	감사대상기관에 감사결과를 시행한 날부터 30일 내에 감사원 홈페이지에 공개(2003)
19, 20대 전윤철	① 국회, 국민, 감사대상기관 감사만족도 설문(2004~) ② 「통합성과평가에 관한 규정(훈령292호)」 제정, 감사원 직원 통합평가(2007~)

출처: 감사원(2008), 『감사60년사』 I · II 등을 참고하여 작성.

6) 조직 간 관계 및 조직문화와 관련된 정책

감사원은 〈표 3-7〉과 같이 행정부, 감사대상기관, 국민·국회 등과 소통하고 있다.

행정부와의 관계를 보면 2대 감사원장 한신은 1963년 12월 13일 「감사원법(법률1495호)」을 다시 폐지제정할 때 개정 시 국무총리의 요구가 있을 경우 이를 검토하여 필요하면 감사를 시행하고, 감사결과 중 중요 사항을 수시로 행정수반에게 보고하는 규정을 마련했다. 행정부의 수요를 반영하여 감사사항을 선정함으로써 감사환경변화에 반응하겠다는 의미다. 특히 대통령에게 수시보고하는 경우는 감사결과 중요 사항과 감사처분 요구사항 중 감사대상기관이 감사원으로부터 2회 이상 집행독촉을 받고도 집행하지 아니한 사항으로 정함으로써 행정수반이 책임지는 국정운영을 감사원이 감사라는 수단을 통해 지원하고 감사결과의 실효성을 확보하려는 의도가 있다.

〈표 3-7〉 조직 간 관계 및 조직문화와 관련된 정책

감사원장	정책 내용
산업화 시기(1960년대~1980년대 중후반)	
2대 한신	① 행정부(국무총리) 수요반영 감사사항 선정, 대통령께 중요감사결과 수시보고(1963) ② 중앙관서 내부통제, 직무감사결과 심사 후 감사 일부 또는 전부 면제(1963) ③ 국민 피해구제 위해 재심의, 심사청구 규정(1963)
3, 4대 이주일	① 세계감사원장회의 INTOSAI 가입(1965) ② 감사대상기관 회계교육 강화(1967) ③ 민원상담실 설치(1971)
5, 6대 이석제	① 「자체감사의 심사에 관한 규칙(규칙54호)」 공포(1972) ② 감사대상기관 회계교육 강화(1973)
7대 신두영	① 중앙관서, 한국은행 제외 감사대상기관의 회계감사의 일부 또는 전부를 관계 중앙관서, 감독기관장이 위임 · 대행(1977) ② 아시아지역 감사원장회의 ASOSAI 가입(1978)
8, 9대 이한기	① 감사원, 자체감사기구 업무분담 총합감사체계(감사자 상호지원, 합동감사, 기법 및 경험 공유)(1981), 공직자에게 경각심 주기 위해 『감사회보』(1981), 『교육회보』(1982) 제작하여 감사대상기관에 배부 ② 회계감사, 직무감찰 모두 대행(1982) ③ 2차 ASOSAI 총회 서울 개최, 의장국, 국제회의 개최역량 보유(1982)
11, 12대 황영시	심의실에 민원담당관 신설, 민원 직접처리(1988)
민주화 시기(1980년대 중후반~1990년대 후반)	
15대 이회창	민원 188신고센터 설치(1993)

16대 이시윤	① 지방자치단체, 정부투자기관도 자체감사결과를 심사하고 감사 일부 또는 전부 면제 가능(1995) ② 자체감사 책임자가 업무태만 시 임용권자 등에게 교체권고(1995) ③ 감사사무 일부를 중앙관서, 지방자치단체, 정부투자기관 장에게 대행하도록 「감사원법」에 규정(1995) ④ 공익감사청구제도(1996) ⑤ 감사 관련 연구, 토론하는 공공감사연구회 발족(1996)
정보화 및 개방화 시기(1990년대 후반~2014년 현재)	
18대 이종남	① 제17차 INTOSAI 총회 개최, 의장국 선임(2001) ② 국민감사청구제도 추가 도입(2002) ③ 「국회법」 개정으로 국회가 감사원에 감사청구(2003)
19, 20대 전윤철	① 기업불편신고센터 설치(2004), 민원과 감사청구를 전담하는 감사청구조사단 신설(2005) ② 국회업무 담당하는 대외협력심의관 신설(2003), 국회협력관으로 명칭변경(2007)
21대 김황식	① ASOSAI 사무총장국 선임(2009) ② 대전, 광주, 부산에 국민 · 기업 불편신고센터(2009) ③ 「공공감사에 관한 법률(법률10163호)」 제정(2010)
22대 양건	서울에 국민 · 기업불편신고센터(2011)

출처: 감사원(2008), 『감사60년사』 I · II 등을 참고하여 작성.

감사대상기관과의 관계를 보면 2대 감사원장 한신은 1963년 12월 13일 「감사원법(법률1495호)」을 다시 폐지제정할 때 각 중앙관서의 내부통제, 직무감사결과를 심사하여 자체감사가 적정하게 수행되고 있다고 인정되면 감사의 일부 또는 전부를 생략하고 이를 중앙관서의 장에게 통보하는 규정을 둠으로써 감사원의 자원활용을 최적화하고 자체감사기구와 연대하는 국가감사체계를 구축하려고 노력했다. 5, 6대 감사원장 이석제는 1972년 5월 「자체감사의 심사에 관한 규칙(규칙54호)」을 공포했다. 7대 감사원장 신두영은 1977년 3월 제정한 「회계검사의 대행 및 위임 실시의뢰요령」에 따라 중앙관서, 한국은행을 제외한 감사대상기관에 대해서는 회계감사의 일부 또는 전부를 관계 중앙관서, 감독기관이 대행하도록 하고 감사원은 그 결과를 심사하여 회계감사에 대신했다. 8, 9대 감사원장 이한기는 1981년에 감사원과 자체감사기구 간 감사업무를 분담하는 총합감사체계를 구축했다. 감사자 상호지원, 합동감사, 감사기법 및 경험 교환 등을 추진했다. 국가 중요 사항, 중앙관서, 청렴도 취약기관·업무 등은 감사원이 감사하고, 소속기관, 산하단체, 자체시정이 쉬운 분야 등은 자체감사기구가 감사하며, 감사원의 업무 중 일부는 중앙관서, 감독기관이 대행하여 감사하게 했다. 1982년 3월 「대행감사실시 의뢰 및 처리지침」을 만들어 감사대상기관이 회계감사뿐만 아니라 직무감찰도 대행할 수 있게 했다. 이는 1971년부터 감사원의 감사대상기관이 최하위 행정기관까지 확대된 결과 감사대상기관과 그 소속 직원수가 1963년에 3,964개, 24만 9,211명이었던 것이 1981년에 3만 6,479개, 67만 9,815명으로 연평균 각 45.6%, 9.6%씩 증가하자 감사원이 효율적으로 감사하기 위해 만든 정책이다. 1977년 3월~1980년 8월까지 대행감사는 1,529개 기관, 위임감사는 2만 2,368개 기관에 달하는 등 이 기간은 감사원 역사상 대행감사, 위임감사의 전성시대였다. 그리고 이러한 현상은 16대 감사원장 이시윤 재직기까지 계속된다. 16대 감사원장 이시윤은 1995년 1월 5일 「감사원법(법률4937호)」 개정 시 종래 각 중앙관서에 대해서만 감사의 일부 또는 전부를 생략하던 것을 지방자치단체, 정부투자기관에도 적용할 수 있게 규정했다. 또한 감사자원 부족 때문에 실지감사비율이 1993년에 1%에도 미치지 못하자 각 중앙관서, 지방자치단체, 정부투자기관의 장에게 감사사무의 일부를 대행하도록 하는 규정을 두어 감사효율성을 높이고자 했다.

국민, 국회와의 관계를 보면 2대 감사원장 한신은 1963년 12월 「감사원법(법률1495호)」을 다시 폐지제정할 때 감사원, 감사대상기관의 잘못된 처분으로 국민들이 당하는 피해를 구제할 목적으로 재심의청구,

심사청구를 규정했다. 재심의는 감사원의 감사결과가 적법 또는 타당하지 않을 경우 감사대상자가 감사원에 재심의해 달라고 청구하거나 감사원이 직권으로 재심의하는 것이다. 감사대상자가 재심의를 청구하는 경우 본인, 소속장관, 감독기관의 장이 변상판정서가 도달한 날로부터 3월 이내에, 그 외 처분요구는 처분요구를 받은 날로부터 1월 이내에 재심의를 청구해야 한다. 반면 감사원 직권재심의는 모든 처분요구에 대해 청구할 수 있는 일반 재심의와 달리 변상판정에 대해서만 하는데 감사원이 변상판정을 한 날로부터 2년 이내에 해야 한다.[11] 그리고 심사청구는 감사대상기관 등이 처분한 내용에 불복하는 자가 감사원에 그 처분의 적정성을 심사해 달라고 청구하는 제도로서 감사원이 1963년 4월 23일 제정한 「감사원 심사규칙(규칙제7호)」에 청구요건과 청구절차 등이 규정되어 있다. 처음 「감사원법(법률1495호)」에는 어느 기간 내에 심사청구를 해야 하는지 규정하지 않았고, 대신 「감사원 심사규칙」에 이 기간을 1년 이내로 명시했다.[12] 3, 4대 감사원장 이주일은 1971년에 민원상담실을 처음 설치하여 국민들의 민원을 접수하고 해당 기관에 민원을 이첩하여 처리하거나 감사정보로 활용했고, 11, 12대 감사원장 황영시는 심의실에 민원담당관을 신설하고 감사원이 민원을 직접 처리하는 비율을 높였다.

15대 감사원장 이회창은 1993년에 감사원에 '188신고센터'를 설치했고, 16대 감사원장 이시윤은 공공기관의 사무처리가 위법·부당하여

11 변상판정은 준사법적 행정행위로서 다른 처분요구와 달리 법률에 근거해야만 취소, 변경이 가능하기 때문이다.

12 5, 6대 감사원장 이석제는 1973년 1월 25일 「감사원법(법률2446호)」 제44조에 이해관계자는 심사청구의 원인이 되는 행위가 있는 것을 안 날로부터 6월, 그 행위가 있는 날로부터 1년 이내에 심사청구를 하도록 규정을 신설. 1995년 1월 5일 이 기간이 각각 60일과 180일 내로 변경되었다가 2004년 3월 5일 다시 90일과 180일 내로 변경되었다.

공익을 현저히 해하는 경우 19세 이상 국민 300명 또는 상시 구성원 수 300명 이상인 공익추구의 시민단체 등이 감사원에 감사를 청구할 수 있게 한 공익감사청구제도를 1996년 7월에 도입했다. 18대 감사원장 이종남은 공익감사청구제도를 그대로 두고 「부패방지법」과 「국민감사청구·부패행위신고 등 처리에 관한 규칙」에 근거해서 20세 이상 300명 이상의 국민이 감사를 요청할 수 있게 한 국민감사청구제도를 2002년에 추가로 도입했다. 18대 감사원장 이종남 재직기인 2003년에 「국회법」 개정으로 국회가 감사원에 감사를 청구할 수 있게 되었고, 19, 20대 감사원장 전윤철은 2003년 12월에 국회업무를 담당하는 국장 1명을 신설했으며, 2004년에 기업불편신고센터를 설치하고, 2005년에는 민원과 감사청구 등을 전담하는 감사청구조사단(국장급)을 신설했다. 그리고 21대 감사원장 김황식은 2009년에 대전, 광주, 부산에 국민·기업 불편신고센터를, 22대 감사원장 양건은 2011년에 서울에 국민·기업 불편신고센터를 추가로 설치했다.

마지막으로 국제기구와의 관계를 보면 산업화 시기인 1965년에 INTOSAI, 1978년에 ASOSAI에 가입했고, 정보화 및 개방화 시기인 2001년에는 INTOSAI 의장국으로, 2009년에는 ASOSAI 사무총장국으로 선임되었으며, 대한민국이 국제적으로 정치적·경제적 위상이 높아지는 추세에 힘입어 감사원도 국제적 역량을 강화하고 있다.

7) 감사 중복 및 사각 해소를 위한 노력과 관련된 정책

감사 중복 및 사각을 해소하려는 노력은 5, 6대 감사원장 이석제가 1972년 5월 「자체감사의 심사에 관한 규칙(규칙54호)」을 제정한 데서 확인할 수 있다. 1962년 3월 10일 「행정감사규정」 제정으로 중앙행정기관, 지방자치단체의 자체감사가 이미 명문화되어 있었고, 대행감사와 위임감사는 자체감사기구가 주도하고 있었다. 따라서 감사원은 자체감사의 적정 여부를 심사하고 의견을 낼 수 있었으며, 자체감사기구의 감사계획을 제출받아 감사중복과 감사사각을 최소화하려고 노력했다. 실제 감사원은 1973년 9월 67개 기관이 모인 감사관계자회의를 개최하여 감사원의 감사 방향을 설명하고 감사대행과 감사위임에 대한 의견을 교환한 것을 시작으로 매년 1~3회 자체감사기구와 회의를 개최한다. 8, 9대 감사원장 이한기는 1981년 「자체감사조정기준」을 만들고, 감사원과 자체감사기구의 감사가 중복·사각이 발생되지 않도록 감사계획을 서로 교환하여 감사대상, 감사시기 등을 조정하도록 했다. 그러나 이는 법제화된 것은 아니었다.

민주화 시기에 재직했던 13, 14대 감사원장 김영준은 행정기관마다 감사순기를 정하고 회계업무취약기관을 중심으로 정기감사 비중을 늘려 감사사각을 최소화하려고 노력했다. 1990년 전에는 특별감사가 많아 감사사각이 많았기 때문이다. 정보화 및 개방화 시기에 16대 감사원장 이시윤은 1995년 1월 5일 「감사원법(법률4937호)」 개정 시 감사원이 자체감사를 지원하고 감사중복을 피하기 위해 감사계획 등에 대해 협의하며, 감사책임자가 감사업무에 현저하게 태만한 경우에는 임용권자 등에게 그 교체를 권고할 수 있도록 규정했다. 21대 감사원장 김황식은 2010년 3월 감사원과 자체감사의 협력과 업무분담을 내용으로 하는 「공공감사에 관한 법률(법률10163호)」을 제정했고, 국가감사정보시스템(NAIS)을 고도화하여 감사원과 자체감사기구 간 협조체계를 제도적으로 뒷받침했다.

Ⅳ. 결론

1. 연구결과 요약 및 함의

이번 연구는 감사원의 어떤 리더가 어떤 감사 관련 정책을 시행했는지를 살펴보고 함의를 도출함으로써 국민들에게 감사원의 역할과 기능을 설명하고자 했다.

첫째, 감사중점 연구에서 감사원은 감사라는 수단을 통해 행정수반의 국정운영을 71.9% 정도 지원하고 있음을 계량적으로 확인했다. 나머지 역량 28.1%는 감사의 적정성, 효율성을 위해 사용하고 있었다. 또한 행정개선·능률과 관련된 감사중점(2.1%)은 산업화 시기에만, 정보·개방·분권화와 관련된 감사중점(3.1%)은 정보화 및 개방화 시기에만, 그리고 민주화 관련 감사중점(4.2%)은 1987년 민주화선언 이후 재직한 11, 12대 감사원장 황영시 등 3명의 감사원장만 강조하여 시기별 차이를 보인다. 그러나 국민편익·안전·사회통합, 예산·공공기관·주요시책효율, 규제개선·경제활력 제고, 계획·예산편성·집행 적정성, 직무감찰·공직기강 등과 관련된 감사중점(78.6%)은 정도에 차이는 있지만 시기와 관계없이 강조되었다. 이는 시기에 관계없이 감사에서 중점을 둘 가치들이 존재한다는 사실을 말해 준다. 이외에 성과감사의 용어가 쓰이고 활성화된 것은 16대 감사원장 이시윤 때부터다.

둘째, 감사원의 조직·지배 구조, 즉 설치 근거와 소속, 지위·조직, 사무처에 대한 연구결과, 감사원은 「국가재건비상조치법(국가재건최고회의령0호)」과 1963년 3월 5일 제정된 「감사원법(법률1286호)」에 근거하여 같은 해 3월 20일 국가재건최고회의 의장 소속으로 설립되었고, 1962년 12월 26일 전부 개정(1963. 12. 17. 시행)된 「대한민국헌법(헌법6호)」, 1963년 12월 13일 다시 폐지제정된 「감사원법(법률1495호)」에 근거하여 대통령 소속으로 변경되어 현재에 이른다. 감사원은 직무에 관하여 독립된 지위를 갖는다고 설립 당시부터 감사원법에 규정되었다. 그리고 현재 7명의 감사위원으로 구성되어 있고, 「대한민국헌법(헌법10호)」 제4장 제2절 제4관 제98조의 규정에 따라 「감사원법」만 개정하면 감사원장을 포함한 11명 이하의 감사위원으로 구성할 수 있다.

감사원이 직무상 독립적인 지위를 유지하려면 인사, 예산, 조직운영에서 외부의 영향을 받지 않고 감사원장이 권한을 행사할 수 있어야 한다. 이를 위해서는 관련 제도가 갖추어져야 할 뿐 아니라 정치권 등의 동의가 필요하다. 감사원 조직운영의 자율성은 5, 6대 감사원장 이석제, 16대 감사원장 이시윤이 「감사원법」을 개정하여 강화한 바 있다. 그러나 조직인사권과 관련해서 현재 대통령이 행사하는 감사위원, 사무총장, 5급 이상 감사원 직원의 임면권한을 상당부분 감사원장에게 위임하는 것이 요구된다. 또한 예산자율성과 관련해서는 「국가재정법」 제41조에 따라 감사원 세출예산요구액을 최대한 보장하도록 하고 있다. 그러나 실제로는 다른 정부부처의 경우와 같이 기획재정부의 통제를 받고 있으므로 미국, 영국, 프랑스 등 선진국 감사원이 독자적으로 예산안을 작성하여 의회에 직접 제출하는 사례들을 고려하여 대한민국 감사원에 예산책정 자율성을 최대한 보장해야 한다.

셋째, 감사 관련 정책을 지배구조, 서비스와 역할, 사람관리, 전문적 감사활동, 성과관리와 책무성, 조직 간 관계 및 조직문화, 감사 중복 및 사각 해소 노력 등 일곱 개 역량분야로 나누어 분석했다.

① 감사원 설립 초기 감사원장들은 조직을 효율적으로 운영하기 위해 규칙, 내훈 등을 많이 만들었다. 한편 16대 감사원장 이시윤은 외부 전문가로 구성된 위원회 등을 운영하면서 사회문제와 개선책을 자문 받는 등 지배구조를 다양화했고, 22년 만에 「감사원법」을 개정하여 그동안 쌓인 조직의 문제들을 많이 해소하게 했다. 그리고 감사원

은 독립성을 계속 강화하면서 동시에 국민의 권익과 민주성을 신장시키는 노력도 해 왔다. 또한 산업화 시기에는 공직기강, 감사원 직원 청렴·윤리를 더욱 자주 강조했고, 최근에 가까울수록 감사원 자체감찰조직을 보강하는 경향이 있다.

② 감사범위는 계속 확대되었고, 이와 함께 한정된 감사자원을 효율적으로 운용하는 노력이 정책에서 많이 발견된다.

③ 역대 감사원장들은 직원교육에는 힘썼지만, 자격 있는 신규직원 채용과 관련한 정책은 많이 시행하지 않았다. 향후 직원채용 관련 정책개발이 더욱 요구된다.

④ 감사계획수립, 감사시행 효율성, 감사결과보고서 품질제고와 관련된 정책은 자주 강조되고 있는 반면 감사결과 이행력 확보와 관련된 정책은 드물게 확인된다. 또한 감사업무전산화는 1970년대 중후반부터 확인되어 감사원이 정보화 및 개방화 시기보다 훨씬 앞서 업무자동화, 업무지식 통합관리를 위해 노력하고 있었음을 알았다.

⑤ 감사원은 업무성과를 국민들에게 설명하는 여러 방법을 모색하고 있다. 특히 정보화 및 개방화 시기에는 감사결과를 홈페이지에 전문공개하거나 국회, 감사대상기관 등을 상대로 감사만족도에 대해 설문하고 결과를 업무에 활용하고 있다.

⑥ 감사원이 이해관계자와 소통하려는 정책은 산업화 시기에 행정부, 감사대상기관, 국민들을 상대로 하다가 정보화 및 개방화 시기에는 국회, 국제기구까지 확장된다.

⑦ 감사중복 및 감사사각 해소를 위해 감사원은 자체감사기구와 조정회의 등을 하고, 국가감사정보시스템을 만들어 운영하면서 협력한다. 또한 2010년에 「공공감사에 관한 법률(법률10163호)」 제정으로 국가감사체계를 제도화했다.

2. 연구의 한계

이 연구는 감사원의 감사중점, 조직·지배 구조, 감사와 관련된 정책을 역사적 관점에서 분석했다. 특히 조직·지배 구조는 「대한민국헌법」, 「감사원법」의 제도 차원에서, 감사와 관련된 정책은 감사원 규칙 등 더 낮은 제도 차원에서 구분하여 연구했다. 따라서 중요한 함의들을 차원별로 나누어 많이 도출할 수 있었다.

그러나 이 연구에는 한계가 있었다. 연구의 효율성을 위해 연구의 공간적 범위를 대한민국 감사원에 한정했으나, 향후 공공부문 국가감사체계 전체에 대해 고찰하고, 또한 다른 선진국 감사원과 비교분석을 하는 연구가 필요하다.

참고문헌

감사원(1973), 『감사원사』.

감사원(1983), 『국정과 감사(감사원 20년)』.

감사원(1988), 『감사40년사』.

감사원(1998), 『감사50년사』.

감사원(2008), 『감사60년사』 I · II.

감사원(2008~2014), 『감사연보』.

심호(2013), 『자체감사와 조직역량』, 박영사.

한국경제60년사 편찬위원회(2011), 『한국경제60년사』 전 6권, 한국개발연구원.

한국공법학회(2015), 「바람직한 감사원법 개정 방향에 관한 연구」, 감사원 연구용역보고서.

IIA Research Foundation(2009), *Internal Auditing Capability Model(IA-CM) for the Public Sector: Overview and Application Guide*.

INTOSAI(2007), INTOSAI Statutes(http://www.intosai.org/uploads/statutene20072.pdf)(검색일: 2015. 4. 13).

4장

감사원의 독립성에 대한 감사정책의 변화

문호승

I. 서론

현 감사원의 전신인 심계원과 감찰위원회가 1963년에 하나로 통합된 이후 반세기가 흘렀다. 그동안 감사원은 국민이 「헌법」을 통해 부여한 임무인 국가의 세입·세출의 결산, 국가 및 법률이 정한 단체의 회계검사와 행정기관 및 공무원의 직무에 관한 감찰을 수행해 왔다. 그러나 언제부터인가 "대통령 소속하에 있으면서 대통령으로부터 직무상 독립이 가능한가?"라는 의문이 생기게 되었고, 정치권에서는 개헌을 논의할 때마다 감사원의 소속을 이관하는 방안이 검토되고 있었을 뿐 아니라 "감사원은 누가 감사하는가?"라는 불만[1]이 싹트고, 감사원 감사를 받던 기관에서 감사원법과 감사행위에 대해 사법부에 「헌법」 소원을 제출하거나 특정 감사사항과 관련하여 감사원장을 고발한 경우도 있었다. 또한 최근 들어 국회와 언론을 중심으로 감사원이 정책에 대한 감사를 수행하는 것이 바람직한가에 대한 논란이 일고 있다.

한편 동아시아연구원-중앙일보가 2009년 이후 격년으로 실시하는 파워그룹의 영향력-신뢰도 조사[2]에서도 감사원의 감사활동이 국가운영에 미치는 영향력과 이러한 활동에 대한 사회구성원의 신뢰수준에 대한 의미 있는 경향을 발견할 수 있는데, 시간의 흐름에 따라 감사원의 영향력과 감사원에 대한 신뢰도 간의 격차가 조금씩 확대되고 있음을 보여 주고 있다. 감사원의 영향력과 감사원에 대한 신뢰도 사이에 격차가 있을 뿐 아니라 그것이 조금씩 커지고 있다는 것은 주목해야 할 문제가 아닐 수 없다. 커진 힘을 뒷받침할 만큼의 신뢰가 쌓이지

1 조선비즈(2013. 8. 26), 「슈퍼 甲 '감사원' 감사는 누가 하나」(http://biz.chosun.com/site/data/html_dir/2013/08/26/2013082602887.html)(검색일: 2015. 6. 2).

2 동아시아연구원(http://www.eai.or.kr/type_k/pList.asp?catcode=1111120000)(검색일: 2014. 12. 1).

않았다는 것은 결국 감사대상기관을 포함한 이해관계자들이 감사원의 처분을 내면적으로 수용하지 못하는 결과를 초래할 수 있기 때문이다.

이처럼 감사원 감사와 관련된 이해관계자(stakeholder)들 사이에서 감사원의 바람직한 소속은 무엇인지에 대한 의문, 감사원의 영향력과 감사권한(audit mandate)의 확대에 대한 우려와 비판, 감사원에 대한 신뢰도와 감사의 부작용에 관한 관심이 높아지고 있는 원인은 무엇일까? 그 원인은 여러 곳에서 찾을 수 있겠으나 그 중심에는 감사의 독립성 문제가 자리 잡고 있다고 생각한다. 공공감사는 그 자체가 목적이 아니고 국가발전에 실질적으로 도움이 되는 부가가치를 만들어내는 것이 궁극적인 목적이며, 이를 달성하기 위해서는 감사의 독립성과 전문성이 필수적이다. 그중에서도 특히 독립성이 중요한 이유는 아무리 전문성을 갖추고 있더라도 독립성이 없는 감사는 특정 이익에 부당하게 봉사할 수 있어 표적감사 또는 정치적 감사라는 의혹이 제기될 소지가 있고, 결국 감사결과에 대한 신뢰가 형성되기 어렵기 때문이다. 이와 관련하여 감사원의 독립성 문제를 근본적으로 재검토해야 할 시점이라는 주장(박희정, 2015)은 경청할 만하다. 한편 신뢰와 독립성 문제에 답하기 위해서는 각각의 개별 사례를 자세히 분석하는 것도 중요하지만, 지금까지 우리나라 감사원의 독립성과 관련된 정책이 어떻게 변화해 왔는지를 역사적으로 살펴보는 일은 앞으로 감사원에 대한 신뢰를 높이기 위한 감사정책 수립에 유용한 시사점을 줄 것이다.

본 연구의 대상은 공공부문의 감사정책으로 한정하여 민간부문의 감사는 제외했다. 공공감사 중에서도 우리나라 최고감사기구(Supreme Audit Institution)인 감사원의 감사정책을 위주로 살펴보았으며, 자체감사는 제외했다. 시간상으로는 정부수립 직후부터 최근까지의 변화를 대상으로 했다. 연구방법으로는 주로 문헌분석방법을 사용했다. 「헌법」, 「감사원법」 및 관련 법령의 조문과 제·개정 배경 등을 연혁적으로 비교분석을 했고, 감사원에서 발간한 자료인 『감사60년사』 I·II(2008)와 『감사연보』(2000~2014), 국제적으로 통용되는 감사기준 등 감사정책의 변화에 대한 공식자료를 서면 검토했다. 또한 오랜 감사경험이 있는 전문가들과의 인터뷰 결과도 참고했다.

II. 이론적 배경 및 선행연구

1. 이론적 배경

1) 대리인이론과 감사

행정통제 기능 중 외부 감사활동은 대리인이론으로 잘 설명할 수 있다. 〈그림 4-1〉에서 보는 바와 같이 대리인이론에서는 감사의 의미를 '주인(principal)-대리인(agent) 간 정보의 비대칭성(information asymmetry)을 최소화하기 위한 독립적 제삼자의 비판적 검증·보고 활동'이라고 보고 있다. 이 이론을 공공부문에 적용해 보면 주인인 국민은 대리인인 행정부의 도덕적 해이(moral hazard)로 인해 국민이 바라는 대로 세금

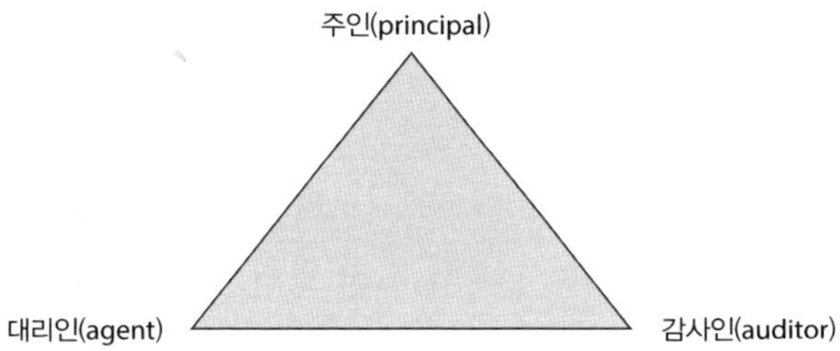

〈그림 4-1〉 대리인이론과 감사

출처: 문호승(2002).

을 사용하지 않을 수 있을 뿐 아니라 사용내역과 그 결과에 대해 허위·부실 보고를 할지 모른다는 생각을 하게 된다. 따라서 이를 통제·감독하기 위한 독립적인 감사기능의 도움이 필요하게 된다. 이러한 도덕적 해이 현상은 국민이 세금사용과 관련한 정보와 '멀리 떨어져 있기 때문(remoteness)'에 발생한다. 단순히 물리적 거리 측면 외에 정부가 각종 법적·제도적 장치를 이용하여 세금 집행내역과 그 성과에 대한 정보를 차단, 왜곡하려는 경향이 있는 경우 독립적인 감사기능에 대한 수요는 더욱 커지게 된다. 왜냐하면 공적자원집행을 위임받은 정부는 국민과 비교하면 양적으로나 질적으로 세금집행내역과 그 결과의 적정 여부 등을 판단하기에 훨씬 많은 정보를 갖게 되는 '정보불균형현상'이 발생하기 때문이다. 국민들은 이러한 현상을 줄이기 위해 별도의 추가 비용이 소요됨에도 감사원과 같은 외부감사기능을 필요로 하게 된다.

2) 행정통제이론과 감사원의 두 기능

박희정(2013)에 따르면 행정통제(administrative control)는 〈그림 4-2〉에서 보는 바와 같이 내부통제와 외부통제로 구성되며 내부감사와 외부감사는 내·외부 통제의 핵심적인 수단 중 하나다. 우리나라 감사원의 전신인 심계원의 결산검사와 회계검사 대상범위는 사법부와 입법부의 수입·지출뿐만 아니라 행정부 수반인 대통령실의 수입·지출까지 포함되었던 데서 알 수 있는 것처럼 국가회계 전반에 대한 외부 감시활동의 중요한 부분이기 때문에 대통령으로부터의 독립성까지 요구된다.

한편 감사원의 또 하나의 전신인 감찰위원회가 동위원회의 권한범위에 대해 발표한 바(감사원, 2008: 119)에 의하면 "감찰위원회는 대통령의 소속기관[3]이므로 대통령이나 부통령은 감찰위원회의 직권범위에서 자동적으로 제외"되며 국무위원 이하 일체 공무원은 감찰위원회의 직권범위 안에 있다고 보았다. 이처럼 직무감찰 기능은 대통령의 입장에

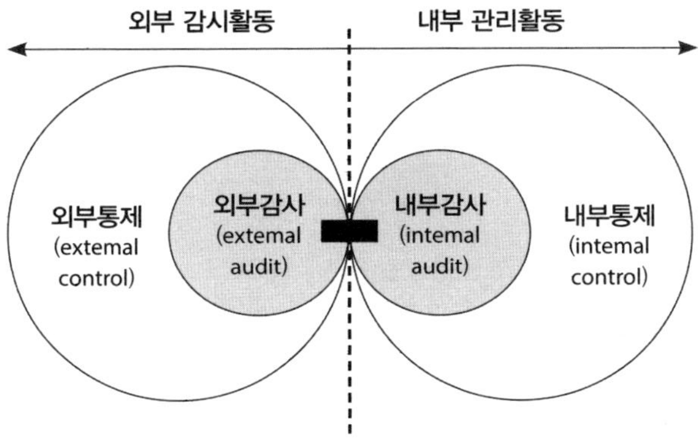

〈그림 4-2〉 행정통제와 감사

서 행정부에 대한 내부 관리활동의 일부분이다. 따라서 그 업무수행과정에서 대상기관으로부터의 독립성은 강하게 요구되지만 대통령으로부터의 독립성까지 요구된다고 보기 어렵다.

3) 감사고객의 확대와 이해관계자 이론

전통적으로 감사의 고객이라 하면 '감사에 소요되는 비용을 부담하는 자(납세자, taxpayers)'로서의 일반 국민과 비용부담 여부와 관계없이 감사결과에 따른 제반조치로 인한 '관리개선의 수혜자(beneficiaries)'로서의 조금은 추상적이고 막연한 일반 국민을 생각해 볼 수 있다. 하지만 전통적 의미의 감사고객은 자신들의 요구사항을 감사과정에 직접적·구체적으로 반영하기 어렵고, 수감기관이 감사지적사항에 따라 취하는 조치결과 발생하는 혜택을 간접적·수동적으로 받는다는 현실적 한계가 있다. 이러한 한계를 보완하기 위해 여러 종류의 감사청구제도가

---

3 "감찰위원회는 대통령 소속하에 공무원에 대한 감찰사무를 장리한다. 전항의 공무원 중에는 국회의원과 법관을 포함하지 아니한다."(「정부조직법」, 1948. 7~1955. 2)

도입[4]되면서 감사사항 선정단계에 자신들의 요구사항을 반영하고, 그 결과를 보고받는 '감사청구자(audit requester)'가 감사의 무대에 등장했다. 한편 「공공기관의 정보공개에 관한 법률」의 영향을 받아 감사결과를 일반 국민에게 인터넷을 통해 '공개'[5]하기 시작하면서 '감사정보이용자(audit information user)'도 감사를 수행하면서 관심을 가져야 할 집단의 범주에 새롭게 포함되었다. 또한 주로 미시적·단기적 시각을 사용하는 회계검사의 한계를 극복하기 위해 거시적·장기적 시각에 기초한 컨설팅 성격을 갖는 성과감사(performance audit)가 도입되면서, 감사결과는 정부 내 공무원뿐 아니라 정부 밖 민간부문에 있는 감사대상 개별사업이나 정책의 고객들에게까지 영향을 미치게 되었다. 그 결과 자연스럽게 감사비용부담자, 감사결과수혜자는 물론 감사청구자, 감사정보이용자 또는 감사결과 긍정적·부정적 영향을 받게 되는 집단까지도 감사결과에 큰 관심을 두게 되었다. 또한 감사과정에서 발생하는 감사리스크를 성공적으로 관리하기 위해서는 전통적으로 사용되던 감사의 '고객(customer)'이라는 개념 외에 감사 관련 '이해관계자(stakeholder)'라는 개념의 중요성이 증대되었다.

---

4 1996년에 감사원훈령에 따라 감사청구제도가 생긴 이래 지방자치법에 의한 주민감사청구제도(2000), 부패방지 및 국민권익위원회 설치에 관한 법에 따른 국민감사청구제도(2001), 그리고 국회법에 의한 국회감사청구제도(2003)가 도입됨에 따라 감사기관이 감사사항 선정을 독점하던 시대는 막을 내리고 감사청구권자인 시민단체, 지방자치단체 주민, 국회, 지방의회, 감사대상기관장 등의 감사참여가 확대되었다.

5 감사원이 감사결과 전문을 처음으로 홈페이지에 공개하기 시작한 것은 2002년 10월 22일부터이며 감사사항명은 '국가통계 작성 및 관리실태'였다.(감사원, http://www.bai.go.kr)

2. 선행연구

지금까지 공공감사에 관한 국내 연구는 그 중요성에 비해 충분히 이루어지지 않았다. 공공감사에 대한 연구 범위를 크게 감사철학(감사이론), 감사제도, 감사방법의 세 가지로 나누어 본다면 지금까지 공공감사에 대한 학문적 관심은 주로 감사제도에 있었다. 대부분 현시점에서 특정 감사 제도 및 정책을 대상으로 선진국의 감사제도와 비교하면서 우리나라 공공감사의 실태와 문제점을 진단하고 개선방안을 제시하는 것이 주된 내용이었다. 그중 독립성에 관한 연구로서 이상욱(2003)은 공공감사정책 중에서도 독립성에 영향을 미치는 것을 개인적·조직적·감사기능적·환경적 요인의 네 가지로 구분하면서 각각의 개선대책을 제시했다. 진승백(2012)은 지금까지 우리나라에서는 감사원이 대통령 소속이라는 형식은 그대로 둔 채 실질의 내용인 독립성을 확보하기 위한 법·제도적 장치들을 수정·보완해 오며 피상적인 독립성을 부르짖어 왔다고 주장하면서, 우리나라 감사원의 독립성을 저해하는 요인으로 '대통령 소속이라는 점', '감사원장 우위적 의사결정구조의 가능성', '감사원장·감사위원의 임기가 임명권자인 대통령보다 짧은 점', '짧은 임기마저 제대로 보장되지 않는 점', 'OECD 주요 국가의 감사원과는 달리 회계검사 기능뿐 아니라 직무감찰 기능까지 동시에 수행하는 점'을 지적하고 있다. 또한 독립성에 영향을 미치는 요인인 법적 지위, 감사원장·감사위원의 임기와 임명절차, 기능적 요인, 의사결정방식, 국회와의 관계의 다섯 가지 측면에서 독립성 제고방안을 제시했다.

한편 감사정책의 역사적 변동에 관한 연구는 드물게 보이는데 이술영(1993)의 「감사원 감사방향의 변천에 관한 연구」, 김보은과 임채홍(2012)의 「정권별 공공감사제도 변화기제(Mechanism)에 대한 (신)제도주의적 분석」이 그것이다. 김보은과 임채홍은 1990년대 이후 우리나라의 정권별 공공감사제도의 변화요인을 정치·행정·경제·사회문화적 환경과 같은 환경적 요인, 국정목표나 정권의 비전과 같은 정권적 요인의 측면에서 분석하면서 감사기준의 제정(1999), 국회감사청구제 도입(2003), 감사결과 공개(2003), 한·중·일 합동감사(2006) 실시 등을 주요 변화로 다루고 있다.

성용락(2013)은 "공공감사의 독립성 개념이 무엇인지 직접적으로 정리한 문헌은 찾아보기 어렵고 관련 법규에서도 공공감사의 독립성에 대한 명확한 정의를 직접 규정하기보다는 독립성의 확보원칙이나 확보방안 등을 우회적으로 규정하고 있는 것이 일반적인데, 그 이유는 그만큼 공공감사의 독립성이 가지는 함의가 현실 정치 및 행정과 관련해 복잡·미묘한 점이 있기 때문"이라고 주장한다.[6] 한편 독립성의 종류, 기본원칙은 무엇이고 어떤 요소로 이루어져 있는지, 어떠한 종류가 있는지에 대해서는 감사전문가단체인 세계감사원장회의(INTOSAI, International Organization of Supreme Audit Institutions)에서 개발한 감사기준 등에서 찾아볼 수 있다.

INTOSAI에서는 최고감사기구가 감사대상기관으로부터 독립적이고 외부의 영향력으로부터 보호될 때 비로소 본연의 임무를 객관적이고 효율적으로 수행할 수 있다는 점을 분명히 하고 있다. INTOSAI 리마선언(1977)에서는 독립성의 종류를 크게 세 가지—'무엇으로부터의 독립성인가', '누구의 독립성인가', 그리고 이를 달성하기 위한 '수단으로서의 독립성'—로 구분하고 있다. 즉 무엇으로부터의 독립성은 '감사대상기관으로부터의 독립성'과 '외부의 영향력으로부터의 독립성'으로 구성되며, 누구의 독립성인가는 '감사원장의 독립성'과 '소속직원의

---

6 성용락(2013), 『공공감사제도의 새로운 이해: 공공감사의 이론과 실무』, 석탑출판, 142쪽.

독립성'으로 나누어 설명하고 있으며, 수단으로서의 독립성을 기능상·조직상·재정상 독립성의 세 가지로 구분하고 있다. 한편 INTOSAI 감사기준위원회[7]에서는 앞에서 소개한 리마선언을 발전시켜 감사원 독립성에 관한 8개 원칙, 즉 ① 독립성의 법적 근거 확보, ② 구성원의 신분보장, ③ 충분한 감사 대상·범위 확보, ④ 완전한 정보접근 권한, ⑤ 감사보고서작성 권한 및 의무, ⑥ 보고서 내용 결정 및 공개 권한, ⑦ 권고안의 사후관리 및 ⑧ 인력·예산 등 자원관리의 자율성을 천명했다.

3. 연구의 분석틀

이러한 이론적 배경 및 선행연구를 기초로 하여 이 연구에서는 첫째, INTOSAI 감사기준위원회가 제시한 감사원의 독립성 8대 원칙별로 우리나라 감사원의 독립성에 대한 감사정책에 어떤 변화가 있었는지를 주로 법적인 측면에서 정리해 보고, 둘째, 이를 다시 장기적인 시각에서 산업화, 민주화, 그리고 정보화 및 개방화 시기를 거치면서 어떠한 방향으로 변하여 왔는지를 탐색해 볼 것이다. 마지막으로 그러한 변화의 원인과 향후 정책적 시사점을 찾아보고자 한다.

III. 지난 60여 년간 독립성 관련 감사정책의 주요 변화

한국은 1948년 정부수립 이후 경제발전은 물론 민주화도 달성했다. 한국의 1인당 국민소득은 경상가격기준으로 1962년 104달러에서 2010년

7 INTOSAI Professional Standard Committee, "INTOSAI Guidelines and Good Practices Related to SAI Independence," http://www.issai.org.

2만 757달러로 증가했다. 1987년 6·29민주화선언 이후 민주화가 크게 진전되었으며, 1996년에는 경제발전에 더하여 민주주의를 실현한 국가만 가입할 수 있는 OECD 회원국이 되었다(김기환, 2013). 이러한 경제발전과 민주화라는 국가발전의 과정에서 감사원은 주어진 역할을 통해 국민의 신뢰를 제고한다는 측면에서 독립성과 관련된 감사정책에는 어떤 변화가 있었을까? 여기서는 INTOSAI 감사기준위원회에서 발표한 독립성 8대 원칙의 분야에서 지난 60여 년간 우리나라 감사원의 감사정책에 어떠한 변화가 일어났으며, 그 의미는 무엇인지 하나씩 살펴볼 것이다.

1. 설립의 법적 근거와 법적 지위(소속)의 변화

여기서는 '감사기관 설립의 법적 근거는 무엇인지', '감사기관의 법적 지위(소속)는 어떠한지'의 측면에서 우리나라 감사정책에 어떠한 변화가 있었으며 그 의미는 무엇인지 살펴보고자 한다.

1) 법상 설립 근거의 변화

설립의 법적 근거 측면에서 우리나라 공공감사의 역사상 가장 큰 변화는 〈그림 4-3〉에서 보는 바와 같이 「헌법」에 근거가 있던 결산검사기관인 심계원[8]과 '법률'에 설립 근거를 둔 직무감찰기관인 감찰위원회[9]가 1963년 헌법기관인 감사원[10]으로 통합된 것이다. 한 국가기관의 설립 근거가 「헌법」에 있다는 의미는 해당 기관의 권한과 임무를 법령개정만으로는 변경할 수 없도록 하여 그 기관의 독립성과 정치적 중립성을 보장하려는 의지를 나타내는 것[11]이기 때문이다. 이처럼 직무감찰 기능을 보유한 기관의 설립 근거를 「헌법」에 두게 됨으로써 직무감찰기관의 독립성이 크게 강화되었다.

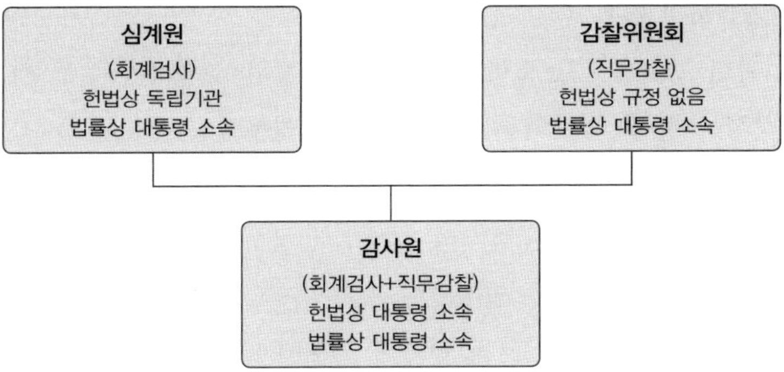

〈그림 4-3〉 감사원의 설립 근거 변화

2) 법적 지위(소속)의 변화

감사기관의 소속 문제는 최근 들어 논란의 핵심이 되는 우리나라의 중요한 감사정책이다. 이 문제에 대해서 '「헌법」의 내용', '「헌법」의 편제', 그리고 '「헌법」 및 법률과의 관계' 세 가지 측면에서 어떠한 변화가 있었으며 그 의미는 무엇인지를 검토해 볼 필요가 있다.

첫째, 「헌법」 조문의 '내용' 면에서 살펴보면, 「헌법」 제1호(1948. 7. 17. 제정)부터 「헌법」 제5호(1960. 1. 9. 개정)에서는 심계원의 임무에 관해서

8 "국가의 수입지출의 결산은 매년 심계원에서 검사한다. 정부는 심계원의 검사보고와 함께 결산을 차연도의 국회에 제출하여야 한다. 심계원의 조직과 권한은 법률로써 정한다."(「헌법」, 1948)

9 감찰위원회는 대통령 소속하에 공무원에 대한 감찰사무를 장리한다. 전항의 공무원 중에는 국회의원과 법관을 포함하지 아니한다."(「정부조직법」, 1948. 7~1955. 2)

10 국가의 세입·세출의 결산, 국가 및 법률에 정한 단체의 회계검사와 행정기관 및 공무원의 직무에 관한 감찰을 하기 위하여 대통령 소속하에 감사원을 둔다."(「헌법」, 1963)

11 감사원으로 통합되기 이전 법률(「정부조직법」)에 설립 근거를 가지고 1948년 출발했던 감찰위원회는 1955년 폐지되었다가 6년의 공백 끝에 1961년 다시 부활하는 등 그 독립성이 매우 취약했음을 알 수 있다.

만 규정[12]하고 있을 뿐 소속에 대해서는 아무런 규정이 없다가, 1963년 두 기관이 감사원으로 통합되면서부터 대통령 소속하에 두는 것으로 명시[13]했는데, 한 국가의 최고감사기구를 대통령 소속하에 둔다는 명시적 규정을 국가 최상위 법인「헌법」에 두는 것으로 변화한 것은 '실질적' 독립성의 변화와는 별개의 문제로서 최소한 감사원의 '외관상' 독립성을 약화했다고 할 수 있다.

둘째,「헌법」구성의 '편제' 면에서 검토해 보면, 심계원은「헌법」제1호(1948. 7. 17. 제정)부터「헌법」제5호(1960. 11. 29. 개정)에서는 입법부·행정부·사법부 어디에도 속하지 않는「헌법」상 독립기관[14]으로 출발했으나, 심계원과 감찰위원회가 감사원으로 통합되던 제6호「헌법」(1963. 12. 17. 시행)부터는 감사원을「헌법」편제상 '정부'의 한 부분에 포함[15]시킴으로써 행정수반을 포함한 넓은 의미의 '정부'로부터의 독립성은 약화되었다고 볼 수 있다.

셋째,「헌법」과 법률의 관계를 살펴보면,「헌법」제1호가 제정된 지 5개월 후인 1948년 12월 4일「심계원법」[16]이 제정되면서 종전에는「헌법」편제상 국회·정부·법원 어디에도 소속하지 않았던 심계원이 상위

---

12 "국가의 수입·지출의 결산은 매년 심계원에서 검사한다. 정부는 심계원의 검사보고와 함께 결산을 차연도의 국회에 제출하여야 한다. 심계원의 조직과 권한은 법률로써 정한다."(「헌법」제95조, 1948)

13 "국가의 세입·세출의 결산, 국가 및 법률에 정한 단체의 회계검사와 행정기관 및 공무원의 직무에 관한 감찰을 하기 위하여 대통령 소속하에 감사원을 둔다."(「헌법」, 1963~현재)

14 「헌법」제1호부터「헌법」제3호(1948~1960)까지는 심계원을 국회(제3장), 정부(제4장), 법원(제5장)과 별도로 제7장(재정) 안에 규정했고,「헌법」제4호부터「헌법」제5호(1960~1963)까지는 심계원을 국회(제3장), 대통령(제4장) 및 정부(제5장)과 별도로 제10장(재정) 안에 규정했다.

15 감사원을 제3장(통치기구) 〉 제2절(정부) 〉 대통령(제1관)·국무회의(제2관)·행정각부(제3관)·감사원(제4관)에 편제시킴.

16 "심계원은 대통령에 직속하며 국무원에 대해 직무상 독립의 지위를 가진다."(「심계원법」, 1948. 12~1961. 9)

법인 '「헌법」의 내용 및 편제와 달리' 대통령 직속기관으로 되면서 「헌법」과 법률의 일관성을 결하게 되었으나, 1963년 들어 「헌법」 제6호(1963. 12. 17. 시행)와 「감사원법」(1963. 12. 17. 시행) 모두 감사원이 대통령 소속임을 명시[17]함으로써 「헌법」과 법률의 불일치 현상은 해소되었지만 감사원의 전반적인 독립성은 약화된 것으로 볼 수 있다.

2. 구성원의 신분보장

독립성 8대 원칙의 두 번째는 '구성원의 신분보장'이다. 감사기관장의 독립성을 파악하기 위해서는 임기의 법적 근거는 무엇인지, 임기가 임명권자보다 긴지 아닌지 여부, 임명절차는 어떠한지, 연임·중임은 허용하는지, 직급·보수의 상대적 수준은 어떠한지가 중요하다. 각각의 정책이 어떻게 변화했으며 그 의미는 무엇인지에 대해 살펴보고자 한다.

심계원장의 임기는 1948년 설립 당시 「심계원법」에서 대통령의 「헌법」상 임기 4년[18]보다 1년이 더 긴 5년으로 규정[19]되었으나 1963년 심계원이 감사원으로 통합되면서부터 「헌법」에서 대통령과 동일하게 4년으로 단축하여 규정[20]했다. 감찰위원장의 임기도 1948년 설립 당시에는 「정부조직법」에서 5년[21]으로 규정되어 있었으나 1961년 제2차 감찰위원회법이 제정되면서 4년으로 단축[22]되었다. 한편 심계원장과 감

---

17 "국가의 세입·세출의 결산, 국가 및 법률에 정한 단체의 회계 검사와 행정기관 및 공무원의 직무에 관한 감찰을 하기 위하여 대통령 소속하에 감사원을 둔다."(「헌법」 제92조). "감사원은 대통령에 소속하되, 직무에 관하여는 독립의 지위를 가진다."(「감사원법 제3조)

18 "대통령과 부통령의 임기는 4년으로 한다."(「헌법」, 1948. 7)

19 "심계관의 임기는 5년으로 하되 연임할 수 있다."(「심계원법」, 1948. 12)

20 "원장은 국회의 동의를 얻어 대통령이 임명하며, 그 임기는 4년으로 하되 1차에 한하여 연임될 수 있다."(「헌법」, 1963. 12)

21 "감찰위원의 임기는 5년으로 하되 연임할 수 있다."(「정부조직법」, 1948. 7)

찰위원장의 경우 초기에는 횟수에 제한 없이 연임이 허용[23,24]되다가 두 기관이 감사원으로 통합되면서 초기(1963~1972)에는, 감사원장은 1회에 한하여 연임이 허용되는 것으로 변화했고, 1980년 「헌법」 개정 시부터 1회에 한하여 중임을 허용[25]하게 되었다. 감사기관장의 임기가 임명권자인 대통령의 임기 4년보다 긴 5년이었다가 4년으로 1년이 단축된 것과 그 이후 「헌법」이 개정되면서 4년이었던 대통령의 임기가 6년[26], 7년[27]으로 길어지는 과정에서 감사원장의 임기는 계속 임명권자인 대통령 임기보다 짧은 4년으로 유지되었다. 이는 감사원장의, 대통령으로부터의, 독립성이 약화된 것으로 해석할 수 있다. 한편 감사기관장의 임기를 법률에 규정하다가 「헌법」으로 상향조정한 것과 연임을 횟수에 제한 없이 허용하다가 1회에 한해서만 가능한 것으로 제한시킨 것은, 여전히 개선의 여지가 있지만, 임명권자인 대통령으로부터의 독립성이 다소 강화된 것으로 볼 수 있다. 감사기관장의 연임·중임을 허용할 경우 연임·중임에 영향을 미치는 사람의 눈치를 보게 될 가능성이 크기 때문이다.

심계원장의 경우 1948년 설립 당시에는 임명권자인 대통령이 단독으로 임명[28]했으나 1954년 「헌법」 개정 시 대통령의 임명에 대한 '사후 인준권'을 참의원에 부여[29]했다. 감찰위원장도 1948년 설립 당시에

---

22 "감찰위원의 임기는 4년으로 하되 1차에 한하여 연임할 수 있다."(「감찰위원회법」, 1961. 1)

23 "심계관의 임기는 5년으로 하되 연임할 수 있다."(「심계원법」, 1948. 12)

24 "감찰위원의 임기는 5년으로 하되 연임할 수 있다."(「정부조직법」, 1948. 7)

25 "감사원장의 임기는 4년으로 하며, 1차에 한하여 중임할 수 있다."(「헌법」, 1980. 10)

26 "대통령의 임기는 6년으로 한다."(「헌법」, 1972. 12)

27 "대통령의 임기는 7년으로 하며, 중임할 수 없다."(「헌법」, 1980. 10)

28 "심계관은 대통령이 임명하며…."(「심계원법」, 1948. 12)

29 "참의원은 대법관, 검찰총장, 심계원장, 대사, 공사, 기타 법률에 의하여 지정된 공무원의 임명에 대한 인준권을 가진다."(「헌법」, 1954. 11)

는 대통령이 단독으로 임명하다가 1961년 감찰위원회가 다시 생기면서부터 '민의원의 동의'를 얻어야[30] 하는 것으로 바뀌었다. 두 기관이 1963년 감사원으로 통합되면서 감사원장은 '국회의 동의'를 얻어 대통령이 임명[31]하는 것으로 변화했다. 감사기관장 임명결정을 임명권자가 단독으로 하지 못하도록 국회의 의견을 듣도록 변화한 것은 대통령으로부터의 독립성이 강화된 것이다. 또한 국회의 사후 인준을 받도록 하다가 사전 동의를 받는 방향으로 변화하는 것 역시 독립성이 강화되는 방향으로 변화해 온 것이라고 할 수 있다.

감사기관장의 직급은 보수의 수준을 통해 간접적으로 정하고 있는데 심계원장은 설립 당시 대통령령에 국무위원(國務委員)의 보수와 동액으로 규정했고, 1963년 감사원으로 통합되면서 감사원법에 따라 부총리급으로 격상되었다. 감찰기관장의 경우 설립 당시에는 대통령령에 장관급으로 규정했으나 사정위원회가 되면서 차관급인 청장의 보수와 동액으로 그 격이 낮아졌다가 1963년부터는 부총리급인 감사원장이 되었다(감사원, 2008a: 139). 1963년 감사기관장 직급을 높인 것은 피감기관으로부터의 독립성을 강화하는 방향으로 정책이 변화한 것이며, 감사기관장의 직급을 대통령령에서 정하다가 법률에 규정한 것 역시 독립성이 강화된 것이라고 볼 수 있다.

3. 충분한 감사 대상 · 범위 확보

독립성 8대 원칙의 세 번째는 '감사기관이 직무상 독립성을 보유하기 위해서는 충분한 감사대상과 범위를 확보해야 한다'는 것이다. 따라서

30 "위원장은 국무총리가 임명하여 민의원의 동의를 얻어야 한다."(「감찰위원회법」, 1961. 1)
31 "원장은 국회의 동의를 얻어 대통령이 임명하며…."(「헌법」, 1963. 12)

여기서는 감사의 대상과 직접 관련이 있는 감사의 종류와 그 범위에 대한 감사정책의 변화와 그 의미를 살펴보고자 한다.

1) 회계검사의 진화

1948년 7월 17일 제정된 제헌 「헌법」 제95조에 따르면 "국가의 수입·지출의 결산은 매년 심계원에서 검사한다. 정부는 심계원의 검사보고와 함께 결산을 차연도의 '국회에 제출'해야 한다."라고 규정되어 있어 심계원의 주요 임무가 국가회계에 대해 '매년' 실시하는 결산검사였음을 알 수 있다. 그 이후 1963년 감찰위원회와 함께 감사원으로 통합될 때까지 네 차례의 「헌법」 개정이 있었으나 「헌법」상 심계원의 기본임무에 관한 규정은 변하지 않았다. 그런데 1차 「헌법」이 제정된 지 4개월여 후에 제정된 「심계원법」 제10조에서는 「헌법」에서 규정하고 있는 '국가의 수입·지출의 결산'[32] 외에도 "심계원은 정부 각 기관과 그 감독에 속한 기관 또는 단체의 회계를 '상시' 심사·감독하여 그 시정을 기한다."라고 규정했다.

이러한 변화를 감사종류의 측면에서 보면 국가의 총결산에 대한 '연례적 결산검사'의 성격으로부터 사전(事前)감사까지도 포함하는 '상시 회계검사'의 성격으로 그 기능을 강화한 것이고, 회계검사 대상범위의 측면에서는 '국가 세입·세출의 총결산 및 정부 각 기관의 회계검사' 외에 '정부 각 기관 관하 각 기관의 회계', '지방 공공단체의 회계', '정부 보조단체와 특약 보증단체의 회계', '국영과 정부투자단체의 회계', '정부관리 재산의 회계', '국고은행의 국고금 수지에 관한 회계' 및 '기타 법령에 의하여 지정된 단체의 회계'까지 포함하게 됨으로써 감사대상의

32 「심계원법」(1948. 12) 제11조에서는 '세입·세출의 총결산'이라고 표현하고 있다.

범위를 크게 확대시킨 것이었다.

당시 법률제정안에서는 다음과 같이 감사정책 변화의 취지를 밝히고 있다.

> "헌법 제95조에서 심계원은 국가의 세입·세출을 검사한다고 규정하고 있으나 국가재정이 날로 복잡다기해지고, 그 규모도 방대해짐을 감안할 때 국영사업·공영사업 기타 국가에서 관리하는 재산 및 지방자치단체의 재정까지도 직접 사전·사후 감사를 할 수 있도록 함으로써 국가행정의 능률성을 제고하고 행정발전에 일익을 담당하도록 하려는 것임."(국가법령정보센터, 「심계원법」(1948. 12) 제정 이유)

2) 직무감찰의 진화

감찰위원회가 설립 당시에는 직무감찰의 의미가 비리공무원 개인에 대한 감찰로 사용되었으나 그 후 협의의 대인감찰에는 한계가 있음을 인정하고 그 범위를 점차 행정사무감찰에까지 확대하는 것으로 감사정책이 변화했다. 그 과정과 배경에 대해 살펴보려고 한다.

1948년 감찰위원회 설립 당시 「정부조직법」에 따르면 감찰위원회의 임무는 "'공무원'에 대한 감찰"로 규정되어 있어 대인비리 감찰을 의미했다. 사정위원회규정에 따르면 사정위원회의 임무는 "공무원의 직무상 비위를 조사보고"하는 것이라고 규정함으로써 대인비리 감찰에 대해 감찰위원회 시절과 동일하게 정의했다. 1955년에 폐지되었다가 1961년 1월 14일에 다시 제정된 「감찰위원회법」에서는 '공무원의 직무상 비위' 외에도 '국가 또는 지방자치단체의 행정기관의 직무상 비위'와 '국영기업체 또는 주식의 과반수가 국가에 귀속하는 법인의 직무상 비위'를 추가함으로써 공무원 개인비리를 대상으로 하던 전통적 직무감찰의 범위를 '기관과 단체의 직무상 비리'로 확대했다. 1961년 8월 개정된 「감찰위원회법」에서는 공무원 개인에 대한 비위감찰의 한계를 보완하기 위해 감찰위원회에 '기관의 사무'에 대한 감찰권을 부여하는 이유를 다음과 같이 밝히고 있다.

> "현행법상의 공무원의 비위사항의 취급은 타 기관에서도 할 수 있는 소극적인 방법이므로, 그보다는 혁명과업을 완수하고 나아가서는 영구적으로 행정발전을 위한 직무를 취급하는 기관으로 전환되어야 할 것이므로 감찰위원회는 국가 각 기관의 행정사항을 검열하여 시책의 실행상황 및 개선사항을 파악하고 이에 따르는 비위사실을 제거함으로써 행정발전에 기여할 수 있도록 하려는 것임."(국가법령정보센터, 「감찰위원회법」(1961. 8) 개정 이유)

〈그림 4-4〉에서 보는 것처럼 지금까지 관련 법조문을 기초로 볼 때 초기의 결산검사와 직무감찰 기능은 각각 진화해 오면서 그 범위를 확대하는 방향으로 변화해 온 것을 알 수 있다. 이는 나중에 자연스럽게 회계검사와 직무감찰 기능의 중복 문제를 초래하게 되어 심계원과 감찰위원회가 통합하게 되는 계기를 제공하게 되었다.

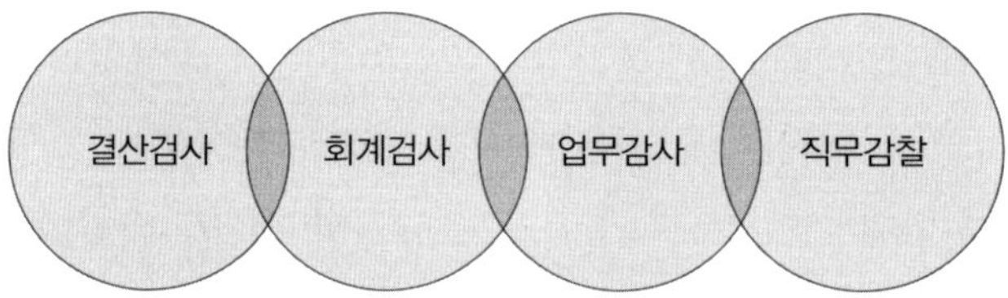

〈그림 4-4〉 결산검사와 직무감찰의 진화

4. 완전한 정보접근권한

독립성 8대 원칙의 네 번째는 '완전한 정보접근권한을 확보'하는 것이다. 감사자는 증거로써 감사대상 행위의 잘못을 입증해야 하는데 그 증거를 구성하는 정보의 종류에는 '제출된 자료를 통해 수집한 서면정보', '관련자를 출석시켜서 얻은 진술정보', '현장 확인을 통한 물리적 정보' 등이 있다. 그런데 이러한 정보를 수집하는 과정에서 피감인의 반발과 압력과 간섭이 따르게 된다는 측면에서 독립성에 영향을 미치는 주요 요소이기 때문에 자료제출 요구권과 출석답변 요구권의 변화과정 및 감사에 협조하지 않거나 방해한 자에 대한 제재장치에 대해 살펴볼 필요가 있다.

1) 감사정보수집을 위한 권한

자료제출 요구권, 출석답변 요구권과 같은 감사에 필수적인 권한은 심계원과 감찰위원회가 설립되던 당시부터 설립 근거법에 규정되어 확보하고 있었다. 회계검사의 경우 1961년 9월 「심계원법」 개정 시 '창고·금고·문부·물품 등의 봉인집행' 권한이 신설되었고, 1995년 1월 감사원법 개정 시 금융거래 정보 요구권이 신설되었다. 1973년 1월 개정된 감사원법에서는 "감사원은 필요한 경우에는 이 법에 의한 감사대상기관 이외의 자에 대해 자료의 제출이나 출석답변을 요구할 수 있다."라고 규정함으로써 종전에는 피감기관공무원에 한정, 규정되었던 정보수집의 대상자의 범위를 감사대상기관 외의 사람에게까지 확대하는 것으로 명문화했다. 이처럼 감사정보접근권한과 관련된 감사정책은 수집방법과 수집대상자의 범위라는 측면에서 볼 때 크게 강화되었다.

2) 감사에 협조하지 않은 사람에 대한 '처벌'

1948년 심계원 설립 당시에는 '정당한 이유 없이 감사방해, 자료제출 양식 상이, 자료제출기한 도과, 감사협조나 조사위탁에 불응' 등의 경우에도 징계·문책을 요구할 수 있게 규정하는 등 매우 광범위한 권한을 보유하고 있었다. 그 후 1961년 1월 「심계원법」을 개정하면서 '자료 제출, 출석답변 의무위반' 등으로 단순화했다. 한편 초기에는 감사에 협조하지 않은 사람에 대해 징계요구권을 부여했다가 1961년 들어서 징역(심계원은 6개월 이하, 감찰위원회는 1년 이하)에 처할 수 있는 권한을 부여했고, 1973년 1월 「감사원법」 개정 시 1년 이하의 징역 또는 10만 원 이하의 벌금 중 선택할 수 있도록 변했다. 그 후 시간이 흐르면서 벌금액이 상향 조정되어 현재는 '1년 이하의 징역 또는 1천만 원 이하의 벌금'에 처할 수 있게 변경되었다.

5. 감사보고서 작성권한(처분요구권한) 및 의무

독립성 8대 원칙의 다섯 번째는 '감사보고서 작성권한을 확보'하는 것이다. 현재 감사원의 감사결과 보고서에 포함되는 조치사항의 유형에는 변상판정, 징계·문책, 시정, 주의 등이 규정되어 있다. 여기서는 감사결과 조치사항의 변천과정, 성과감사실시의 근거는 언제부터 규정되었는지 등에 대해 살펴보고자 한다.

1) 감사결과 조치사항의 변천

1948년 12월 「심계원법」에서는 문책·정정 요구권과 법률상·행정상 개정 요구권을 보유하고 있었고, 그 후 1957년 7월 「심계원법」 개정 시 주의요구권이 추가되었다. 1961년 9월 「심계원법」 개정으로 "회계검사의 결과 범죄의 혐의가 있다고 인정한 때에는 수사기관에 고발해야 한다."라고 규정함으로써 고발의무가 추가되었다. 한편 감찰위원회는 심계원이 고발권한을 보유하기 훨씬 전인 설립 당시부터 고발권한[33]을 보유하고 있었다.

한편 1948년 설립되면서부터 공무원에 대한 '징계처분권'과 '징계

처분 요청권'을 가지고 있던 감찰위원회가 1963년 3월 감사원으로 통합되면서 '징계요구권'만 보유하게 되어 그 권한이 축소되었다. 이는 종전에는 '내부통제적 성격'이 있었던 감찰위원회가 감사원으로 통합됨에 따라 헌법기관이 되는 등 독립성이 강해지면서 법률적·형식적 측면에서 '외부통제적' 성격이 추가되면서 감사대상기관의 자율성을 보장해야 한다는 요구가 반영된 것으로 이해할 수 있다. 당시 법률제정안에서는 그 취지를 다음과 같이 밝히고 있다.

> "감사원이 비위공무원을 적발한 경우에 임명권과 해면권의 분리 및 징계의결의 이원화를 지양하기 위하여 감사원은 당해 공무원에 대해 징계의결은 하지 않고, 다만 징계처분의 요구를 함에 그치도록 함."(국가법령정보센터, 「감사원법」(1963. 3) 제정 이유)

2) 성과감사를 실시할 수 있는 법적 권한

정해진 법규나 기준의 이행 여부를 따지는 것이 합법성감사이고 결산검사와 회계검사는 전통적으로 대표적인 합법성감사의 특징을 가진다. 그런데 경제성, 능률성, 효과성에 관점에서 정부의 주요 사업을 살피는 성과감사를 실시할 수 있는 권한은 오래전부터 그 연원을 찾아볼 수 있다. 즉 심계원이 처음 설립되던 1948년 12월부터 심계원은 법률상·행정상 개정요구 권한[34]을 보유하도록 규정되어 있었는데 이는 불

---

33 감찰위원회는 대통령에 직속하며 좌의 사항을 장리한다. 1. 공무원의 위법 또는 비위의 소행에 관한 정보의 수집과 조사. 2. 전항의 공무원에 대한 징계처분과 그 소속장관에 대한 정보제공 또는 처분의 요청 및 수사기관에 대한 고발.(감찰위원회 직제 제1조, 1948. 8. 30)

34 심계원장은 심계의 결과 법률상 또는 행정상 개정을 요한다고 인정할 때에는 각 주관책임자에게 그 개정을 요구하고 이를 대통령에게 보고한다.(「심계원법」 제19조, 1948. 12. 4)

합리한 제도와 시스템 개선을 목적으로 하는 성과감사가 탄생할 수 있는 단초를 제공한 것이라고 해석할 수 있다. 감찰위원회도 감찰결과 행정상 시정을 요하는 사항은 해당 기관장에게 그 시정을 요구할 수 있는 법적 권한[35]을 보유하게 되었는데 당시 법개정의 취지는 직무감찰 범위의 확대배경을 설명하면서 이미 소개한 바와 같다.

또한 1995년 1월 감사원법 개정 시 "감사원은 감사결과 제32조 내지 제34조의 규정(징계·시정·주의·개선)에 의한 요구를 하는 것이 부적절하거나 관계기관의 장으로 하여금 자율적으로 처리하게 할 필요가 있다고 인정되는 때 또는 행정운영 등의 경제성·효율성 및 공정성 등을 위해 필요하다고 인정되는 때에는 소속장관·감독기관의 장 또는 당해 기관의 장에게 그 개선 등에 관한 사항을 권고 또는 통보할 수 있다."라고 새로운 규정(제34조의2)을 추가함으로써 성과감사실시를 위한 법적 근거를 분명히 했다. 당시 「감사원법」 개정안에서는 법개정 취지를 다음과 같이 밝히고 있다.

> "감사결과에 대한 발전적 개선대안의 제시와 자율적인 처리가 가능하도록 감사원은 관계기관의 장에게 개선 등에 관한 사항을 '권고하거나 통보'할 수 있도록 함."(국가법령정보센터, 「감사원법」(1995. 1) 개정 이유)

6. 보고서 내용결정 및 공개권한

독립성 8대 원칙의 여섯 번째는 '보고서 내용결정 및 공개권한을 확보'하는 것이다. 여기서는 '누구에게 무엇을 보고하는지?' 그리고 '공개권

35 감찰위원장은 감찰결과 행정상 시정을 요한다고 인정할 때에는 해당 기관장에게 그 시정을 요구하고 이를 의장에게 보고한다.(「감찰위원회법」 제13조의2, 1961. 8. 12)

한은 보유하고 있는지?'에 대해서 살펴보고자 한다.

1948~1963년 「헌법」에 따르면 '정부'가 심계원의 (결산)검사보고를 '국회에 제출'하도록 규정했지만 1948~1963년 「심계원법」에 따르면 「헌법」상의 규정과는 별도로 '심계원'이 매년도 심계결과를 '대통령에게 보고'하도록 규정했다. 그 후 1963년 개정된 「헌법」에서는 '감사원'이 세입·세출의 결산검사결과를 '대통령과 차년도 국회에 보고'하는 것으로 변경됨으로써 대통령으로부터의 독립성보다는 대통령 소속기관의 특성을 보유하고 있었던 것을 알 수 있다. 「정부조직법」, 「감찰위원회법」(1948~1961) 및 사정위원회 규정에는 감찰결과보고에 관해 명시적인 규정은 없었으나 대통령(총리) 소속하에 설치된 기관이었기 때문에 대통령(총리)에게 보고했을 것으로 추측된다. 특이한 것은 1961년 8월 「감찰위원회법」에서 "감찰결과 행정상 시정을 요한다고 인정할 때에는 해당 기관장에게 그 시정을 요구하고 이를 의장에게 보고한다."라고 규정함으로써 감찰결과를 임명권자에게 보고함을 명백히 했다.

한편 1957년 7월 「심계원법」 제30조에서는 결산검사보고서에 기재할 8개 사항[36]을 처음으로 규정했다. 그 범위에 '결산검사'의 본질인 '국가의 세입·세출 결산의 확인사항' 외에도 여러 가지 '회계검사' 결과를 포함하고 있는 것은 1948년 12월 심계원 설립 당시부터 심계원의 법적 권한이 '정부 각 기관과 그 감독에 속한 기관 또는 단체의 회계를 상시 심사·감독하여 그 시정을 기하는 것'으로 규정되었기 때문으로 이해할 수 있다. 그 후 1963년 3월 감사원법에서는 결산검사의 방법

36 1. 국가의 수입, 지출의 결산의 확인, 2. 국가의 수입, 지출의 결산금액과 한국은행이 제출하는 계산서의 금액과의 부합 여부, 3. 회계검사의 결과 법령 또는 예산에 위배된 사항 및 부당사항의 유무, 4. 예비비의 지출로서 국회의 승인을 얻지 아니한 것의 유무, 5. 유책판결과 그 집행상황, 6. 징계 또는 문책처분을 요구한 사항 및 그 결과, 7. 시정을 요구한 사항 및 그 결과, 8. 개선을 요구한 사항 및 그 결과.

을 '회계검사의 결과에 따라 국가의 세입·세출의 결산을 확인'하는 것으로 분명히 했다. 한편 1963년 3월 제정된 감사원법에서는 '징계 또는 문책처분을 요구한 사항 및 그 결과'를 삭제하면서 '기타 감사원이 필요하다고 인정한 사항'을 추가했다가 1963년 12월 감사원법을 개정하면서 '징계 또는 문책 처분을 요구한 사항 및 그 결과'를 다시 추가했다. 1995년 1월 감사원법을 개정하면서 '권고 또는 통보한 사항 및 그 결과'를 새로이 추가했는데 이는 감사결과 처리의 유형에 권고·통보를 추가함에 따른 변경이었다.

현행 감사원법에서는 "감사결과 중요하다고 인정되는 사항에 관하여 수시로 대통령에게 보고한다. 감사원의 중요한 처분 요구에 대해 두 번 이상 독촉을 받고도 이를 집행하지 아니한 사항에 관하여도 또한 같다."라고 감사결과를 대통령에게 수시보고할 수 있도록 규정하고 있다. 1948년 12월 심계원 설립 당시 「심계원법」에서는 "심계의 결과 법률상 또는 행정상 개정을 요한다고 인정할 때에는 각 주관책임자에게 그 개정을 요구하고 이를 대통령에게 보고한다."라고 규정함으로써 대통령에게 보고함을 명확히 했지만 국회보고에 대해서는 별다른 규정이 없었다. 이는 현행 감사원법상 수시보고 제도가 시작된 것이라고 볼 수 있으며 수시보고라는 표현을 처음으로 사용한 것은 1963년 3월 감사원법부터다. 그 후 1961년 9월 「심계원법」이 개정되면서 "심계원은 결산검사 보고에 관하여 국회에서 설명할 필요가 있을 때는 심계관을 출석게 하거나 또는 서면으로 이를 설명할 수 있다."라고 규정함으로써 국회에의 보고의무를 명확히 규정했다.

1961년 8월 「감찰위원회법」 제15조(의결서 정본의 송달)에서는 "감찰위원회에서 징계의결 또는 재심의의결을 했을 때는 의결한 날로부터 10일 이내에 의결서 정본을 피의공무원 및 그 소속기관의 장에게 송달해야 하며 의결의 확정과 동시에 관보에 공고한다."라고 규정함으로써 비리감찰 결과 징계사실을 관보에 공개하도록 했는데, 이는 감사결과를 처음으로 외부에 공개하기 시작하기로 했다는 점에서 중요한 감사정책의 변화라고 이해할 수 있다. 그 후 2003년부터 감사결과 전문을 인터넷 홈페이지를 통해 공개하기 시작함으로써 공개의 범위가 크게 확대되었다. 그러나 공개의 권한이나 의무를 감사원법이 아닌 감사원 훈령의 하나인 「감사결과 공개에 관한 규정」에서 다루고 있다는 점에서 개선의 여지가 있다고 하겠다.

7. 권고안(처분요구안)의 사후관리

독립성 8대 원칙의 일곱 번째는 '권고안의 사후관리권한을 확보'하는 것이다. 감사의 끝은 감사결과보고서가 아니며 처분요구한 사항들이 행정 현장에서 이행되는 것이다. 따라서 이행되는지 여부를 사후관리할 수 있는 권한은 감사원의 직무상 독립성을 확보하는 데 매우 중요하기 때문에 여기서는 피감기관이 감사결과 처분요구사항의 '불이행 시 강제할 수 있는 권한'에 대한 감사정책의 변화에 대해 살펴보고자 한다.

1957년 7월 개정된 「심계원법」에서는 "본법에 의한 판정, 징계, 문책과 시정의 집행요구에 이유 없이 심계원이 지정한 기한 내에 응하지 아니한 자에 대해 소속장관 또는 감독기관에게 징계 또는 문책의 처분을 요구할 수 있다."라고 규정함으로써 감사의 실효성을 높이고자 했다. 한편 동법 제22조에서는 "심계원이 정한 기간 내에 변상에 이르지 못했을 경우에는 심계원장은 소속장관 또는 감독기관은 관계세무서장에게 위탁하여 국세징수법 중 체납처분의 규정에 의해 이를 집행할 수 있도록" 규정했는데, 이 또한 감사의 독립성을 강화하기 위한 감사정책상 중요한 변화라고 할 수 있다. 또한 1963년 3월 「감사원법」에서는 "감사원은 중요한 처분요구에 대하여 2회 이상 독촉을 받고 집행하지 아니한 사항에 관하여 수시로 최고회의의장에게 보고한다."라고 규정함으로써, 감사결과의 실효성을 높임으로써 독립성을 강화하기 위한 정책을 강화했다.

8. 인력 · 예산 등 자원관리의 자율성

독립성 8대 원칙의 마지막은 '인사·조직·예산 등 자원관리의 자율성을 확보'하는 것이다. 앞에서 살펴본 일곱 가지 원칙이 아무리 잘 갖추어져 있다고 할지라도 인사·조직·예산 운영의 측면에서 독립성이 보장되지 않는다면 그 효과를 기대할 수 없을 것이다. 직무상 독립성은 감사원의 인적·물적 요소가 외부의 간섭이나 통제 없이 자주적으로 결정될 때 비로소 실질적으로 보장될 수 있기 때문이다. 여기서는 직원 인사상·재정상 독립성과 관련된 감사정책의 변화를 살펴보고자 한다.

1961년 「심계원법」을 개정하면서 종전에는 대통령령에 규정하고 있던 심계관의 임명, 보수, 임용자격 등 신분보장에 관한 사항을 「심계원법」 제4조와 8조에 규정했고, 제5조에서는 심계관의 임기를 처음으로 5년으로 규정하는 등 심계관의 독립성을 확보하기 위한 발전이 있었다. 제15조에서는 "2급 및 3급 공무원의 임면은 심계관회의의 의결을 거쳐 원장이 행하고 4급 이하의 공무원의 임면은 원장이 전행한다."라고 규정함으로써 처음으로 사무총국 직원에 대한 인사권이 심계원장에게 있음을 명확히 했다. 이러한 당시의 분위기는 당시 「심계원법」 전면개정(폐지제정)안의 제정 사유에서도 엿볼 수 있다.

> "심계관의 자격·보수·징계·정년 등 신분보장을 가일층 강화함으로써 정부의 인사권을 통한 압력·간섭을 견제하고…."

그러나 1963년 제정된 「감사원법」에서는 "사무총장, 1급 및 2급 공무원은 감사위원회의 의결을 거쳐 원장의 제청으로 최고회의의장이 임면한다. 3급공무원은 원장의 제청으로 최고회의의장이 임면하며 4급 이하의 공무원의 임면은 원장이 전행한다."라고 규정함으로써 감사원장의 인사상 독립성은 약화되었고 지금까지도 계속되고 있다.

심계원의 재정상 독립성은 1951년 9월 24일 제정된 재정법 제16조에서 최초로 규정되었으며, 1961년 12월 19일 제정된 구 예산회계법에서는 이를 그대로 이어받아 "독립기관의 세출예산액을 그 요구액보다 감액할 때에는 국무회의에서 당해 독립기관의 장의 의견을 구해야 한다."라고 규정하는 한편 국회에 제출하는 예산안에 그 삭감 이유와 독립기관의 장의 의견을 첨부하도록 규정했다. 이는 정부가 감사원의 활동을 억제할 의도에서 예산 면에서 압력을 가하는 것을 막기 위해서 국회가 감사원 예산 요구액의 삭감 이유와 이에 대한 감사기관장의 의견을 들어 공정한 입장에서 심의할 필요가 있기 때문이다. 한편 감사원의 독립성 중에서 재정상 독립성이 중요하다는 것은 역사적 실례에서도 찾아볼 수 있다. 사정위원회는 법률에 의해 설치된 기구가 아니어서 예산에 계상하지 아니했고 예비비에서 그 경비를 충당했는데, 자기 소관 예산이 없어서 조사활동에 많은 제약을 받았던 것으로 보인다(감사원, 2008a: 144). 인사·조직·예산의 독립성 확보 장치에 대해서 일일이 구체적으로 규정하기는 쉬운 일이 아닐 것이다. 따라서 1995년 1월 「감사원법」을 개정하면서 "감사원 소속공무원의 임면, 조직 및 예산의 편성에 있어서는 감사원의 독립성이 최대한 존중되어야 한다."라고 일반원칙을 선언함으로써 독립성을 강화했다.

IV. 독립성 관련 감사정책의 시대별 변화와 시사점

지금까지 INTOSAI가 제시한 독립성 8대 원칙의 측면에서 우리나라 감사원이 독립성과 관련된 정책에서 역사적으로 어떠한 변화가 있었는지 살펴보았다. 여기서는 '무엇으로부터의 독립성인가'라는 관점에서 피감기관으로부터의 독립성 확보기(1948~1987), 정치적 중립성 수요 강화기(1987~2003), 이해관계자로부터의 독립성 수요 강화기(2003~)로 구분하여, 각각의 시대별 특징을 살펴보고자 한다.

1. 피감기관으로부터의 독립성 확보기(1948~1987)

1948년 심계원과 감찰위원회의 설립과 동시에 대통령 소속임을 「심계원법」, 「정부조직법」에 명시했고, 1963년에는 대통령 소속이라는 법적 근거를 상향 조정하여 「헌법」에 명시했다. 또한 「헌법」 제1호부터 제5호까지는 「헌법」 편제상 입법·행정·사법부로부터 독립적인 위치에 있었던 감사원을 「헌법」 제6호(1963)부터는 정부안에 포함시키는 변화도 같은 맥락에서 이해할 수 있고, 최고 감사기관의 직무상 독립이란 '피감기관으로부터의 독립을 의미'한다는 것을 법적으로 명시[37]하거나 그러한 취지임을 법률 제·개정안 등에서 밝히고 있었다.

감사원의 독립성 관련 정책이 이러한 특징을 갖게 된 배경은 대통령과의 관계와 대상기관과의 관계를 통해 찾아볼 수 있다. 이 기간에는 국가기관의 하나인 감사기관도 대통령의 강력한 리더십하에 탈빈곤과 부패척결이라는 국정운영의 큰 방향과 보조를 맞추어야 했으므

37 "심계원은 대통령에 직속하며 국무원에 대해 직무상 독립의 지위를 가진다."(「심계원법」, 1948. 12~1961. 9)

로 당시 독립성 관련 감사정책의 중점으로서 '대통령으로부터의 독립성'은 크게 고려하지 않았던 반면 '피감기관으로부터 독립성'을 확보하는 데 있었음을 어렵지 않게 이해할 수 있다. 또한 심계원이 발족된 초창기에는 실지감사에 대한 대상기관과 국민들의 이해가 부족하여 감사자료 수집과 감사결과 이행과정에 많은 어려움[38]이 있었기 때문에 대상기관으로부터의 독립성을 강조할 수밖에 없었을 것이다.

2. 정치적 중립성 수요 강화기(1987~2003)

그 후 우리 사회가 민주화의 일환으로 민주화선언(1987), 지방자치제 도입(1995) 등을 겪으면서 국회, 지방자치단체나 정치적 성향을 띤 시민단체의 영향력과 국민들의 정치참여 욕구가 강해졌다. 특히 수차례 정권교체(1998~)의 경험을 하게 되면서 각종 정치주체로부터 자신과 정치적 입장이 다른 대통령과 행정부를 견제하려는 경향이 강해지게 되자 감사의 독립성 중 대상기관으로부터의 독립성을 확보하는 정책보다는 '정치적 중립성'을 제고하기 위한 감사정책의 그 비중을 확대하게 되었다. 그에 따라 감사원은 1993년 감사의 독립성 중 정치적 중립성을 강화하는 감사정책을 발표했다. 1993년 2월 취임한 이회창 감사원장은 '성역 없는 감사'의 기치하에 그때까지 국방부 자율통제 차원에서 진행되어 오던 율곡사업에 대한 감사, 서면감사만 실시해 오던

38 "어떤 기관이나 단체에 실지심계차 출장하는 경우 항간에서는 그 기관이나 단체에 무슨 범죄나 비행이 있었던 것으로 짐작하고 신문기자가 달려오고 이곳저곳에서 수군수군하는 일이 많았다. 어떤 검사관은 군부대에 실지심계차 출장을 갔으나 부대장으로부터 면회거절을 당하여 만나 보지도 못하고 되돌아온 경우도 있었고, 모 중앙관서에서는 장관이 직접 실지심계반장에게 "무슨 부정이 있기에 감사를 나왔는가? 원장에게 말할 터이니 당장 돌아가라"고 하는 등 심계원의 실지심계에 대한 인식이 대체적으로 부족한 편이었다."(감사원, 2008a: 80)

대통령비서실 회계에 대한 실지감사, 안전기획부에 대한 실지감사를 처음으로 실시했는데 이는 감사원의 정치적 중립성 중에서 '대통령으로부터의 독립성'을 크게 향상시킨 것으로 해석할 수 있다. 그 밖에도 2000년 국회에서는 국회법 개정을 통해 감사원장 후보자의 정치적 중립성을 포함한 후보자의 소신과 역량을 점검하는 인사청문회 제도를 도입했으며, 지금까지 2명의 감사원장 후보자가 청문회를 전후하여 후보자 자격을 상실했다. 정치적 중립성을 강화하는 감사정책의 배경에는 정권교체의 경험을 하면서 상대적으로 대통령의 권력은 약해진 반면 국회의 파워가 강해진 것이 영향을 미쳤기 때문이라고 생각된다.

이처럼 감사환경 변화에 따라 감사원의 정치적 중립성을 강화하는 방향의 감사정책을 변화하는 노력이 있었으나 그것이 만족할 만한 수준이라고 말하기는 어렵다. 왜냐하면 「헌법」과 「감사원법」에서 감사원을 대통령 소속으로 명시해 놓은 상태에서 실질상·외관상 정치적 중립성을 확보하기는 한계가 있기 때문이다. 그 밖에도 이 시기에는 1996년 감사원 훈령 제정을 통한 공익감사청구제도 도입을 시작으로 각종 감사청구제도가 도입됨으로써 서로 정치적 입장이 서로 다를 수 있는 일반 주민·시민단체·지방의회·국회가 감사원에 감사청구를 할 수 있게 되면서 감사원의 정치적 중립성에 대한 수요가 더욱 증가했기 때문이다.

3. 이해관계자로부터의 독립성 수요 강화기(2003~)

독립성 관련 감사정책 수요가 변화하는 배경을 더욱 정확히 이해하기 위해서는 과거에는 막연히 그리고 추상적으로 인식되기 쉬웠던 행정고객으로서의 국민·납세자들이 이제는 민주화·정보화·개방화 시기에 들어서면서 구체적 수요, 밀착감시, 그리고 정보의 실시간 공유라는 도구로 무장한 이해관계자(stakeholders)로서 전면에 등장했음을 인식해야 한다. 이 시기에 감사정책과 관련된 가장 큰 변화는 '감사결과 전문공개'라고 할 수 있다. 공공기관이 보유·관리하는 정보에 대해 국민의 알 권리에 대한 요구가 증대됨에 따라 국정에 대한 국민참여와 국정운영의 투명성을 확보하기 위해 「공공기관의 정보공개에 대한 법률」이 시행(1998)되었다. 그에 따라 공공감사에 대한 알 권리를 충족시키기 위해 감사원은 종전에는 선별적으로 언론을 통해 공개하던 감사결과를 2003년부터 인터넷 홈페이지를 통해 이해관계자에게 공개하기 시작했다. 대상기관에게만 제공되던 감사결과 전문이 일반인에게 널리 공개됨으로써 감사결과는 감사대상기관에게 징벌적 성격을 가진 '처분요구서' 역할만을 하던 과거와 달리 분석적 정보를 이해관계자에게 제공하는 감사결과 '보고서'의 의미도 함께 갖게 되었다.

한편 감사원은 2003년부터 '시스템감사'라는 명칭하에 성과감사를 본격적으로 발전시켰다. 성과감사는 정부 주요 사업의 성과달성을 저해하는 제도적 요인을 찾아 개선안을 제시함으로써 감사원 및 정부정책의 이해관계자들에게 의사결정에 유용한 정보를 제공하는 것을 목적으로 한다. 성과감사는 감사 대상기관에서 담당하고 있는 정책·사업을 합법성 외에 경제성·능률성·효과성이라는 판단기준으로 분석·평가하는 것이기 때문에 합법성감사 시절에는 주로 정부 안에 있었던 감사 이해관계자의 범위가 시장으로까지 확대되어 각 대상기관에서 수행하는 정책과 사업의 고객에까지 크게 확대되었다.

이와 같이 감사원의 감사결과 전문공개와 성과감사 본격 실시는 우리 사회에서 각각 감사원의 정치적·경제적·사회적 영향력을 크게 확대시켰다. 감사 이해관계자들은 감사결과의 투명성을 넘어 감사 계획·과정의 투명성까지 요구하게 되었고, 피감인의 권익보호를 넘어 감사이해관계자의 권익보호까지 요구하기 시작했다. 그에 따라 감사원에서는 감사원 규칙이나 훈령의 제·개정을 통해 감사청구 심의위원회 등 감사원 내부의 각종 위원회에 외부위원을 포함하기 시작하거나 그 비중을 확대했고, 감사원 감사를 받는 자 외에 이해관계자[39]도 감사원의 지적사항에 대한 의견 또는 소명자료를 제출할 수 있게 되었다.

V. 결론

감사원의 독립성 관련 감사정책 변동을 역사적으로 살펴본 결과 다음과 같은 다섯 가지 시사점을 발견할 수 있었다.

첫째, 무엇으로부터의 독립성인가의 측면에서 산업화 시기에는 '피감기관으로부터의 독립성' 확보에 중점을 두다가 점차 우리 사회의 민주화, 개방화 및 정보화에 따라 감사의 '정치적 중립성'과 '이해관계자로부터의 독립성'을 확보하는 방향으로 감사정책이 변해 왔음을 알 수 있었다.

둘째, 누구의 독립성인가의 측면에서, 감사원장의 소속·임기·중임 가능 여부·감사요원들에 대한 인사권과 관련된 감사정책이 개선의 여지가 많음을 보았다. 우리나라는 시대별로 요구되는 독립성을 확보하기 위해 나름대로 정책적인 노력을 지속해 왔지만, 산업화 시기에 만들어진 독립성 확보 정책이 너무 강력해서 그 이후의 환경변화에 따른 독립성 수요를 충족시키는 데에 한계를 보이고 있다. 즉 감사원을 대통령 소속으로, 그것도 「헌법」에 규정해 놓음으로써 정치적 중립성이

39 현재 실시 중이거나 처리 중인 감사결과로 인해 신분상 또는 재산상 불이익을 받게 되는 사람 및 법인(국가·지방자치단체와 지방자치단체조합을 포함)과 법인격이 없는 사단·재단 또는 그 밖의 단체를 말한다.

훨씬 강하게 요구되는 감사환경 안에서 실질상·외관상 독립성이 매우 취약할 뿐 아니라 계속해서 변화하는 감사환경에 대처하기 쉽지 않다.

셋째, 산업화 시기에는 독립성과 관련된 정책의 중심이 '소속의 강화', '충분한 감사권한 확보' 또는 '완전한 정보접근 권한'과 같이 '감사권한'을 강화하는 정책 위주였으나 감사환경 변화에 따라 점차 '감사결과 보고·공개'나 '권고안의 사후관리'처럼 '의무'적인 성격이 상대적으로 강조되는 경향을 보이고 있다. 이러한 변화의 흐름을 통해 감사원에 대한 비판이 강해지면서 국민으로부터의 신뢰도가 위협받게 되는 배경을 이해할 수 있다.

넷째, 산업화 시기에는 감사정책의 주요 변화가 「헌법」과 「감사원법」 등 법 개정을 통해 이루어진 데 비해 정보화 및 개방화 시기를 전후해서는 감사원 규칙·훈령 등 내부규정의 제·개정을 통해 이루어지는 비중이 상대적으로 증가하고 있음을 볼 수 있었다. 이는 독립성과 관련된 감사정책 변화의 원인을 초기에는 대통령의 리더십, 민주화 시기에는 국회의 리더십을 거쳐 최근에는 감사원장의 리더십에서 찾을 수 있지 않을까 하는 생각을 해 볼 수 있다.

마지막으로 우리나라는 시대별로 감사환경의 변화에 따라 나름대로의 노력을 지속해 왔다. 하지만 회계검사와 직무감찰 기능의 통합, 감사청구제 도입, 감사결과공개 및 성과감사도입 등 중요한 감사정책의 변화과정에서, 변화의 효과뿐 아니라 그 부산물이나 부작용에 대한 사전검토 및 사후관리에 더욱 깊은 관심을 기울여야 한다. 그렇지 않으면 국민의 신뢰가 낮아지는 원인으로 작용할 것이다.

참고문헌

감사원(2000~2014), 『감사연보』.

감사원(2000), 『공공감사기준 주석서』.

감사원(2008a), 『감사60년사』 I.

감사원(2008b), 『감사60년사』 II.

감사원 감사교육원(2006), 『감사원법의 이해』, 감사교육원.

김기환(2013), 『한국의 경제기적, 지난 50년 향후 50년』, 기파랑.

김보은 · 임채홍(2012), 「정권별 공공감사제도 변화기제(Mechanism)에 대한 (신)제도주의적 분석: 사회적 제도주의와 합리적 선택 제도주의의 통합적 관점을 중심으로」, 『감사논집』 제19호, 5-33쪽.

문호승(2002), 「감사원의 역할에 대한 연구」, 『감사논집』 제7호, 1-29쪽.

문호승(2011), 「감사결과 공개에 관한 연구」, 『감사논집』 제16호, 55-73쪽.

박희정(2013), 「공공감사학의 체계 정립을 위한 시론적 연구: 공공감사학의 위치와 초점」, 『한국행정학보』 제47권 제1호.

박희정(2015), 「사회변화에 따른 감사혁신 방향의 모색」, 『감사논집』 제25호, 49-69쪽.

성낙인(2013), 『헌법학』, 법문사.

성용락(2013), 『공공감사 제도의 새로운 이해: 공공감사의 이론과 실무』, 석탑출판.

이상욱(2003), 「공공감사의 독립성에 대한 연구」, 서울대학교 행정대학원 석사학위논문.

이술영(1993), 「감사원 감사방향의 변천에 관한 연구」, 고려대학교 정책과학대학원 석사학위논문.

진승백(2012), 「최고감사기구의 소속 문제와 독립성 제고방안에 관한 연구」, 서울대학교 행정대학원 석사학위논문.

「감사원법」(1963~)

「감찰위원회법」(1948~1963)

「대한민국헌법」(1948~)

「심계원법」(1948~1963)

「정부조직법」(1948~)

감사원(http://www.bai.go.kr)

동아시아연구원(http://www.eai.or.kr/type_k/pList.asp?catcode=1111120000)(검색일: 2014. 12. 1).

조선비즈(2013. 8. 26), 「슈퍼 甲 '감사원' 감사는 누가 하나」(http://biz.chosun.com/site/data/html_dir/2013/08/26/2013082602887.html)(검색일: 2015. 6. 2).

INTOSAI(1977), The Lima Declaration.

INTOSAI Professional Standard Committee(2007), "INTOSAI Guidelines and Good Practices Related to SAI Independence"(http://www.issai.org).

5장

감사원 감사유형의 시대적 변화에 대한 고찰

임보영

Ⅰ. 서론

지난 50여 년간 우리나라 국내외 행정환경은 급속한 경제성장, 정치·사회의 민주화, 과학기술 발전 등 빠르게 변화했다. 정부와 공공부문도 규모가 급증했으며 사회에 미치는 역할과 기능도 많이 변화했다. 국내총생산(GDP)은 1960년 20억 달러에 불과했으나 2013년에는 13,043억 달러로 약 500배 이상 증가했고, 공공부문 규모도 2013년 기준으로 총지출이 680.4조 원으로 명목 GDP에서 차지하는 비중이 47.6%로 커져 왔다.[1] 정부와 공공부문의 규모가 급증하면서 1963년 2,167개 기관이던 감사원 감사대상기관은 2013년에는 65,992개 기관으로 35배가량 늘어나게 되었다. 한편 과거에는 정부가 우리 사회발전을 주도적으로 이끌어 나가고 지시하는 역할을 수행했다면 이제는 시민사회와 소통하고 다양한 사회 내 이해관계를 조정·지원하는 기능중심으로 그 역할도 변화하고 있다.

감사원은 1963년 회계검사 기관인 심계원과 직무감찰 기관인 감찰위원회가 통합되어 설립된 이래 단일 기관으로 지금까지 정부와 공공부문을 감사하는 기능을 수행해 오고 있다. 다른 정부조직들이 정권마다 조직개편을 거치면서 수십 차례 변화해 온 반면 감사원은 「헌법」에 근거한 조직으로 다수의 개헌과정[2]에서도 특별한 조직변화 없이 유지되어 왔다.[3] 그러나 외형적 조직개편이 없었던 감사원이 설립 이후 지

---

1 한국은행(2013), 경제통계국 내부자료.

2 1963년 이후 개헌은 총 5차례 있었다. 1962년 의원내각제에서 대통령제로 변경되고, 대통령 3선 금지; 1969년 대통령 3선 금지조항 철폐; 1972년 대통령 간접선거로, 선출 임기 6년, 1980년 대통령 임기 7년 단임제, 간접선거 선출, 그리고 1987년 여야합의에 의한 최초의 개정으로 대통령 직선제 개헌이었다.

3 감사원의 소속을 국회로 이전하거나 독립기관화해야 한다는 논의는 계속 있어 왔으나 반영되지 못했다.

난 50여 년간 내부절차나 감사유형, 감사접근방법 등에도 변화가 없었는지? 변화가 있었다면 어떤 방향으로 변화했으며 왜 변화했는지? 의문이 생긴다.

일반적으로 감사원은 정부와 공공부문의 법적인 잘못을 지적하여 우리 사회의 부정부패를 척결하고 공직기강을 바로잡는 유일한 조직으로 인식되어 왔고, 설립 이후 지금까지 그 역할에 충실해 왔다. 그러나 시대에 따라서는 이러한 전통적인 감사기능이 공공부문의 복지부동과 무사안일의 원인이 되고 있다는 감사부작용이 논의되기도 했고, 일부 감사사항들이 독립성을 결한 정권 눈치 보기식 감사, 표적감사, 뒷북감사라는 비판을 받아온 것도 사실이다.

또한 노무현 정부 출범 초기에는 시대와 환경변화에 맞게 감사원의 보다 근본 기능을 변화시켜야 한다는 논의도 있었다. 감사원 감사가 개별적이고 단편적인 문제점을 단순히 지적하는 것이 아니라 보다 종합적이고 체계적인 시각으로 개선대안을 제시해야 하고 주요 분야별 국정운영의 컨설팅 기관이 되어야 한다는 의견(윤성식, 2003: 356-359)이었다.

그간 감사원이 실시해 온 감사유형은 여러 기준에 따라 분류될 수 있으나 크게 법적인 잘못을 지적하는 전통적인 감사를 '합법성감사(Compliance Audit)'라고 하고 경제성, 효율성, 효과성 등 새로운 감사기준과 감사접근방법의 감사를 '성과감사(Performance Audit)'라고 하여 대비, 구분하고 있다. 그러나 실제 감사에서 명확하게 분리되어지는 개념은 아니고 하나의 감사사항에 합법성감사와 성과감사적 요소가 모두 포함되어 있기도 하므로 상대적 비중 등으로 합법성감사가 강조되었는지 성과감사가 강조되었는지를 구분할 수 있다.

본 연구에서는 우리 사회가 급격하게 변화해 온 지난 50여 년간 감사원 감사의 유형과 접근방법은 변화했는지, 변화가 있었다면 변화의 방향과 목적은 무엇이었는지를 살펴보려고 한다. 그리고 변화의 시기별로 변화를 가져온 주요 요인이 정치·사회적 환경 등 외부요인이었는지, 리더십 등 감사원 내부요인이었는지를 분석하려고 한다.

본 연구의 범위는 감사원이 설립된 1963년부터 2012년까지로 한다. 이 기간에 실시된 감사원 감사유형과 접근방법의 변화를 분석하기 위해 감사원 최초로 발간된 『감찰연보』(1965년부터 1972년까지)와 『감사연보』(1973년부터 2012년까지)를 검토했으며, 그 밖에 감사원 감사결과보고서, 관련 문헌, 언론자료 등을 분석했다. 일부 주요 사건에 대해서는 감사원에 오래 근무한 감사관들과 면담하여 정보를 접하기도 했다. 또한 주요 변화가 나타나는 시기별로 감사결과보고서를 분석하고, 이를 통해 감사접근방법의 변화를 살펴보기 위하여 '사회복지분야' 관련 동일한 감사주제가 시대적 상황에 따라 어떻게 변화했는지를 분석했다.

II. 이론적 논의와 분석의 틀

1. 감사의 개념과 유형

감사의 개념은 시대나 해당 국가, 학자마다 조금씩 다르게 정의되고 있으며, "조사대상과 행정 활동·운영의 기준과의 일치 여부를 확증하고자 세부적으로 점검하는 절차"(이윤식, 2010)와 "정해진 규칙, 정책, 합의된 요구조건 등에 부합되게 일이 됐는지 확신하기 위해 산출물, 일의 과정, 그리고 시스템을 점검, 평가하는 일"(심호, 2013)이라고 하는 정의들이 있다. 또한 세계감사원장회의(INTOSAI)는 제9차 총회[4] 리마 선언을 통해 "공공감사의 목적은 공공재원의 적절한 활용, 건전한 재무시스템 개발, 정책의 적절한 집행, 감사보고서 발간을 통한 공공기관과 국민에 대한 정보제공 및 소통촉진"이라고 정의한 바 있다.

감사는 감사기준과 감사접근방법 등에 따라 다수의 유형으로 구분된다. 먼저 전통적 감사와 현대적 감사로 구분할 수 있는데 전통적 감사는 법적인 위반 여부를 중심으로 지적하는 합법성감사를 말하며 현대적 감사는 성과감사 등이 포함된 더욱 광범위한 의미가 있다. 또한 미국, 영국 등 선진국 감사원에서는 일반적으로 재무감사(financial audit)와 성과감사(performance or value for money audit)로 구분하고 있다. 재무감사는 법률 규정에 따라 정기적으로 수행되며 감사보고서 작성과 관련하여 일정한 요건과 제출기한을 명시하며, 성과감사는 법률에 근거가 있으나 수행 시기, 범위, 방법 등에서 재량권을 갖고 있다. 합법성만을 점검하기 위한 감사는 없으며 재무감사나 성과감사를 수행할 때 합법성에 대한 검토가 포함되고 있다.

세계감사원장회의 역시 감사 목적과 초점에 따라 합법성(compliance) 감사, 합규성(regularity) 감사 및 성과(performance) 감사로 구분하고 있다(INTOSAI, 2010). 또한 세계감사원장회의에 따르면 각국 감사원의 역할은 정부의 지출행위에 대한 감시자에서 정부기관이나 활동에 대한 성과를 평가하여 개선하기 위한 개선자 또는 컨설턴트로 그 역할이 변화되어 오고 있다.

그간 우리나라 감사원에서 실시해 온 감사는 사용한 감사명칭을 보면 정기감사, 수시감사, 일반감사, 특별감사, 계통감사[5], 종합감사, 특정감사, 성과감사 등 매우 다양하다. 그러나 이러한 감사명칭들은 모두 이전보다 차별화된 감사라는 것을 강조하기 위해 사용했던 수사학

---

4 1977년 10월 17~26일까지 10일간 페루의 리마에서 개최되었다.

5 1970년 이후 새로운 감사로 등장한 계통감사는 특정 업무를 선정하여 업무의 흐름에 따라 상급계획관서로부터 하급집행기관에 관련되는 모든 기관에 이르기까지 종합적·계통적으로 감사하는 감사를 말한다.

적 차이일 뿐 실제로는 모두 보다 분석적이고 종합적인 시각에서 이전과 다른 감사를 지칭하는 명칭이라는 점에서 동일하다. 이러한 감사명칭이 변화되어 가는 맥락에서 '성과감사'라는 용어가 등장하고 있다.

언론 등에서 자주 사용되는 '정책감사'라는 용어는 주요 정책이나 사업을 대상으로 경제성, 능률성, 효과성을 평가하고 개선대안을 제시하는 데 중점을 두는 감사를 말한다. 성과감사와 그 개념이 유사하여 큰 차이가 없으나 시대적 상황에 따라 정책의 목적 등 정치적 결정에 대한 평가를 감사의 직접적인 목적으로 한다는 오해를 불러일으킬 소지가 있어 효율성감사, 능률성감사, 정책감사, 성과감사 등으로 용어가 사용되어 왔다. 따라서 이론적으로 변화를 기준으로 할 때 의미가 있는 감사유형의 구분은 감사접근방법에서 분명하게 차이를 보이는 합법성감사와 성과감사라고 할 수 있다.

합법성감사와 성과감사는 〈표 5-1〉에서 보는 것처럼 감사대상, 감사기준, 감사준비기간, 감사결과, 감사증거, 감사전문성 등 감사접근방법에서 차이를 보이고 있다. 그러나 이러한 비교는 절대적인 것이라기보다는 상대적으로 중점을 어디에 두느냐에 따른 구분이다.

〈표 5-1〉 합법성감사와 성과감사의 감사접근방법 차이

구분	합법성감사	성과감사
감사대상	기관운영 · 집행중심	정책 · 사업, 제도 중심 (계획, 집행, 결과 전 과정)
감사기준	합법성	경제성, 효율성, 효과성
감사준비기간	단기간	장기간
감사결과	감사지적사항수가 많음	감사지적사항수가 적어짐
감사증거	관련 규정, 서류, 확인서(문답서) 중심	외국사례, 연구보고서, 전문가 의견, 설문조사결과 포함
감사전문성	법률지식, 회계지식 중심	조사방법론, 해당 분야에 대한 지식 중심

합법성감사는 상대적으로 기관과 조직에 대한 감사가 많으며 정책·사업을 감사하더라도 운영과정과 집행을 중심으로 하고 감사기준에서는 법규 위반 여부(합법성) 중심이며 상대적으로 감사지적사항이 많고 감사증거는 관련 규정, 서류, 확인서 중심이다. 반면 성과감사의 경우 경제성, 효율성, 효과성 등을 주된 감사기준으로 하고 장기간 감사준비 시간을 요하며 감사결과 지적사항이 줄게 되고 다양한 외국사례, 연구보고서, 전문가 의견, 설문조사결과 등이 모두 감사증거에 포함된다.

2. 변화에 관한 이론적 고찰

'변화'[6]는 분석의 수준은 다르지만 사회, 제도, 정책, 조직 등 모든 단위에 적용되는 용어다. 그간 행정학에서는 이러한 다양한 분석수준에서 변화들이 어떤 형태로 발생하며 왜 변화하는지에 관한 연구들이 이루어져 왔다. 변화가 왜 발생하고 있는지, 변화요인을 설명하는 이론들은 크게 외생적 변수를 강조한 이론(환경의 변화, 외부위기 등 촉발요인)과 내생적 변수를 강조한 이론(사회 내 이해관계집단 간의 상호작용, 관료정치모형 등)으로 구분된다.

외생적 변수를 강조하는 이론들은 분석단위는 다르지만 정치사회 등 외부환경의 변화나 갑작스러운 정치·경제·사회적 사건 등이 촉발요인(trigger-points)이 되어 변화가 발생하고 있다고 설명한다. Baumgartner와 Jones(2010)는 정책변동의 패턴을 점증적인 변화와 급격한 변화로 구분한다. 갑작스러운 정치·경제·사회·국제적 사건 등이

6 변화, 변동, 개혁, 혁신 등 개념에 대해 시간에 따른 차이를 설명하는 연구가 다양하게 진행되어 왔다.

발생하게 되면 기존의 정책은 문제제기를 만나게 되고 공공의제의 우선순위가 변하게 되면서 기존의 정책이나 예산에 급격한 변화가 발생하게 된다고 설명하고 있다. 정책은 정치체제의 변화 혹은 새로운 사업의 불가분성으로 인해 중대한 전환점이 발생하게 되면서 대폭적 정책변화가 요구된다는 것이다.

내생적 변수를 강조하는 이론들은 변화는 주어진 상황의 불확실성 등에 따라 단계적이면서도 소규모로 지속적으로 변화되고 있다고 보는 이론이다. 대표적인 이론은 정책의 점증적 변화를 이야기하는 Lindblom(1980)의 점증주의 이론이 있다. 정책의 점증적 변화는 제한된 합리성(bounded rationality)을 전제로 정책결정 과정에서 상황의 불확실성과 정보의 부재 및 수집비용, 환경의 제약에 대한 대안으로 의사결정자들이 불확실한 존재이기 때문에 현재 상황에서 단계적이면서도 소규모로 지속적인 증가를 통해 구축된다고 보았다.

내생적 변수를 강조하는 이론 중 조직의 변화요인을 조직 내 이해관계집단 간의 상호작용, 특히 각자의 이익의 극대화라고 보는 이론들이 있다. 이들 이론들은 합리적 선택모형으로 변화과정을 설명하는데 인간의 행동은 각자의 목적성취를 극대화하는 목적지향적인 성격을 갖는다는 가정을 하고 있다. Moon(1975)은 사회현상은 사회 속에서 상호작용을 하는 개인행동들의 결집이며, 따라서 사회현상을 이해하기 위해서는 인간의 동기, 사회성 및 합리성 등에 대한 가정이 반드시 필요하다고 한다. Moe(1989)는 이익집단, 대통령, 의회, 관료 등 다양한 정치행위자들이 각자의 이익에 도움이 되는 관료제 구조를 선택하는 과정에서 일어나고 있다고 본다. 즉 관료제 구조의 선택은 효율성과 효과성의 기술적 기준에 의해 이루어지지 않으며, 사익 기준하에서 참여자들 간의 상호작용과 타협에 의해서 이루어진다고 본다. Niskannen(1971)의 관료제 모형에 의하면 개인적 이득을 추구하는 관료들은 특권, 사회적 명성, 권한, 영향력 등에 관심을 가지며 예산극대화를 추구하게 된다고 설명한다. 이러한 변화이론들은 정부 내 조직의 변화과정에서 관료들의 이익, 이해관계를 중요한 변수로 보고 설명하고 있다.

감사원의 감사유형과 접근방법은 어떤 방향으로 변화했는지 그리고 왜 변화했는지 그 요인을 분석하기 위해 외생변수인 정치사회환경과 시기별 촉발요인들을 살펴보았다. 또한 내생변수인 기관장의 특성, 감사역량(감사인의 전문성 등) 등도 살펴보았다. 감사유형은 기존의 감사스타일과 업무의 편리성으로 인해 쉽게 변화할 수 없을 것이라는 가설을 가지고 외부의 요인에 의해 변화하는 모습을 보이더라도 종전의 감사유형과 접근방법으로 회귀하려는 경향을 보일 것이라고 보았다.

따라서 감사원 감사유형과 접근방법의 변화는 외생변수의 영향을 받지만 내생변수인 기관장의 의지와 특성, 감사역량의 변화에 따라 변화의 조직수용성이 결정되리라고 예상되었다. 또한 관료정치모형의 설명에서처럼 감사원의 이해관계가 이러한 변화에 중요한 역할을 했을 것으로 예상되었다.

3. 분석의 틀

시기별로 감사원 감사유형은 감사환경과 같은 외생변수의 영향을 받지만 내생변수(기관장, 감사역량)의 특성에 따라 변화에 대한 조직수용성이 결정되리라고 보고 주요 변화가 나타나는 시기별로 각각 외생변수와 내생변수를 분석했다(그림 5-1).

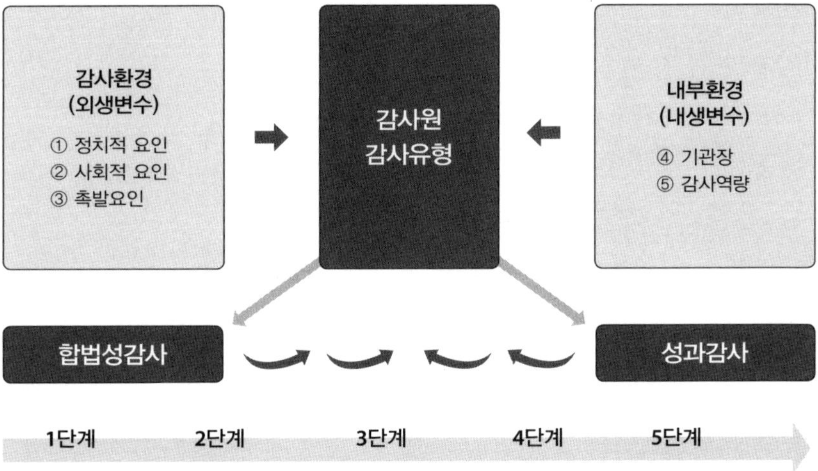

〈그림 5-1〉 분석의 틀

Ⅲ. 감사원 감사유형의 변화분석

1. 변화분석 결과

감사원의 모든 감사결과는 감사지적사항으로 나타난다. 감사유형의 변화는 감사결과 지적사항에도 변화를 가져왔다. 합법성감사에 중점을 두고 감사를 실시하는 경우 새로운 조사분석의 필요성이 적어 상대적으로 감사준비기간이 짧으나 많은 사항을 감사할 수 있고 법규위반 등의 개별 문제점을 지적하는 등으로 감사지적사항의 건수가 많아진다. 성과감사에 중점을 둘 경우 감사준비기간이 길어져 연간 감사사항 수는 줄어들게 되며 개별 문제보다는 문제의 원인 개선에 초점을 두게 되어 감사지적사항의 건수가 줄어들었다.

〈그림 5-2〉는 1963~2012년까지 연간 감사지적사항수의 변화를

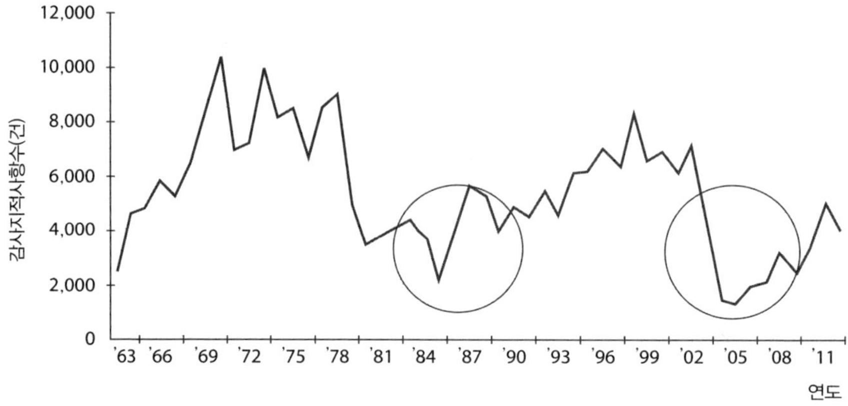

〈그림 5-2〉 시기별 감사지적사항수의 변화

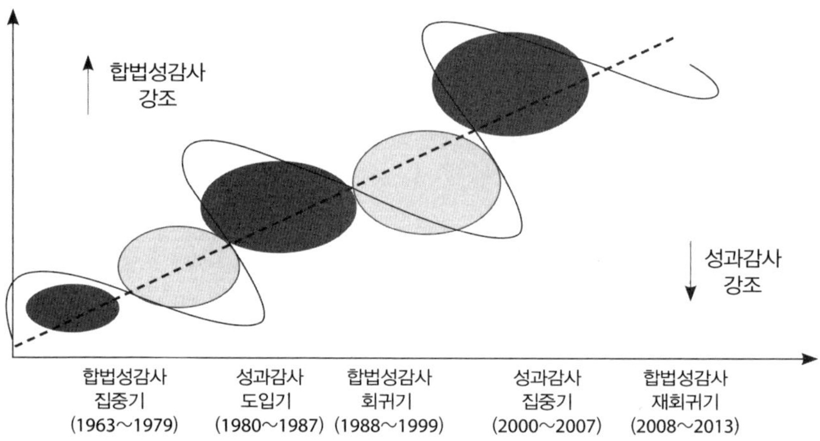

〈그림 5-3〉 시기별 감사유형과 접근방법의 변화

나타낸 것이다. 그래프에서 나타나는 것처럼 1980~1987년과 2002~2007년까지의 두 시기는 감사지적사항수가 눈에 띄게 감소하고 있다. 감사대상기관의 수와 감사인력은 계속 증가해 왔다는 점을 고려하면 이 시기에 감사지적사항수가 현격히 줄어든 것은 뚜렷한 감사유형과 접근방법의 변화 때문임을 알 수 있다.

이러한 변화의 결과를 좀 더 구체적으로 변화요인과 함께 분석하기 위해 1963~2013년까지 감사유형과 접근방법의 변화과정을 살펴본 결과 감사원 감사는 전체적으로는 합법성감사 중심에서 성과감사 중심으로의 변화를 추구해 온 것으로 나타났다. 그러나 〈그림 5-3〉의 그래프에서 나타나는 것처럼 시기에 따라 외부와 내부의 변화요인에 따라서 합법성감사와 성과감사로 반복 이동하여 시계추처럼 움직이는 모습을 보였으며, 이러한 변화는 크게 5단계로 구분할 수 있었다.

1단계는 '합법성감사 집중기'로 합법성감사에 집중하여 당시 우리 사회에 만연해 있던 부정부패를 척결하고 공직비리를 잡고 기강을 점검하는 것이 감사원의 시대적 소명이었던 1963~1979년까지의 시기가 해당한다. 이후 개방화에 따른 외국감사제도의 도입과 합법성감사의 부작용에 대한 사회적 반발 등으로 1980년 초부터 '정책감사'라는 개념이 처음 도입되어 이를 개념화하고 여러 방법론을 연구하여 감사에 도입하려고 노력해 온 1981~1987년까지가 '성과감사 도입기'인 2단계다. 그러나 다시 감사의 중심축이 공직의 부패와 비리를 줄이고 기강을 바로잡는 것으로 이동하여 합법성감사를 집중하게 된 '합법성감사 회귀기'가 1988~1999년까지의 3단계에 해당한다. 참여정부 이후 본격적으로 성과감사를 연구하고 감사에 적용했으며, 시스템감사라는 이름으로 감사방향이 획기적으로 전환된 2000~2007년까지가 '성과감사 중점기'인 4단계에 해당한다. 그리고 다시 법과 원칙 바로 세우기, 공직 기강 확립을 감사의 기본방향으로 설정하고 합법성감사를 강조해 온 2008~2012년까지가 '합법성감사 재회귀기'인 5단계에 해당한다.

다음에는 5단계별 변화내용과 변화요인 등을 알아보기 위해 단계별로 감사환경, 내부변화요인 등을 구체적으로 살펴보았다.

2. 1단계: 합법성감사 집중기(1963~1979)

1) 감사환경

(1) 정치 · 사회 환경

1단계 시기인 1963~1979년은 정치적으로는 제3·4공화국에 해당한다. 5·16군사정부로 출발한 제3공화국과 1972년 「유신헌법」으로 출범한 제4공화국 시기로 정치적으로 어려운 시대였다. 경제적으로는 1960년대 우리나라 1인당 국민소득은 79달러로 절대빈곤의 시대였으며, 전쟁 이후 피폐해진 국가를 재건하고 경제개발을 위해 노력하는 것이 시대적 당면과제였다. 이러한 상황에서 정부는 국가정책의 최우선 순위를 국가경제발전에 두면서 1964년부터 경제개발 5개년계획을 시행했다. 한편 경제개발이라는 명분 아래 법규로부터의 일탈 등 관료제의 부패가 만연했고 빈익빈 부익부 현상이 가속화되었다. 이러한 상황에서 와우아파트 붕괴사고[7]와 동빙고동 호화주택사건[8] 등이 연이어 터지면서

---

7 1970년 4월 8일 서울 마포구 창전동 와우지구 시민아파트 15동 건물 전체가 붕괴, 33명이 사망하고 39명이 중경상을 입은 사건. 1969년 12월 26일에 준공한 후 불과 4개월 만에 일어난 이 붕괴사고는 조사결과 아파트의 받침기둥에 철근을 제대로 쓰지 않아 기둥이 건물의 무게를 지탱하지 못한 때문으로 밝혀졌고, 아파트 부실공사에 대한 인책 문제가 국회에까지 비화되어 서울시장 김현옥이 물러나는 사태까지 빚었다. 이 사고를 계기로 경찰은 전국 697개 아파트에 대한 안전도 검사에 나섰는데, 85동이 날림공사였음이 밝혀져 한때 아파트 기피현상이 빚어지기도 했다(한국사사전편찬회, 『한국근현대사사전』, 1990, 가람기획).

8 1969년 12월에는 고급주택들이 모여 있는 동빙고동의 일명 '도둑촌'에 대한 보고를 받은 박정희 대통령이 심야에 서울시장과 당직 경호원만 대동하고 현장을 기습 시찰했고, 실제로 집권 공화당의 고위 인사를 포함한 K그룹 김 회장의 집안에서 에스컬레이터와 실내 수영장 등을 확인했다. 그리고 수입 대리석으로 꾸며진 바닥과 화려한 주방 등은 대통령도 처음 목격한 것으로, 12월 30일까지 호화주택 소유자들을 조사하여 보고하라는 엄명을 내린 사건으로 그 후 동빙고동 호화주택들은 도둑놈촌으로 불리게 되었다.

공직사회기강의 해이가 사회문제로 대두되기도 했다(감사원, 2008).

감사원은 이 시기인 1963년 3월에 설립되었다. 회계감사와 직무감찰의 양 기능을 통합하여 보다 강화된 감찰기구로서의 감사원은 국정의 최우선 목표였던 경제개발을 적극적으로 지원하는 데 방향을 맞추어 감사를 실시했다. 이러한 사회 분위기 속에서 당시 박정희 대통령이 공직사회 부정부패를 일소하기 위해 1970년 7월 28일 이주일 감사원장에게 친서를 보내어 먼저 감사원 직원의 기강부터 바로잡도록 촉구한 것을 보면, 부정부패가 사회 내 모든 부문에서 만연해 있었음을 알 수 있다(감사원, 2008).

(2) 촉발요인

합법적인 정치적 정당성을 부여받지 못한 정권과 경제발전과 성장에 치중하여 목적달성에만 치중하던 사회 분위기, 만연해 있던 정부와 공공부문의 부패상황 그리고 역설적으로 국민의 지지를 얻어야 했던 정치상황이 감사원이 합법성감사를 집중하게 하는 요인으로 작용했다. 공무원의 부정과 비리를 적발하는 유일한 기관이었던 감사원의 역할이 중요하게 제기되었으며, 이를 위해 감사원 스스로 정화 노력과 자체 기강확립이 당면과제가 되었다.

2) 조직내부환경

(1) 기관장

이원엽 초대 감사원장(1963. 3~6)은 3개월 만에 국가재건최고회의 위원으로 복귀하고 1963년 7월 12일 한신 육군소장이 2대 감사원장에 임명되었으나 역시 5개월 만인 그해 12월 16일에 현역으로 복귀하는 등 재직기간이 짧아 크게 영향을 미치지 못했을 것으로 보인다.

그러나 3대 감사원장으로 1964년 2월 19일 취임한 이주일 감사원장은 1971년 7월까지 약 7년간 재직했다. 이주일 감사원장은 당시 시대적 상황이 요구하는 부정 등의 비위를 적발하여 공무원에 대한 기강을 쇄신하고 정부의 경제개발계획을 지원하는 데 감사기본방향을 두었다(감사원, 1965).

4대 감사원장으로 취임한 이석제 감사원장(1971. 7~1976. 7)은 전임 감사원장들과는 다른 리더십을 보여 주었다. 같은 군인 출신이지만 총무처장관을 지낸 행정경험이 있는 이석제 감사원장은 공직사회 기강확립에 감사원 스스로 기강확립이 가장 중요하다고 보고 대대적인 감사원 구조조정을 실행했다. 이석제 감사원장이 1971년 7월 31일 임명되어 취임한 직후인 8월 3일에는 사무총장이, 8월 16일에는 감사위원 6명 전원이 경질되었다. 또한 8월 18일 자로 직제를 개정하여 3급 을류(현재 5급) 이상의 상위직 정원 65명을 줄이고[9] 8월 21일 사무차장을 경질하는 등 감사원 발족 이래 최대 규모의 인사개편을 단행했다(감사원, 2008). 이는 감사원 내 비리소지가 있는 감사관들을 약 3분의 1 수준으로 감축하는 것으로, 원내 자정노력으로써 대외적으로 감사원의 신뢰도를 향상시키고 이를 바탕으로 공직사회 비리공무원을 적발, 처벌하는 정당성을 확보하기 위한 것이었다.

감사원의 합법성감사는 이석제 감사원장의 감사원 기강확립 이후 최고조에 달했다. 이러한 합법성감사 기조는 총무처 차관 출신이고 이석제 감사원장 시절 사무총장이었던 7대 감사원장인 신두영 감사원장 시절(1976. 9. 22~1980. 9. 1)에도 계속되었다.

---

9 감사원에 전해 내려오는 이야기로는 비리소지가 있는 감사관들을 구조조정하기 위해 감사관 전원을 건물 옥상에 집합시키고 스스로 비리가 있다고 생각하는 직원들의 자진 사표를 받아내었다고 한다.

(2) 감사역량

1963년 감사원 설립 당시 정원은 486명이었으며, 이 중 일반직 공무원은 368명이었다.[10] 1978년까지 17차례에 걸친 정원조정으로 총 177명이 증가하여 663명이 되었다.

인력채용 면에서 1971년 이석제 감사원장부터 감사직 4급 을류(현재 7급)에 해당하는 감사관을 공무원 공개채용시험을 통해 인력을 채용하게 되었으며, 그 후 감사직 직원은 대부분 이 시험을 통해 충원했다.[11] 1974년부터는 체신부와 국세청에서 근무하고 있던 공인회계사 자격증을 소지한 공무원 5명을 전입 받았다. 그러나 대부분 사직하거나 국세청으로 다시 전출하는 등 적응이 어려웠다. 1975년 이후에도 타 부처로부터 전입을 계속 받았고, 1977년에는 사관학교 출신 5급 특별채용공무원 전입이 시작되었다.[12] 또한 1965년 6월에 세계감사원장회의에 가입하여 직원을 파견하면서 국제사회에서 논의되는 동향에도 관심을 두게 되었다.

3) 변화의 주요 내용

이 시기는 합법성감사 집중기로 공무원에 대한 위법·부당 사항의 지적과 징계 건수가 계속 증가하던 시기였다. 이 시기 감사원의 지적건수는 평균 6천 건에서 8천 건에 달했고, 1970년에는 10,532건(징계 549명)으로 계속 증가했으며, 특히 징계 및 문책 건수는 급격하게 증가했다.

---

10 1급 1명, 2급 갑 5명, 2급 을 8명, 3급 갑 57명, 3급 을 101명, 4급 갑 72명, 4급 을 62명, 5급 갑 42명, 5급 을 20명으로 구성.

11 1971년 46명, 1972년 88명, 1977년 35명, 1978년 47명, 1980년 46명.

12 타 부처 전입: 1975년 6명, 1976년 3명, 1977년 2명.

〈표 5-2〉 1963~1970년까지 감사원 지적사항 등

연도	감사실시기관	지적사항수	징계	고발	개선
1963	–	2,601	165	–	27
1964	474	4,658	103	1	41
1965	532	4,874	206	53	40
1966	606	5,811	211	27	70
1967	391	5,317	169	13	65
1968	397	6,597	196	8	165
1969	467	8,283	301	18	170
1970	355	10,532	549	57	109

출처: 감사원, 『감찰연보(1965~1970)』 등을 참고하여 작성.

이러한 합법성감사 중심기조는 1978년까지 계속되었으나 위법·부당 사항을 바라보는 감사원의 시각과 지적 목적은 1971년 이석제 감사원장 전후를 기점으로 확연히 달라졌음을 알 수 있다. 다음은 감사원의 감사결과 적출된 위법·부당 사항의 증가원인을 분석한 대목이다.

"… 1963년도 총 2,601건으로 징계 165명에 불과했으나 1970년도에 총 10,505건 징계인원 549명에 달해 63~70년까지 매년 평균건수 24.4%씩 증가해 왔다. 위법·부당 사항이 매년 증가되고 있음은 정부가 근대화를 이룩하기 위하여 양차에 걸친 5개년 경제개발계획을 수행하는 등으로 행정 기능 및 재정규모의 급격한 팽창을 가져와 여러 부문에 걸쳐 전문화, 과학화의 새로운 질서가 요청되었으나 이에 종사하는 관계실무자들의 충원부진과 기술 연구 및 훈련의 미흡으로 회계 및 행정질서의 확립이 따르지 못했고 계속되는 처우개선에도 불구하고 생활급에 따르지 못하는 급여로 인하여 일부 공무원이 국가적 사명감을 흐리게 된 데 기인된 것이다…."(감사원, 1970)

공무원 위법사항의 증가 원인을 팽창하는 행정업무에 비하여 인원부족, 교육훈련 등 제도의 미흡, 불충분한 처우 및 부족한 급여수준으로 보고 있으며, 잘못된 문제의 원인을 공무원 개인보다는 우리나라 행정수준과 제도적인 문제로 보고 있다는 것을 알 수 있다. 이후 감사원 자체 구조조정으로 1971년에 주춤하던 감사원 지적사항과 징계인원이 다시 급격하게 증가했다. 1973년에는 전체 지적사항수가 1만 건이 넘었으며 1976년에는 연 징계인원이 1천 명을 넘었다. 그러나 공직자의 비리발생 원인에 대한 시각은 이전과 완전히 달라져 있음을 알 수 있다.

1971년 『감찰연보』에서는 "… 종사하는 관계 공무원들의 정신적인 자세 면에서도 맡은 바 임무를 수행함에 있어 정열을 가지고 성의를 다하여 책임 있는 행정집행을 하지 못하고 소극적인 업무처리와 일부 공무원들이 직무를 태만히 한 데 기인된 것 …"으로, 공무원 개개인의 소극적인 정신자세와 업무행태에 원인을 돌리고 있음을 알 수 있다.

〈표 5-3〉 1971~1979년까지 감사원 지적사항 등

연도	감사실시기관	지적사항수	징계(인원)	고발(인원)	개선
1971	269	7,017	195	125	54
1972	720	7,207	1,037	202	99
1973	1,218	10,010	583	60	113
1974	712	8,220	421	13	140
1975	783	8,551	903	117	293
1976	1,094	6,691	1,088	471	171
1977	2,681	8,626	453	6	12
1978	2,019	9,158	921	13	16
1979	3,304	4,867	708	14	19

출처: 감사원, 『감찰연보(1971, 1972)』, 『감사연보(1973~1979)』.

1971년 서정쇄신의 일환으로 전체 공무원의 기강확립과 부정부패 척결이라는 당면 과제를 감사원이 수행하고 있었음과 잘못된 문제발생 시 공무원 개인에게 책임을 묻는 감사결과가 많았으리라는 것을 예상할 수 있다. 1963~1971년까지 연평균 징계인원이 237명인 데 반하여 1971~1979년까지 연평균 징계인원이 701명으로 약 3배가량 증가한 것은 합법성감사 범위 내에서도 보다 공무원 개인의 잘못을 규명하려는 방향으로 감사가 변화된 데 기인하고 있다. 감사원의 집중적인 비리척결로의 변화는 사회 내 만연해 있는 부정과 부패에 대한 정권과 국민들의 감사원에 대한 기대와 이 시기 취임한 이석제 감사원장의 리더십 그리고 감사원의 자체 구조조정을 통한 신뢰성 확보 등이 주된 변화요인인 것으로 보인다.

감사원의 계속 강화·집중되었던 합법성감사는 1978년 2월 15일부터 4월 22일까지 직원 300여 명을 동원하여 집중적으로 실시한 '농협고구마 수매실태' 감사에서 전라남도 등 4개 농협지부의 80억 원 횡령사실을 적발하고 659명을 징계하는 등 절정을 보였다. 고구마 수매감사는 1976년 전남 함평군에서 풍년이 든 고구마를 농협에서 약속대로 수매하지 않아 대부분이 썩어 가는 상황에서 고구마피해보상을 위한 단식농성 등으로 상황이 악화되어 이를 감사원에서 감사한 것이었다. 그러나 농협조직의 비리를 원천적으로 파헤치려는 감사원의 노력은 일부에서는 한정된 감사인력을 특정기관에 투입한 무리한 표적감사 그리고 지나치게 가혹한 감사라는 오명[13]을 쓰게 되면서 합법성감사가 주춤하게 되는 계기가 되었다.

---

13 동아일보(1978. 2. 21),「가혹한 감사원 감사」.
"… 지난 14일부터 전남 함평군 농협산하 단위조합에 대한 감사를 펴고 있는 감사원 감사반은 일부 관계 직원들을 사무실 콘크리트 바닥에 무릎을 꿇려 놓고 목을 조르고 발길질을 하는 등 가혹행위를 하면서 자백을 강요하고 있다 하여 말썽을 빚고 있다. …"

3. 2단계: 성과감사 도입기(1980~1987)

1) 감사환경

(1) 정치 · 사회 환경

2단계에 해당하는 시기의 정치환경은 1980년 9월 1일 전두환 대통령이 취임하여 정당성을 결여한 정권의 장기집권과 국민들의 민주화 열망 등이 표출되는 등 정치적인 불안이 계속되었다. 정치민주화에 대한 열망은 국민들의 정치부문을 포함한 행정부에 대한 불신과 부정적 분위기로 확산되었고, 한편으로 정권차원에서는 공직사회를 친정권화하여야 할 필요성 등으로 기존 감사접근방법의 변화가 필요하게 되었다.

이러한 감사접근방법의 변화 필요성은 1986년 청와대 업무보고에서 전두환 대통령이 직접 정책감사에 역점을 두라고 지시[14]한 것에서 나타나고 있다.

> "… 전두환 대통령은 12일 청와대에서 감사원의 업무계획을 보고받고 정부의 감사활동은 단순한 직무감사에 그쳐서는 안 되며 국가발전을 위한 올바른 정책방향을 제시하고 통치이념의 구현을 확인 점검하는 정책감사에 역점을 두라고 지시했다. 전 대통령은 감사활동은 공직자를 비롯한 국민의 의식구조의 선진화를 유도하는 차원에서 전개해야 한다. 감사업무는 수사활동과는 다른 것인 만큼 고압적인 태도를 가져서는 안 되며 예방과 지도에 힘쓰라고 지시했다. …"

14 경향신문(1986. 3. 13).

사회환경 면에서 1980년 이후에는 평균 경제성장률이 7% 이상으로, 경제적으로 발전을 거듭했으며 1986년에는 최초로 국제무역수지 흑자를 달성했다. 이후 3년 연속 경제성장률 10%를 기록했으며 정부와 공공부문의 팽창이 가속화되었다. 또한 대외개방화로 인하여 국제교류가 활발해졌다. 1983년에는 해외여행이 자유화되었으며, 1986년에는 아시아경기대회가 개최되었고, 1988년에는 서울올림픽을 유치하는 등 많은 성과를 거두었다.

(2) 촉발요인

1960, 1970년대와는 다르지만 1980년대도 정부와 공공부문의 부정부패는 사회 내에서 계속 중요한 이슈를 차지하고 있었음에도 감사원이 성과감사로 시각을 전환하기 위해 노력하게 된 것은 그 변화요인이 무엇이었는지 궁금증이 생기게 한다.

먼저 1978년 '고구마 수매' 감사에서 나타났듯이 그동안 감사대상기관에 내재되어 있던 감사원의 합법성감사에 대한 불만과 부작용이 표면화되는 계기가 되었다. 1971년 감사원 자체 대대적인 구조조정을 통한 기강확립 이후 정부와 공공부문에 대한 위법·부당 사항을 적발하고 공직기강을 확립하려는 합법성감사가 집중되었으나 지나친 공무원 개인의 비리중심 감사접근방법에 대한 반작용으로 변화가 필요했다. 다른 한편으로는 합법적 정당성을 결여한 정권이 공직사회를 친정권화하는 과정에서 감사원의 감사로 인한 불만들을 해소해야 했다.

이 시기 성과감사로 시각을 전환하게 된 또 다른 요인으로는 개방화 등으로 적극적으로 소개되기 시작한 외국 감사이론과 제도 등이었다. 특히 1982년 4월 우리나라 감사원이 주최하여 서울에서 제2차 아시아감사회의(ASOSAI) 총회가 개최되었다.[15] 총회 의제는 국가발전에 있어서 감사원의 새로운 역할 모색 등 6개 주제로 세미나가 열렸으며, 감사의 방향은 정보화 사회에 발맞추어 전통적인 재정감사와 적법성감사뿐만 아니라 사업의 능률성과 성과를 확보하기 위한 경제성·능률성·효과성 감사에도 중점을 두어야 한다는 데 의견을 같이했다. 서울총회를 계기로 대학교수 등 외부 전문가들도 감사원 감사가 전통적인 영역에서 벗어나 새로운 감사유형과 접근방법이 필요하다는 의견을 모았다. 이러한 대·내외적 촉발요인들은 감사원 스스로 감사유형과 접근방법의 변화를 모색하는 결정적 계기가 되었다.

2) 조직내부환경

(1) 기관장

이 시기 감사원장은 모두 3명이었으며, 법학자 출신 이한기 감사원장(1980. 9~1982. 9)과 정희택 감사원장[16](1982. 9~1984. 4), 군인 출신 황영시 감사원장(1984. 6~1988. 7)이었다. 정희택 감사원장은 감사원 운영방침에서 '공직사회 정화의 지속적 추진, 주요시책의 성과확보, 행정 및 예산의 효율성 제고'를 감사방향으로 제시하며 효율성감사 개념을 처음으로 제기했으며, 황영시 감사원장 취임 이후 1984년 『감사연보』에서 처음으로 '정책감사' 용어가 감사원 운영방침으로 사용되었다.

그러나 이러한 성과감사로의 변화는 감사원장의 리더십에 따른 변화라기보다는 국민의 민주화 열망 속에서 전통적이고 권위적인 감사유형의 변화 필요성, 이 시기 적극적으로 소개되는 외국감사제도 등이 주요 요인이었다고 보인다.

---

15 1982년 4월 11~18일까지 8일간에 걸쳐 개최되었으며, 회원국 17개국 중 12개국이 참가하고 대표 85명이 참가했다.

16 정희택 감사원장은 검사 출신으로 법조인이었으나 11대 국회의원과 방송위원회 위원장 등 다양한 경력을 갖고 있었다.

(2) 감사역량

이 시기에 감사원 최초로 1981년부터 5급 공채 출신이 전입되었다. 1981~1988년까지 전입인원은 총 67명으로 이 중 5급 공채 전입은 40명, 사관학교 특채 전입 27명이었다. 중간간부로 전입된 감사관들은 전통적인 감사기법에 숙련된 인력이 아니어서 새로운 감사유형과 접근방법의 변화에 상대적으로 수용성이 높은 집단이 될 수 있었다.

또한 1980년 이전에는 해외파견 교육인원이 연간 1~3명이었지만 ASOSAI 서울총회를 계기로 1982년부터 10여 명 이상으로 늘어났다.[17] 당시 해외교육 인원들은 선진국의 감사제도를 훈련받은 후 돌아와 대부분 새로운 감사유형으로 성과감사의 필요성을 전파했다. 한편 1981년부터 매년 정기적으로 외부 전문가들로 구성된 정책자문위원회를 개최하여 역점감사 등 실시과정에서 자문했다.

3) 변화의 주요 내용

1980년 초 효율성감사 등의 용어가 도입되고, 1984년부터 정책감사를 감사원 운영 기본방침으로 설정했다. 이에 따라 정책감사를 위한 감사능력의 제고, 피감사기관의 자체통제 촉구, 감사의 부작용 배제와 사전예방 기능을 강조했다.

1982년 ASOSAI를 주관하면서 감사원도 성과에 초점을 맞춘 감사를 함으로써 경제·사회 발전에 적극적으로 기여할 수 있어야 한다는 점을 인식하게 되었고, 이때부터 현재 성과감사와 유사한 효율성 감사, 정책감사 등에 관심을 기울이기 시작했다. 합법성감사를 줄이기 시작하면서 감사지적사항수는 1단계에 비해 절반가량으로 줄었으며, 징계

17 1981년 3명, 1982년 13명, 1983년 17명, 1984년 15명, 1985년 13명, 1986년 12명, 1987년 15명.

〈표 5-4〉 1980~1987년까지 감사원 지적사항 등

연도	감사실시기관	지적사항수	징계(인원)	고발(인원)	개선
1980	772	3,545	371	9	16
1981	1,785	3,805	71	30	177
1982	1,044	4,118	240	63	166
1983	1,001	4,402	398	121	104
1984	1,254	3,755	340	77	101
1985	1,269	2,165	178	53	102
1986	1,847	3,743	124	19	43
1987	1,496	5,654	140	9	180

출처: 감사원, 『감사연보(1980~1987)』.

인원은 3분의 1 이상 줄었다.

감사지적사항과 징계건수가 크게 줄어든 것은 이 기간에 새로이 도입된 감사접근방법이 그 원인으로 작용했다. 시도된 새로운 감사 방법 및 기법으로는 역점감사, 총괄감사, 전문감사, 교체감사, 공개감사와 설문감사기법, 비교감사기법, 사전예고제 등이 있었다. 이중 역점감사는 주요 특정사항에 대해 연구전담자를 지정하여 계획수립에서부터 집행에 이르기까지 업무추진실태를 종합적으로 분석하고 제반 문제점에 대한 근본적인 개선방안을 마련하는 것을 목적으로 하는 감사다.

1981년에 '세무공무원의 비리해소방안' 등 18개 사항을 역점감사 과제로 선정하고 1984년까지 모두 52개 사항에 대해 역점감사를 실시했다.[18] 역점감사사항의 감사제목을 보면 종래의 감사제목이 "~운영실태", "~관리실태", "~집행실태", "~추진실태"로 집행과정에 중점을

18 1981년 18개, 1982년 11개, 1983년 10개, 1984년 11개 사항.

둔 반면에 세무공무원의 비리해소방안, 수출지원금융 융자절차 간소화 방안, 농업기계화사업 개선방안 등으로 대부분 "~개선방안", "~효율성 관리방안"으로 감사중점이 문제점의 해결을 위한 제도개선사항으로 변화하고 있음을 알 수 있다. 감사결과 보고처리제도도 개선되어 감사결과 적출사항을 건별로 처리에서 대상기관 업무 전반에 대한 종합평가를 보고서에 포함하려는 시도가 계속되었다.

1984년부터 감사원이 감사실무에서 정책감사를 도입 실시한 이래 학계나 관계의 높은 관심과 행정환경변화에 따른 정책감사로의 감사방향 전환의 불가피성에도 불구하고 정책감사의 개념이나 대상, 범위, 기법에 관한 학계나 실무상 이론이 정립되어 있지 못했다(김명수·박준, 1995). 특히 1987년 「헌법」 개정에 따라 국회의 국정감사가 부활되면서 감사원에서는 의식적으로 감사대상기관과 논쟁의 소지가 많은 정책감사는 거의 실시하지 않고 다시 정책집행의 효율성에 초점을 두었다.

4. 3단계: 합법성감사 회귀기(1988~1999)

1) 감사환경

(1) 정치 · 사회 환경

3단계 시기는 국민의 직접선거를 통해 정치적 정당성을 확보한 노태우 대통령의 제6공화국(1988~1993), 이어서 최초의 문민정부(1994~1998)를 기록한 김영삼 대통령에 이어 1997년 외환위기로 경제적 위기상황에서 출범했지만 정치적으로는 처음으로 야당에서 대통령으로 당선된 김대중 대통령 국민의 정부 시기였다. 오랜 국민의 열망이던 정치민주화가 실현되던 시기였고 1995년에는 지방자치제도가 도입되었다. 이 시기의 키워드는 민주화와 세계화로 집약된다. 1987년 '6·29민주화

선언' 이후 민주화의 물결이 6공화국을 출범시켰고, 의회는 권한과 독립성이 크게 강화되었으며, 사회의 전반적 민주화의 진전으로 정당 및 노조를 비롯한 다양한 이익집단과 시민사회가 활성화되었다.

1993년 출범한 문민정부는 신한국 건설의 기치 아래 군부의 탈정치화, 고강도의 사정, 공직자의 재산공개, 금융실명제의 도입 등 일련의 개혁조치를 강도 높게 수행했다. 3당 통합을 통한 보수연합으로 출발 개혁의 방향과 한계가 주어졌다. 경제적으로는 경제성장세에 있었으나 사회적으로 김영삼 정부 시절은 1994년 10월 성수대교 붕괴사고, 1995년 6월 삼풍백화점 붕괴사고 등 거듭된 대형 사건 · 사고 발생으로 사회혼란이 거듭되던 시기였다. 또한 김영삼 정부 말에 1997년 외환위기를 맞아 국가적 위기상황이 발생했다. 대규모 실업이 발생했으며 사회 각 부문의 구조조정이 추진되어 고용 등 사회불안이 가속화되었다.

(2) 촉발요인

1984년부터 정책감사라는 용어가 도입되면서 다양한 노력이 시도되었다. 그러나 한편으로는 여전히 사회 내 부정부패에 대한 부정적 인식과 감사원의 공직비리적발 기능에 대한 기대, 감사원 내부의 정책감사에 대한 수용성 부족 등으로 발전되지 못하다가, 1987년 국정감사 부활로 감사원 정책감사는 위기를 맞았다. 또한 연이은 사회의 대형사고와 참사들이 사회 내 온갖 부정과 비리의 결과라는 인식과 분위기가 감사원 감사유형을 다시 합법성감사로 회귀하게 하는 계기가 되었다.

2) 조직내부환경

(1) 기관장

이 시기 감사원장은 5명으로 모두 법조인 출신이었다. 1988년 취임한 김영준 감사원장 이후 '정책감사' 용어가 감사원 운영방침 등에서 사라지게 되며 '기동점검활동'이 강화되었다. 또한 이회창 감사원장은 1993년 2~12월까지 약 10개월간 재임했으나 분명한 감사원칙과 리더십으로 감사원에 많은 변화를 가져왔다. 이회창 감사원장은 취임 직후 직무감찰의 강화, 부정부패의 발본색원, 우선 척결대상 분야에 대한 심층감사 실시를 감사원 운영방침으로 정하고, 감사사각을 해소하고 성역 없는 감사를 실시하고 이를 위해 그간 감사대상에서 제외되었던 대통령비서실과 경호실을 처음으로 감사했다.

이회창 감사원장이 국무총리에 취임하면서 1993년 12월 이시윤 감사원장이 취임했다. 이시윤 감사원장 시절에는 사회적으로 대형사고가 잦았다. 이 감사원장은 1994년을 부실공사방지 원년의 해로 선포하고 부실공사 근절을 위해 강도 높은 감사를 실시했다. 이를 위해 전 중앙행정기관의 자체감사요원, 국세청 및 지방자치단체 소속 공무원 등과 합동으로 구성된 감사원-정부 합동특별감사팀을 편성하여 전국 259개 시군구의 지방세 수납실태에 대한 대대적 특별감사를 실시했다.

1998년 김대중 정부 출범과 함께 취임한 한승헌 감사원장 역시 법조인 출신이며, 1999년 취임한 이종남 감사원장도 법조인 출신이었다. 이종남 감사원장의 경우에는 공인회계사 경력을 갖고 있었다.

(2) 감사역량

1988년 감사원 정원은 708명이었으나 1997년에는 822명으로 감사인력은 모두 114명이 증가했다. 인력구성을 살펴보면 1986년 변호사 채용을 시작으로 자격증 전문가에 대한 특채가 확대되어 1993년 기준으로 공인회계사 11명, 변호사 1명, 세무사 8명, 기술사 9명이었으며, 1997년에는 공인회계사 24명, 변호사 6명, 세무사 8명, 기술사 12명으로 확대되었다. 또한 1990년 기준으로 학위소지자 현황을 보면 박사 25명(5%), 석사 129명(26%)에 달했다. 대졸 이상 인력의 전공분야는 1990년 기준으로 보면 인문 29명(7%), 법정 140명(34%), 상경 102명(25%), 이공 75명(18%), 기타 59명(15%)으로 나타나고 있다.[19]

3) 변화의 주요 내용

1987년 국회의 국정감사가 다시 도입되면서 감사원의 정책감사는 국회와 중복이라는 시각이 있었고 또한 정책이 감사의 대상인가 하는 논의가 제기되기도 했다. 이에 1988년 취임한 김영준 감사원장은 공직기강의 확립과 기동점검활동의 강화를 감사원 운영방침으로 정했으며 감사의 종류는 정기감사와 특별감사(기동점검 포함)로 구분되었다.

1993년은 감사원에 큰 변화가 있었던 시기였다. 이회창 감사원장이 2월 25일 취임하여 12월 15일 이임할 때까지 약 10개월 동안 감사원의 감사대상을 넓혀 종전에 감사대상에서 제외되어 왔던 대통령 비서실과 경호실에 대한 감사를 실시했으며, 군 전력증강사업 및 평화의 댐 건설사업 등에 대한 성역 없는 감사를 실시하는 한편 세무, 금융, 공사 및 인허가 규제단속 등 취약분야에 대한 감사를 강화하여 국민을 괴롭히는 각종 부조리를 척결하는 데 중점을 두었다. 또한 대국민과의 관계강화를 위해 민원신고센터와 감사원 188신고센터를 설치하여 민의를 적극적으로 수렴하고 기자실을 설치하여 감사활동 공개를 시작했다.

합법성감사 기조로 회귀한 감사원 감사지적사항은 다시 증가세로 돌아섰다. 1985년에 연간 지적사항이 2,615건에서 1988년부터 다시 5,362건으로 2배 증가했고, 이러한 경향은 계속되어 1996년 7,080건, 1998년 8,369건으로 1단계 합법성감사 집중기와 거의 비슷한 수준이

19 비율은 당시 감사직 인원을 기준으로 작성된 것이며, 감사원 내부 자료를 인용한 것이다.

〈표 5-5〉 1988~1999년까지 감사원 지적사항 등

연도	감사실시기관	지적사항수	징계(인원)	고발(인원)	개선
1988	778+	5,362	322	58	289
1989	1,635	4,019	499	167	149
1990	1,537	4,884	609	221	82
1991	1,708	4,528	341	46	59
1992	1,451	5,488	399	122	31
1993	137	4,646	458	56	27
1994	200	6,218	516	329	5
1995	161	6,224	595	54	21
1996	179	7,080	506	252	9
1997	181	6,449	770	356	11
1998	136	8,369	979	111	20
1999	244	6,624	868	106	14

출처: 감사원, 『감사연보(1988~1999)』.

〈표 5-6〉 1993~1999년까지 감사실시현황

연도	정기감사(기관수)	성과감사(사항수)	특정감사(사항수) (기동감사 포함)
1993	137	52	34
1994	200	67	25
1995	161	51	36
1996	179	14	77
1997	181	8	90
1998	180	6	101
1999	170	6	110

출처: 감사원, 『감사연보(1993~1999)』.

되었다.

김영준 감사원장 시기는 감사를 정기감사와 특별감사로 구분 실시했으나 1993년에는 일반감사와 기관종합감사, 계통감사, 특정감사로 다시 세부화되었고 1994년 이후에는 일반감사와 성과감사, 특정감사로 각각 구분하여 실시했다. 감사원의 성과감사에 대한 계속된 기대 등으로 감사유형에 포함하여 많은 사항은 아니지만 감사를 계속 실시해 왔으며, 세 가지 감사유형으로의 분류는 지금까지도 계속되고 있다.

5. 4단계: 성과감사 집중기(2000~2007)

1) 감사환경

(1) 정치 · 사회 환경

이 시기는 국민의 정부 후반과 2002년 출범한 참여정부 5년간의 시기였다. 국민의 정부가 출범했던 1998년은 역사상 최초의 정권교체였으나 IMF 위기로 경제난 극복이 다른 어떤 것보다도 우선시되던 시기여서 사회 내 다양한 불만과 갈등이 비교적 잠재워져 있던 시기였으나 참여정부는 변화에 대한 욕구가 너무 다양하게 표출되던 시기였다. 같은 진보성향의 정부였지만 김대중 정부가 IMF라는 위기를 맞아 진보적인 정책을 추진하지 못했지만, 노무현 정부는 참여민주주의, 국가균형발전, 정부혁신, 동반성장론 등을 주된 정부목표로 제시하여 보수성향의 정권과는 차별화된 정책들을 추진했다.

참여정부 기간 사회 내 다양한 목소리가 노출되면서 세대 간, 집단 간, 이념 간 갈등이 더욱 깊어졌다. 정부는 그 가운데서 무엇보다 성과를 중심으로 한 정부혁신을 강조했고 사회 내에서 성과를 평가해 주는 기능을 담당할 기관이 필요하게 되었다(박광국 외, 2006).

(2) 촉발요인

1998년 IMF 경제위기는 우리 사회 전반에 많은 영향을 미쳤다. 감사원은 경제위기의 법적 책임에 대해 감사를 했으나 정부와 공공부문을 감사하면서 경제위기를 사전에 예측하지 못했다는 비난을 받았고 이를 반성하게 되었다.

참여정부가 출범한 2003년에는 연초부터 감사원 권한과 기능의 국회이관이 정치권에서 주요 의제로 논의되었다. 노무현 대통령은 2002년 대통령 선거 당시 감사원 권한과 기능의 국회이관을 공약으로 제시한 후 2003년 3월 21일 박관용 국회의장 등 여야지도부와의 회동 시 감사원 회계검사 기능의 국회이관을 언급했고, 4월 2일 국회 국정연설에서는 감사원의 회계검사 기능을 국회로 이양하여 국회의 감사역량을 개선하고 행정의 투명성을 제고할 것을 발표했다. 또한 고려대 행정학과 윤성식 교수를 제19대 감사원장 후보로 국회에 임명동의 요청했다. 이때 처음으로 도입된 감사원장 후보자에 대한 인사청문회가 9월 24일 열렸고, 9월 26일 총투표 229표 중 가 87표(부 136표, 기권무효 6표)로 부결되었다. 안정된 조직으로 특별한 변화과정을 겪지 못한 감사원에게 당시 제반의 상황은 변화에 대한 촉발요인으로 작용했다.

2) 조직내부환경

(1) 기관장

법조인 출신인 이종남 감사원장은 1999년 9월부터 2003년 9월까지 감사원장으로 정권의 변동에도 잔여임기를 모두 마쳤다. 임기 초기에는 이전 법조인 출신 감사원장들과 유사하게 합법성감사를 강조했으나 정부복식부기회계 도입 등에 대한 감사준비가 필요했고, 성과감사에 대한 본격적인 소개 등으로 이의 필요성을 인지하여 임기 내 외부 전문가를 적극적으로 채용하는 등 인력전문화를 꾀하면서 성과감사를 준비했다.

2003년 11월 취임한 전윤철 감사원장은 경제기획원과 재정경제원에서 공직생활을 한 정통 경제관료 출신으로 명확한 감사방향을 가지고 독특한 카리스마의 리더십을 발휘했다. 또한 노무현 정부의 감사원에 대한 기대변화를 잘 이해하고 이를 실천하기 위해 감사원에 새로운 감사 패러다임을 제기하려고 노력했다. 감사원이 정부의 변화와 개혁을 선도 21세기 선진 일류 국가 도약을 위한 국정개혁의 중추역할을 수행한다는 목표 아래 주요정책사업 등에 대한 상시 모니터링을 통해 문제점을 체계적으로 진단 종합적·근원적 개선시책을 제시하는 시스템감사를 감사 패러다임으로 제시했다.

(2) 감사역량

2001년 제17차 INTOSAI 총회를 서울에서 개최하고 우리나라가 3년 임기의 의장국에 선임되는 등 국제교류가 활발하게 이루어졌다. 감사원 인원은 1998년 822명, 2008년 1,004명으로 증가했다. 이 시기는 대부분 정부조직과 공공부문이 구조조정으로 인력감축이 이루어진 시기이므로 감사원 인력증가는 시사하는 바가 크다. 이 기간에는 변호사, 공인회계사, 박사학위 소지자 등을 특별채용하는 등 전문직 인력 충원이 계속 추진되었다. 2007년 말을 기준으로 감사원 직원 중 자격증 소지자는 변호사 29명, 공인회계사 54명, 변리사 1명, 세무사 15명, 기술사 14명, 박사학위 소지자는 총 52명이었다. 2005년 9월에는 감사원이 국정평가인프라로서 역할을 할 수 있도록 감사원 소속기관으로 40명 규모로 평가연구원이 설립되었다.[20] 2003년 7월 3일 감사결과 공개에

---

20 평가연구원에 연구부는 평가제도연구총괄팀, 경제재정평가연구팀, 산업건설평가연구팀, 사회행정평가연구팀을 두었다.

관한 규정을 시행하고 감사결과를 전면 공개하게 되었다.

3) 변화의 주요 내용

2002년 이후부터 소수 인원이 장기간 연구와 심층검토를 통해 감사결과를 내는 소규모 성과중점감사가 시범 실시되었다. 일반적으로 20~30명의 대규모 인원이 3주간(15일) 집중적으로 실시하던 기존의 감사방식에서 탈피하여 2~3명의 전담자가 팀을 구성하여 약 6개월 동안 자료수집, 전문가 면담 등을 통해 충분히 해당 분야를 연구한 후 감사초점을 명확히 정하고 문제점을 파악하여 개선방안을 도출하는 감사방식이었다. 감사원 내에서는 이러한 감사방향이 환경과 시대의 변화에 맞추어 준비해 나아가야 하는 과제라고 생각하는 시각과 우리 사회 내 감사수요가 아직은 부정과 비리 척결에 있다고 생각하여 맞지 않는다는 시각이 있었다.

그러나 감사 방향 및 기능의 근본적 변화는 2002년 참여정부가 출범하면서 시작되었다. 참여정부는 감사원에, 혁신 코드에 맞추어 변화된 감사기능을 요구했고 이러한 변화요구를 정확하게 인지한 전윤철 감사원장의 리더십으로 본격 추진되었다. 2003~2007년까지 전윤철 감사원장의 재임기간 내내 본격적으로 '시스템감사'라는 이름으로 성과감사가 집중적으로 추진되었고 이는 감사계획수립, 감사실시, 감사결과보고서 작성 등 전 감사과정에서 많은 변화를 가져오게 되었다.

먼저 전체 감사사항수와 감사지적사항수가 확연히 줄어들었다. 하나의 감사사항을 위하여 사전에 감사를 준비하여 계획하는 기간이 대폭 늘어나면서 연간 감사실시건수는 줄어들 수밖에 없었다.

이 시기에 감사종류는 크게 일반감사(재무감사와 기관운영감사 포함) 처럼 정기적인 감사, 성과감사, 특정과제감사 세 가지로 구분되었다. 성과감사와 특정과제감사는 특정한 주제를 놓고 감사실시 전 명확한

〈표 5-7〉 2000~2007년까지 감사사항 및 지적사항 등

연도	감사사항				지적사항	감사원장
	계	성과	특정과제	일반감사 등		
2000	343	12	68	263	6,916	이종남
2001	259	16	49	194	6,233	이종남
2002	275	20	66	189	7,213	이종남
2003	201	35	51	115	4,079	전윤철
2004	119	12	52	55	1,528	전윤철
2005	72	4	39	29	1,376	전윤철
2006	69	–	43	26	1,922	전윤철
2007	139	23	56	60	2,074	전윤철

출처: 감사원, 『감사연보(2000~2007)』.

감사초점을 정하여 이에 대한 근본 문제점을 도출하고 개선방안을 모색한다는 점에서 거의 유사했으나, 감사결과보고서 작성방법 등에서 성과감사보고서가 보다 더 엄격한 기준을 적용했다. 당시 성과감사매뉴얼이 만들어지고 매뉴얼대로 해야 하는 성과감사보다는 감사관 재량의 여지가 있었던 특정과제감사를 감사부서에서 선호하여 사항수가 더 많았다. 그러나 감사접근방법을 기준으로 보면 성과감사와 특정과제감사는 모두 기존의 일반감사 등과는 대비되는 같은 감사유형으로 볼 수 있다. 2003년과 비교하여 2004~2007년까지 일반감사를 실시한 횟수는 절반에도 못 미치고 있다.

(1) "사회소외계층 지원실태" 감사 사례분석

사회복지분야는 계속 예산이 증가하고 지원시책이 다양해지는 분야로 그간 감사원의 주된 감사대상 중 하나였다. 그러나 동일한 분야에 대한 감사라고 하더라도 감사접근방법에 따라서 감사결과보고서는 큰 차이를 보이고 있었다.

1998년과 2004년에 각각 실시된 "사회소외계층 지원실태"라는 동일 감사사항이 감사목적, 감사중점 등 감사접근방법에서 큰 차이를 보이고 이는 감사결과의 차이로 나타나고 있다(표 5-8).

먼저 감사목적 면에서 1998년에는 사회복지시책의 효율적 집행방안 마련에 있었던 반면 2004년에는 사회소외계층에 대한 정부의 지원시책 수립과 집행실태, 사회복지시설에 대한 운영관리실태를 점검하는 등으로 제도점검을 통한 개선대책을 제시함으로써 시책의 효율적인 추진과 집행을 꾀하고 국민의 삶의 질 향상에 이바지하는 것으로 변화했다. 효율적 집행과정만을 점검하던 부분에서 계획-집행과정을 모두 점검하는 것으로 감사목적이 확대되었다.

〈표 5-8〉 1998년과 2004년 "사회소외계층 지원실태" 감사 비교

구분	사회소외계층 지원실태(1998)	사회소외계층 지원실태(2004)
감사 목적	사회소외계층에 대한 사회복지시책의 효율적 집행방안 마련	– 저소득층, 노인 및 장애인 등 사회소외계층에 대한 정부의 지원시책 수립 – 집행실태와 사회복지시설에 대한 지원 및 운영관리실태를 점검하여 개선책을 제시
감사 기준	합법성(법령과 규정 위반 여부)	합법성, 효율성, 효과성
감사 중점	사회복지시책 집행의 적정성	– 저소득 소외계층에 대한 지원시책의 적정성 – 자활사업 지원의 적정성, 노인복지시책추진의 적정성, 장애인 복지시책 추진의 적정성 – 아동, 모부자가정, 정신질환자 등에 대한 지원시책의 적정성 – 사회복지시설 시설운영지원의 적정성
감사 결과	93건 (생활보호대상자가 아닌데도 생계비를 지원한 사실 등)	12건 (국민기초생활보장제도의 근로유인체계 미비 등)

다음으로는 이에 맞추어 감사중점이 변화했다. 1998년 감사는 사회복지시책의 집행과정에서 나타나는 위법·부당 사항을 점검하는 것이 감사중점이었다면 2004년에는 저소득 소외계층에 대한 지원시책의 적정성, 자활사업 지원의 적정성, 노인복지시책 추진의 적정성, 장애인 복지시책 추진의 적정성, 사회복지시설 시설운영지원의 적정성 등으로 감사중점이 제도와 정책이 적정했는지를 점검하는 것으로 넓어졌고 보다 구체화되었다.

양 감사는 감사결과에서도 많은 차이를 보였다. 1998년 감사결과 생활보호대상자가 아닌데도 생계비를 지원한 사실 등 93건의 위법·부당 사항을 지적했다. 표본으로 선정된 생활보호대상자를 조사한 결과 1,909명은 소득 또는 재산이 선정기준을 초과하거나 세대주와 주거를 달리하는 독립세대원으로 선정대상이 아닌데도 생활보호대상자로 선정하여 생계비 등을 지원하는 등 생활보호대상자를 부적정하게 선정 또는 누락한 것을 바로잡도록 시정 요구했다. 또한 생활보호대상자가 취업 등으로 소득이나 재산이 생활보호대상자 선정기준을 넘어섰는데도 보호를 중지하지 않고 계속하여 생계보호비 등을 지원한 사례를 지적했으며, 사회복지시설 운영 등에 있어서도 입소인원을 실제보다 늘리거나 퇴소인원을 보호하지 않는 방법으로 보조금을 받아 개인용도로 사용한 사례를 지적했다.

2004년 감사결과는 국민기초생활보장제도의 근로유인체계 미비, 의료급여 제한 등을 위한 상해외인 조사업무 추진체계 불합리, 자활사업 실시기관 간 업무협조 등 미흡, 중증질환자 보호 등을 위한 노인복지시설 지원방안 미강구 등 제도와 정책의 문제점을 지적, 개선요구하여 모두 12건을 감사결과로 발표했다.

6. 5단계: 합법성감사 재회귀기(2008~2012)

1) 감사환경

(1) 정치 · 사회 환경

2008년 출범한 이명박 정부는 정치적으로는 10년 만의 정권 변동이었다. 노무현 정부 시절 386운동권 출신 참모들의 행정경험 부족 등으로 인한 아마추어 정권 우려가 있었던 상황에서 대기업 민간 CEO 출신인 이명박 대통령에게 거는 국민의 기대는 성숙된 정치와 경제 살리기였다. 그러나 집권 초기 2008년 광우병 파동으로 인한 촛불집회와 전 세계적 글로벌 금융위기에 따른 국내경제의 침체 등을 극복해야 했다. 경제부문에서 규제개혁과 감세정책을 통한 MB 노믹스를 추진했고, 2010년 세계 7대 수출국, 2011년 무역 1조 달러를 달성했다.

한편 정권 초부터 광우병 사건으로 인한 촛불시위에 임기 초 한반도 대운하사업이 여론의 반대로 4대강 살리기 사업으로 전환되는 등 여론에 따라 정책이 변화되는 시기였다. 사회적으로는 보수와 진보, 사회 각 계층의 통합이 중요한 요인이었고 빈부격차, 청년실업 등이 해결해야 할 과제였다. 권력형 부패와 비리가 노출되어 비리 관련 수사가 진행되었고, 2011년 11월 부산저축은행비리수사결과 금융기관의 감독업무 공무원이 저축은행 간부들로부터 검은돈을 받고 비리를 눈감아 준 사건과 2012년 10월 여수시청 하위직 공무원이 80억대 공금을 횡령한 사건이 발생하여 국민들의 신뢰를 저하시키는 요인이 되기도 했다.

(2) 촉발요인

10년 만에 바뀐 정권으로 이전 정부와 차별성을 꾀하면서, 법조인 출신 감사원장의 법과 원칙에 입각한 사회구현이 감사방향으로 다시 등장했고, 참여정부에서 감사원의 시스템감사 집중으로 정책감사에 대한 피로감과 우려 증가 등이 다시 합법성감사가 강조되는 계기가 되었다.

2) 조직내부환경

(1) 기관장

이명박 정부가 출범하면서 법조인 김황식 감사원장(2008. 9. 8~2010. 9. 30)과 양건 감사원장(2011. 3. 11~2013. 8. 26)이 재임했다. 김황식 감사원장은 법과 원칙을 바로 세워 국리민복에 기여한다는 운영기조를 세우고 감사중점의 하나로 공직기강 확립을 통해 열심히 일 잘하는 공직사회 정착을 강조했다. 양건 감사원장은 '엄정한 감사원, 깨끗한 공직사회'를 감사운영기조로 정하고 공직사회의 부조리 척결과 공직기강 확립을 강조했다(감사원, 2009). 또한 6대 전략감사 목표 중 취약분야 구조적 비리척결을 첫 번째 목표로 정했다.

(2) 감사역량

김황식 감사원장 취임 후 감사원 조직개편을 통해 실·국에 있던 총괄과가 모두 폐지되었다. 당초 총괄과는 대상기관 없이 해당 실·국의 전체 감사업무에 대한 감사계획을 수립하고 대상기관과 관계없이 종합적인 성과감사 등을 수행하기 위해 만들어졌으나 해당 과와 감사사항이 중복되기도 했고 감사전략과 계획수립이 어려운 점 등 때문에 내부 불만이 많아 결국 폐지되었다. 또한 감사원의 평가 기능 수행을 지원하기 위해 설립된 평가연구원이 「감사원법」 개정을 통해 2008년 감사연구원으로 변경되었으며, 연구원의 주요 임무도 평가업무가 아닌 감사업무를 지원하는 것으로 변화되었다.

감사원 내부정보만으로는 공직비리 정보수집에 한계가 있다고 판단하여 2012년 4월에는 공직비리제보자 보상금지급제도를 도입, 제보자 7명에게 4,860만 원을 지급했다.

3) 변화의 주요 내용

이 기간에 감사종류는 재무감사, 기관운영감사, 특정과제감사, 성과감사 등 네 가지 유형이 동일하게 유지되어 오면서 특정과제감사수가 많이 증가했고, 성과감사는 작은 비중을 차지했다. 특히 2008년과 2009년에는 이전 단계에서 성과감사가 집중되어 상대적으로 소홀해진 재무감사, 기관운영감사 등의 비중이 대폭 늘었다(2004년 55건, 2005년 29건, 2006년 26건, 2007년 60건). 특정과제감사의 경우는 4단계인 성과감사 집중기와 비교해서 감사실시건수는 늘어나는 경향이 있었으나 그 내용을 보면 대부분 합법성감사를 체계적으로 또는 많은 감사인력을 동원해야 하는 감사들이 증가했다(표 5-9) .

2008년 『감사연보』부터는 중점감사활동을 소개하면서 첫 번째로 법치행정의 원칙확립과 관련된 감사결과가 기재되어 있고, 2011~2012년은 취약분야에 대한 구조적 비리척결이 첫 번째 중점감사활동

〈표 5-9〉 2008~2012년 감사실시현황

연도	계	재무감사 등	특정과제감사	성과감사
2008	171	118	52	1
2009	175	104	69	2
2010	156	45	106	5
2011	122	40	77	5
2012	145	51	88	6

출처: 감사원, 『감사연보(2008~2012)』.

으로 기재되어 있다. 2012년 첫 번째 중점감사활동으로 소개된 취약분야 구조적 비리척결을 위한 여덟 가지 감사사항과 주요 감사중점은 〈표 5-10〉과 같다.

또한 〈표 5-11〉과 같이 감사결과 지적사항은 다시 증가세를 보였으며, 징계인원수도 증가하는 경향을 보였다. 그러나 5단계에서는 4단

〈표 5-10〉 2012년 취약분야 구조적 비리척결을 위한 감사사항과 주요 감사중점

감사사항	주요 감사중점
1. 취약시기 공직기강 점검	비위공직자 적발, 처벌하여 공직기강 확립 (직위를 이용한 금품수수, 인허가 업무 부당 처리, 국공립병원 의사 제약회사 리베이트 등)
2. 학교시설 확충 및 관리 실태	초 · 중등학교 시설공사 및 납품 관련 입찰 · 계약 비리 (7개 교육청)
3. 학사운영 및 관리실태	교육비리(입학부터 졸업까지 학생생활과 관련된 학사 관련 비리 및 부조리)
4. 공직기강 특별점검	뇌물수수, 업무상 횡령, 비리 발생 개연성이 높은 취약분야
5. 지방교육행정 운영실태	채용, 승진, 보직인사 금품수수를 매개로 한 승진 등
6. 방산원가분야 기동점검	방산원가 관련 비리 점검(원가 부풀리기 등)
7. 세무조사 운영실태	세무조사 부조리 관행
8. 산업재해보상보험 집행실태	보험사기, 부정수급

출처: 감사원, 『감사연보(2012)』.

〈표 5-11〉 2008~2012년 감사원 지적사항 등

연도	지적사항수	징계(인원)	고발(인원)	개선
2008	3,213	613	133	33
2009	2,521	363	104	2
2010	3,385	337	113	7
2011	5,018	711	206	7
2012	4,123	614	130	1

출처: 감사원, 『감사연보(2008~2012)』.

계에서 이미 변화된 감사접근방법과 개선된 감사결과보고서 등은 계속 발전되어 나아갔으며, 합법성감사만 중심으로 실시했다기보다는 4단계에서 집중강조된 성과감사가 이 시기에는 합법성감사와 조화를 이루던 시기라고 할 수 있다.

Ⅳ. 결론

지난 50년간 감사원에서 실시해 온 감사유형과 접근방법은 어떻게 변화되어 왔고 그러한 변화의 주요 요인은 무엇이었는지를 살펴보았다. 감사원 감사유형과 접근방법은 시기별로 크게 5단계의 변화과정을 거쳐 온 것으로 나타났다.

1단계는 1963~1979년까지 공직사회 부정부패 척결과 기강확립을 중요한 감사방향으로 정하고 합법성감사를 중점적으로 실시하던 시기였다. 1단계 전체기간은 감사유형에서 합법성감사가 집중적으로 실시되던 시기이나 감사의 접근방법에 따라 1971년 이전과 이후가 뚜렷한 차이를 보이고 있다. 1971년 이석제 감사원장 취임 이후 감사원 스스로 구조조정을 통해 내부기강을 확립하고, 합법성감사 잣대를 정부와 공공부문에 그리고 개인에 대한 책임으로 더욱 엄격하게 적용하게 되었다. 이러한 감사접근방법으로 위법·부당 사항에 대한 감사원의 지적사항과 징계인원은 1978년까지 계속 늘어났다. 그러나 1978년 감사원이 대규모 감사인력으로 집중실시한 '농협고구마 수매실태' 감사 이후 감사부작용에 대한 반대여론이 제기되어 이후 합법성감사는 새로운 방향을 모색해야 했다.

2단계는 성과감사 도입기로 1980~1987년까지의 시기다. 이 시기에는 1단계에서 합법성 기준에 따라 집중적인 감사를 실시하면서 형성된 감사부작용 등에 대한 부담과 1981년 서울에서 ASOSAI를 개최하면서 학습한 성과감사라는 새로운 감사유형에 영향을 받아 최초로 '정책감사'라는 용어가 소개되며 이를 구체적으로 도입하기 위한 제도의 연구와 내부 교육 등이 행해졌다. 이 기간에는 성과감사 도입의 영향으로 위법·부당에 대한 개별 지적사항이 1단계에 비해 현저히 줄어들었다. 감사역량 측면에서 1981년 최초로 5급 공채 출신의 전입과 변호사 채용 등이 시작된 시기였다.

3단계는 합법성감사로 회귀한 1988~1999년까지의 시기다. 이 시기는 1987년 국회 국정감사가 부활하고 감사원에서 그간 제기해 온 정책감사에 대한 불필요한 논란을 회피하기 위하여 또한 연이은 법조인 감사원장(김영준, 이회창, 이시윤, 한승헌, 이종남)이 취임하면서 다시 공직기강과 부정부패 척결이 강조되어 합법성 기준에 따른 감사가 실시되던 시기였다. 또한 사회적으로 삼풍백화점 붕괴 등 잇따른 대형재난사고 등으로 부실공사에 대한 감사가 집중적으로 이루어졌다. 이 시기의 정점은 1993년 이회창 감사원장이 취임하여 재임한 약 10개월간의 기간이다. 이 시기 그간 감사대상에서 제외된 대통령실에 대한 감사가 포함되는 등 감사대상이 확장되었고, 성역 없는 감사 등으로 감사원의 합법성감사가 다시 정점에 다다른다. 또한 감사결과가 일부 공개되기도 하고 감사원의 역할이 사회적으로 홍보되던 시기였다.

4단계는 성과감사 집중기로 2000~2007년까지의 시기다. 이 시기는 성과감사를 연구와 매뉴얼 준비 등으로 준비하고 '소규모 성과중점 감사'로 시범 도입하던 2000~2002년까지와 노무현 정부 출범 이후 전윤철 감사원장이 취임하여 성과감사가 본격적으로 실시되던 2003~2007년까지로 구분할 수 있다. 전윤철 감사원장 시절에는 참여정부의 감사원 혁신에 대한 이해와 기관장의 리더십 등에 따라 '시스템감사'라는 용어로 성과감사가 집중적으로 실시되었고 감사접근방법,

감사결과보고서 형태 등에서 이전 시기와는 확연히 구분되었다. 이에 따라 연간 감사 지적사항건수는 급격히 줄어들어 지난 50년간 가장 적은 건수를 나타내었다.

5단계는 합법성감사 재회귀기로 2008~2013년까지 시기다. 법조인 김황식 감사원장, 양건 감사원장을 거치면서 공직기강과 법치주의 확립을 다시 감사의 주된 기준으로 놓고 4단계에서보다는 상대적으로 합법성 기준으로 감사를 실시했다. 그러나 4단계에서 이미 변화된 감사 접근방법과 개선된 감사결과보고서 등은 계속 발전되어 나갔으며, 합법성감사를 중심으로 실시했다기보다는 4단계에서 집중강조된 성과감사가 이 시기에는 합법성감사와 조화를 이루던 시기라고 할 수 있다.

1963~2012년 동안 감사원 연간 지적사항수의 변화를 보면 합법성감사가 강조되던 1단계와 3단계의 시기에는 전체 수가 증가하다가 성과감사가 강조되던 2단계와 4단계는 급격하게 줄어드는 것으로 나타나고 있으며, 5단계는 다시 증가하는 것으로 나타났다. 이러한 경향은 합법성감사와 성과감사가 시계추처럼 반복적으로 이동하는 모습과 동일한 형태로 나타나고 있다.

연간 감사지적사항수가 가장 많았던 1970년 10,532건, 1973년 10,010건에 비해 성과감사 집중기였던 2005년은 지적사항수가 가장 적은 1,528건으로 나타나고 있다. 이는 1970년대 감사원 직원 규모(약 400명)로 추산하면 1인당 연간 25건을 지적한 데 비해 2005년은 직원 규모(약 800명)로 추산하면 1인당 1.9건을 지적한 것으로 나타난다. 이는 성과감사가 상대적으로 준비기간이 길고, 법적인 잘못을 개별적으로 지적하기보다는 문제 원인에 대한 개선대안을 마련하기 위한 것으로 접근방법이 변화하기 때문으로 보인다.

이러한 감사유형의 변화는 기본적으로는 외생변수인 감사환경, 즉 정치적 환경과 사회적 환경에 영향을 많이 받았지만 시기마다 촉발요인들, 즉 2단계인 성과감사 도입기에서는 지나친 합법성 중심 감사의 부작용에 대한 사회적 반발, 그리고 외국 감사제도의 도입, 4단계인 성과감사 집중기에서는 새로운 정부의 감사원 혁신에 대한 강도 높은 주문 등 감사원이 직면한 위기에 대응한 데서 기인한 것으로 나타났다. 이러한 외부위기를 극복하는 과정에서 성과감사와 합법성감사로 감사유형을 변화시켜 나갔다. 또한 감사원 감사는 지금까지 합법성감사에서 성과감사로 그 축이 완전히 이동되는 것이 아니라 종래의 합법성감사에 더하여 성과감사유형을 확대하고 영역을 확장해 왔음을 알 수 있다. 그리고 변화의 단계마다 감사청구제도의 도입, 민원제도의 강화 등 감사원의 기본 업무영역도 넓어져 왔다.

감사원은 앞으로도 합법성감사의 기본임무에 충실하지만 성과감사를 더욱 확대시켜 나아갈 것으로 보인다. 이를 위해 내부적인 감사절차 개선, 전문성 향상을 위한 교육훈련, 다양한 제도연구가 이루어져 왔다. 그러나 본 연구에서 살펴본 것처럼 성과감사가 당초 도입하려는 목적과 방향에 맞게 실시되기 위해서는 다양한 요인이 함께 발전해야 한다. 정치적 환경의 변화 등이 요인으로 작용할 수 있지만, 무엇보다 기관장의 추진 의지와 내부 직원들의 변화된 감사유형의 수용성 등이 중요한 요인으로 작용할 것이다.

참고문헌

감사원(1965~1972), 『감찰연보』.

감사원(1973~2013), 『감사연보』.

감사원(2008), 『감사60년사』 I · II.

감사원(2013), 『감사원 감사청구 · 민원백서』.

감사원 국제협력담당관실(2003), 『(세계최고감사기구(INTOSAI)가 권고한) 바람직한 감사원 상과 OECD 국가의 감사원 I』, 감사원.

김명수 · 박준(1995), 『공공감사론』, 대명출판사.

김보은 · 임채홍(2012), 「정권별 공공감사제도 변화기제(Mechanism)에 대한 (신)제도주의적 분석: 사회적 제도주의와 합리적 선택 제도주의의 통합적 관점을 중심으로」, 『감사논집』 제19호, 5-33쪽.

김형성(2013), 「감사원의 감사성과에 관한 연구: 감사 60년사와 감사연보의 데이터를 중심으로」, 『2013년 행정학회 춘계학술대회 발표집』.

박광국 · 박진 · 손창동 · 임보영(2006), 『대한민국 시스템 Up: 감사원 자기혁신의 열정과 도전』, 중앙m&b.

박재완(1998), 「한국의 공공감사기준 모형」, 『1998년도 한국행정학회 하계학술대회 발표집』.

서수덕(2001), 「감사기준과 감사인의 책임에 관한 이론적 고찰」, 『회계연구』 제6권 제1호, 1-33쪽.

성용락(2013), 『공공감사 제도의 새로운 이해: 공공감사의 이론과 실무』, 석탑출판.

심호(2013), 『자체감사와 조직역량』, 박영사.

안창보(2010), 「감사성과 측정 및 관리 개선방안 연구: 경제적 성과 측정을 중심으로」, 감사원 감사연구원 연구보고서 2010-010.

윤성식(2003), 『정부개혁의 비전과 전략』, 열린책들.

이윤식(2010), 『정책평가론』, 대영문화사.

이혜승(2010), 「공공감사의 수용성 제고 방안: 협력적 거버넌스를 중심으로」, 감사원 감사연구원 연구보고서 2009-011.

조익순(1996), 『한 · 미 · 일 정부회계 및 감사제도의 문화적 조명』, 박영사.

조형석 · 이혜승(2010), 「공공감사체계상 과다 · 중복감사 해소방안 연구」, 감사원 감사연구원 연구보고서 2009-007.
허명순(2012),「감사원 감사체계 재정립 방안: 감사유형 분류와 접근방법을 중심으로」, 감사원 감사연구원 연구보고서 2012-008.
한국사사전편찬회(1990),『한국근현대사사전(1860~1990)』, 가람기획.

경향신문(1986. 3. 13).
동아일보(1978. 2. 21),「가혹한 감사원 감사」.
한국은행(2013), 경제통계국 내부자료.

Baumgartner, Frank R. and Bryan D. Jones(2010), *Agendas and Instability in American Politics*, Chicago: The University of Chicago Press.
Jones, P. C. and G. Bates(1994), *Public Sector Auditing: Practical Techniques for an Integrated Approach*, London: Chapman and Hall.
Lindblom, C. E.(1980), *The Policy Making Process*, Englewood Cliffs, NJ: Prentice-Hall.
Moe, Terry M.(1989), "The Politics of Bureaucratic Structure," John E. Chubb and Paul E. Peterson (eds.), *Can the Government Govern?* Washington, D. C.: The Brooking Institution, pp. 267-329.
Moon, D.(1975), "The Logic of Political Inquiry: A Synthesis of Opposed Perspectives," Fred Greenston and Nelson Polsby (eds.), *Handbook of Political Science*, MA: Addison-Wesley.
Niskannen, W. A.(1971), *Bureaucracy and Representative Government*, Chicago: Aldine Atherton.

INTOSAI(2007), INTOSAI Statutes.
INTOSAI Professional Standard Committee(2010), *Principles of Transparency and Accountability*, ISSAI 20.

6장

감사원 감사활동의 성과 및 책무성

신민철

Ⅰ. 서론

1963년 개원 이래 감사원은 여러 정권을 거치면서 다양한 방식으로 감사활동을 수행해 왔다. 이 과정에서 감사원의 감사활동은 감사대상 기관뿐 아니라 국회와 국민 등 다양한 이해관계자들의 수요를 받아들이는 등 변화되는 환경에 대응하기 위한 노력을 기울였다. 이러한 감사활동의 변화과정은 전문성 및 역량의 강화를 통해 성과의 제고 및 책무성을 확보하는 데 기여해 온 것이 사실이다.

이러한 변화는 헌법기관으로서 감사원이 지니고 있는 안정적인 제도적 기반을 통해 이루어져 왔다. 한국 행정부문의 대표적 내부 및 외부 통제기관으로 감사원은 회계검사와 직무감찰 기능을 통해 재정건전성을 확보하고 동시에 직무수행 전반에 대한 위법·부당 행위를 규찰하는 데 적극적인 노력을 수행하고 있다. 특히 감사원 활동의 성과는 한국정부의 역사적 진화의 특성과 맥락하에서 산업화와 민주화 등 역동적 근대화 과정을 거쳐 행정국가로서의 경제발전을 유지하는 데 기여해 왔다.

본 연구에서는 이러한 감사원 감사활동의 성과와 이를 담보하기 위한 책무성이 근대화 이후 한국사회의 역사적 흐름에 맞추어 어떻게 변화되어 왔는지, 그리고 이러한 변화를 가져오게 된 외부적·내부적 기제가 어떻게 형성되고 발전되어 왔는지를 살펴보았다. 이를 위해 심계원과 감찰위원회가 오늘날의 감사원으로 통합된 1963년 이후를 기점으로 주요 정권 및 시대별로 감사원의 성과와 책무성의 다양한 변화를 가져오게 된 시대적·환경적 여건들을 중심으로 논의를 진행했다.

II. 감사활동의 성과 및 책무성에 관한 이론적 논의

1. 감사활동의 성과

감사활동의 성과는 "감사활동에 의해 발생되었거나 일정기간 이내에 발생될 것이 확실시 되는 바람직한 영향"으로 정의된다(안창보, 2010: 11). 이때 '감사활동'은 재무감사, 기관운영감사, 성과감사, 특정과제 감사 등 일반적 감사유형의 구분에 따른 감사활동과 정책사업에 대한 모니터링이나 직무감찰 등 감사원이 포괄적으로 수행하고 있는 활동 모두를 포함하게 된다. 또한 '바람직한 영향'은 감사를 통해 도출할 수 있는 유무형의 긍정적 효과로 감사업무의 성격에 따라 다양하게 제시될 수 있다.

이러한 감사활동 성과는 다양한 방법으로 정의할 수 있다. 먼저 감사를 통해 찾아낸 문제점에 대한 변상판정, 징계·문책·고발 등 신분상 조치, 추징·회수·보전 및 환급·추금 등 시정, 법령·제도·행정의 개선 권고 등 수치상으로 제시되는 생산활동을 들 수 있다. 또한 결과 측면에서 좀 더 구체적으로 살펴보면 예산절감, 세입증대 등 경제적 성과[1]

---

1 경제적 측면에서의 감사활동의 성과는 감사결과와 직접적으로 연관된 대상기관에 대한 조치에 따른 국가, 공공기관 및 국민의 편익이나 예산절감을 통한 금전적 추정치를 의미하게 된다. 미국감사원(GAO)은 재정적 효과(finanical impact), 영국감사원(NAO)은 재정적 편익(financial benefit) 등으로 서로 다르게 표현하기도 한다. 특히 주요국 최고감사기구들은 이러한 경제적·재정적 성과를 도출하기 위해서 (1) 필요한 조치가 실질적으로 완료된 이후의 사후측정, (2) 감사성과 제출 시점으로부터 2년 이내에 필요한 조치 이행, (3) 인과관계 성립, (4) 권고사항 이행에 소요되는 비용 제외, (5) 감사효과가 반복해서 발생하는 경우 2년 혹은 5년까지의 재정적 편익을 측정하되, 미래가치 환산에는 순현재가치(net present value) 기법을 활용하는 등 엄격하고 객관적인 자료를 근거로 측정값의 신뢰성과 객관성을 확보하기 위한 기준들을 적용하고 있다(김성준·정진수, 2008: 88).

혹은 감사활동을 위해 투입한 예산에 상응하는 화폐단위로 측정이 가능한 성과치, 즉 일종의 기대효과금액[2]으로 제시될 수 있다. 특히 공직사회 반부패 활동의 상징으로 인식되는 감사원 감사활동의 특성을 감안할 때 감사성과는 감사조치를 통한 공직기강의 확립 및 부패 개선실적 등 포괄적 성과를 포함하기도 한다.[3]

이와 함께 감사활동의 성과는 감사과정을 통해 산출된 감사서비스 실적이나 달성하고자 했던 감사목표 및 바람직한 영향(impact) 외에도 조직관리 측면에서 감사활동의 목표를 달성할 수 있는 전문적 역량수준(audit capacity) 등을 내포한다는 주장도 존재한다(심광호, 2012: 89; Davies and Warman, 1998). 이렇듯 감사활동을 통한 감사성과를 측정하기 위해서는 다양하고 포괄적인 성과정보가 요구된다. 실제 미국감사원(GAO)을 비롯하여 많은 선진국 감사원은 감사활동 성과를 파악하

---

2 이때 감사활동의 기대효과금액은 「감사원통계규정」(훈령)에 따라 '예산절감금액', '국민부담경감금액' 및 '수입증대금액'의 합산액으로 분류할 수 있다. 이와 관련된 세부적인 분류는 다음과 같다. 1) 예산절감 금액(① 새로운 공법, 시공기술의 개발, ② 비경제적인 설계의 변경, ③ 물품구입 등 계약방법의 개선, ④ 매입대상 품목·규격 등의 대체, ⑤ 물품 등의 재고관리 등 보관방법 개선, ⑥ 단가·시간·수량 등 기준제정 또는 개정, ⑦ 기구 및 인력운용의 합리화, ⑧ 불요·불급한 예산집행의 억제, ⑨ 기타 전항에 준하는 사항으로서 예산절감 효과가 기대되는 것), 2) 국민부담 경감금액(① 가격사정의 합리화, ② 포장·용기 등의 규격 개선, ③ 요율·이자율의 개정 또는 적용방법의 개선, ④ 요금 또는 세금부과 등의 관계규정을 개정, ⑤ 업무처리절차 개선, ⑥ 각종 증명의 사용기간 연장, ⑦ 기타 전항에 준하는 사항으로서 향후 국민부담경감 효과가 기대되는 것), 3) 수입증대금액(① 감면규정 또는 예규 등의 개정으로 수입(세입금 포함)증대, ② 임대자산 등의 요율 시정, ③ 관유물 매각가격 산정방법 등 개선, ④ 기금운용방법 및 사업의 변경, ⑤ 여유자금 등의 활용방법 개선, ⑥ 무단점용 또는 초과사용 재산에 대한 수입증대방법 강구, ⑦ 기타 전항에 준하는 사항으로서 향후 수입증대 효과가 기대되는 것)(감사원, 1985).

3 예를 들어 김형성(2013, 3)의 경우 감사원의 성과를 주로 공직사회 내의 부정부패 통제효과를 중심으로 가시적이며 금전적으로 계산 가능한 부정부패 예방·통제와 비가시적이며(invisible), 금전적으로 계산이 불가능한 부정부패 예방·통제성과 등으로 포괄적으로 구분했다. 이때의 비가시적 성과는 감사원의 감사활동을 통하여 공직사회에 부정부패 억지력을 개선하고 이를 통한 행정의 투명성 및 행정절차 개선을 통한 제도개선 등 감사활동을 통해 취득한 예방효과로 설명하고 있다.

기 위해 정확하고(accurate) 적절하며(relevent) 적시에(timely) 정보가 이해관계자들에게 공급되는지 절차적 측면에서 점검하고 있다. 또한 이들은 감사활동의 효과성을 극대화하기 위한 인적자원 및 내부지원 적정성 등 실제 감사 결과 및 품질을 제고하는 요소들을 핵심적 성과로 보고 이를 측정하기 위한 지표체계를 구축하는 데 많은 노력을 기울이고 있다(INTOSAI and UN, 2007: 7; 김성준·정진수, 2008: 87).

본 연구에서는 감사원 감사활동의 성과를 주요국 최고감사기구들의 성과측정체계 척도 등에 근거하여 크게 감사수행에 따른 실적, 이해관계자 집단들에 대한 지원활동, 감사네트워크, 감사역량 등으로 구분했다(심광호, 2012: 98).[4] 이를 좀 더 구체적으로 살펴보면 (1) 감사수행(public auditing) 실적의 경우 변상판정 및 시정(금액) 등 감사조치를 통한 조치금액 등과 처분요구(징계·문책, 시정, 주의, 개선) 및 권고, 통보 및 고발 관련 건수, 그리고 민원 및 감사청구에 따른 처리현황 등 감사를 통해 정량적으로 제시되는 일체의 산출결과를 의미한다. 이들 성과는 추징·회수·보전 등을 통한 예산절감 등 정량적 성과와 기강확립을 위한 위법·부당 행위 및 제도 개선 등의 정성적 성과를 포함하기도 한다. (2) 이해관계자들(stakeholders) 지원의 경우 감사활동의 목적으로 국회나 감사대상기관, 그리고 국민들에 대해 제공하는 서비스 및 활동을 의미한다. 이는 실제 감사결과의 수요자들에게 부가가치 및 유용성을 제공하는지를 보여 주기 위한 판단기준이 될 수 있다. (3) 감사 네트워크(networks)의 경우 체계적인 감사활동 수행을 위해 국내 및 국제 감사협력체계를 조성, 관리, 활용하는 활동을 의미하며, 효과적인 상호

4 심광호(2012: 104)가 제시한 규범적이고 개념적 감사성과 분석틀은 공공감사분야 성과측정과 관련된 이론 및 미국, 영국, 캐나다 감사원 등 기존 감사원 성과측정시스템의 논의에 기반하고 있어 한국 감사원이 감사활동의 수행을 통해 달성하고자 하는 성과를 포괄적으로 제시하는 데도 유용하다고 판단되어 본 연구에 적용했다.

작용을 통한 감사행위의 산출결과에 긍정적으로 기여하게 된다. 마지막으로 (4) 감사역량(audit capacity)의 경우 전문 감사인 및 감사방법론을 효과적으로 보유, 개발, 관리, 활용하는 활동을 의미하며, 실제 감사품질 확보에 매우 중요한 역할을 수행하게 된다.

2. 공공감사의 책무성

일반적으로 공공부문의 책무성은 국민으로부터 권한을 위임받은 행정기관이 기관 및 소속된 행정인의 재량권 행사에 대해 국민에게 지는 포괄적 책임을 의미한다(라영재, 2009: 238). 행정을 집행하는 공공부문이 자신들이 수행한 행정행위에 대해 일반 국민에게 해명(an account of)하는 과정은 비록 법률로 강제되거나 규정되지 않더라도 반드시 해야만 하는 중요한 요소다(GAGAS, 2010). 이러한 책무성은 공공감사의 측면에서도 매우 중요하다. 정부 관리자들은 자신들의 업무를 법규에 맞게 그리고 효율적으로 관리할 책무(responsibility)와 이해관계자인 관련 부처(상급자 혹은 상급조직)와 일반 국민들에게 자원을 운영한 과정과 결과에 대해 감사를 통해 해명할 책무(accountability)가 있는 것이다(조익순, 1996: 15). 이렇듯 공공부문에서의 감사를 통한 책무성의 확보는 민주주의의 발로이자 국민들의 알 권리를 확보하고 동시에 정부의 행정행위를 감시하는 의무라고 할 수 있다.[5]

---

5 특히 공공부문 감사의 경우 민간부문과는 감사 대상 및 목적의 차이에 의한 판단기준 등에서 차별성을 지닌다. 기업 등 민간부문의 경우 재무제표가 회계기준에 맞추어 적정하게 작성되었는지에 대한 재무적 정보를 수익성에 관심을 지닌 이해관계자들에게 제공한다면, 공공감사는 불특정 다수인 국민들에 대한 책무성(public accountability) 차원에서 재무적 정보뿐 아니라 다양한 정책 및 업무 활동 등 비재무적 정보에도 관심을 기울이게 된다. 이로 인해 시장경제원리에 따라 수행한 기업활동이 비용·수익 원칙에 따라 적정히 수행되었는지를 판단하는 합법성 기준 외에도 공공부문에서는 이른바 4E(economy,

이를 좀 더 구체적으로 살펴보면, 일반적으로 책임성(responsibility)은 부여받은 권한을 정당하게 행사하여 업무를 해야 하는 하향적인 의무라고 한다면 책무성(accountability)은 업무를 수행하는 과정이나 목표 달성 정도에 관해 설명하고 해명하는 상향적 의무를 강조하는 개념으로 볼 수 있다(조익순, 1996: 14). 심호(2015)는 이러한 책무성 개념을 '공공서비스를 제공하는 기관과 그 구성원들이 국민들을 위해 일하면서 도덕적·윤리적 책임과 법적인 책임을 다하는 것은 물론 국민들이 원하는 일을 파악하여 정책에 반영하고 집행한 후 당초 목표대로 성과를 달성했는지를 분석하여 잘한 일과 부족한 일에 대한 성과를 국민들에게 투명하게 설명하는 책임'으로 설명하고 있다.

이러한 관점에서 공공감사에서의 책무성은 감사기구가 (1) 국민, 국회, 감사대상기관 등 다양한 이해관계자 집단의 감사수요를 객관적이고 투명하게 반영하고, (2) 이러한 정부관리 및 공공자원에 대한 감사 과정 및 결과를 납세자인 국민들과 행정부를 비롯한 감사대상기관, 그리고 국민을 대표하는 국회에 투명하고 적절한 방법으로 결과를 설명하는(accountability) 일체의 활동으로 개념화될 수 있다.

3. 공공부문 감사활동의 성과 및 책무성의 중요성

공공부문에서 감사활동을 통해 제시되는 성과와 책무성은 매우 중요한 의미를 지니고 있다. 예를 들어 정부활동과 관련하여 감사원은 납세자인 국민을 비롯한 이해관계자들에게 공공서비스를 제공하는 기관의 활동에서 발견된 재무적·비재무적 정보를 기반으로 비효율적이고

efficiency, effectiveness, ethics) 혹은 형평성 및 민주성과 같은 다양한 판단기준이 요구되어진다(감사원, 2000: 6; UN, 1987).

위법한 부당행위를 규찰하고 개선함으로써 행정의 투명성을 확대하고 궁극적으로 행정의 효율성을 개선하는 데 기여하게 된다.

이러한 감사활동의 산출결과, 즉 감사성과는 공공부문의 책무성의 확대 및 발전과 밀접하게 연계되어진다. 특히 이는 민간부문과는 다른 공공적 특성에 기반을 두고 있다. 이와 관련하여 Evans(1998)는 민간과 차별화된 공공감사의 특성을 감사 범위의 확대 및 이해관계자(stakeholders)에 대한 보고의 확장 등으로 설명하고 있다. 먼저 감사 범위의 확대를 살펴보면 초기 정부부문 감사의 경우 회계 및 재무연관 감사로 시작되었으나 점차 행정활동에서의 비능률이 가져오는 국민의 재정적 부담과 관련하여 행정활동의 유효성에 대한 정보를 국민들에게 적시, 적절한 방법으로 보여 주기 위한 노력까지 확대되었다. 오늘날 공공감사의 범위는 공공책무성을 개선하고 의사결정을 지원하기 위한 정보제공, 그리고 정부의 조직, 프로그램, 활동 또는 기능에 관한 독립적·객관적·체계적 평가활동 등을 포함하고 있다. 다음 이해관계자에 대한 보고확장의 경우 성과감사 등 공공감사 영역 확대의 특성으로 인해 직접적 이해당사자인 국민들에게 한층 더 많은 방식과 제도를 통해 다양한 정보를 제공할 필요성이 증가하고 있다는 점을 들 수 있다. 감사활동을 통해 나타나는 감사성과는 주권자인 국민에 대한 공공책무성 확보 차원에서 다양한 공공부문의 업무활동을 객관적으로 검증하고 정부제도를 보완하는 주요한 역할을 수행하고 있다.

특히 한국 감사원의 감사활동은 단순히 정부활동의 재무적 결과에 대해 검증보고에 머무는 것이 아닌 공식적인 권고 등을 통해 직접적인 개선과 관련된 통제활동을 수행하고 있다. 이러한 점에서 책무성 확보와 관련하여 타 국가 최고감사기구 등과 비교했을 때 더욱 직접적이고 강화된 역할을 수행한다고 볼 수 있다. 또한 감사보고에 따라 투자를 변경하거나 중단할 수 있는 민간부문의 투자자들과는 달리 공공부문에서는 부정, 오류 등의 적발(detection)을 통해 직접적으로 문제점들을 개선하지 않으면 납세자의 이익을 지켜낼 수 없는 특성을 지닌다(박재완, 1997: 223). 이렇듯 문제점 발견 및 적절한 사후조치로 이어지는 감사활동의 성과는 궁극적으로 국민에 대한 감사 책무성의 일환으로 이해될 수 있다.

III. 감사원 감사활동 성과의 시기별 변화와 특성

앞서 논의된 감사활동에 따른 성과와 이를 담보하기 위한 책무성이 시대적 흐름에 따라 어떠한 변화를 거쳤는지를 알아보기 위해 주요 시기별 감사원의 활동 변화를 살펴보았다.[6] 이를 위해 이 책의 3장에서 제시한 시대 구분을 기반으로 하여, 1960년대 이후 정치·사회적 환경에 따른 감사활동의 추세 및 진폭의 변화를 토대로 산업화 시기, 민주화 시기, 그리고 정보화 및 개방화 시기에 따라 감사활동 성과의 특성을 제시했다.

1. 산업화 시기(1960년대~1987년 6 · 29민주화선언)

이 시기는 1962년 12월 26일 제3공화국 「헌법」 제92조를 통해 감사원

6 감사원 감사활동의 성과와 책무성의 변화와 관련하여 구분되는 시점은 관점에 따라 다양하게 구분될 수 있다. 감사원(2008a, b)에서는 감사원의 주요 활동별 시기 구분을 정권 및 감사원장 교체기 등을 중심으로 (1) 감사원의 발족과 체제정비(1963~1971), (2) 서정쇄신지원과 자체기강확립(1971~1980), (3) 감사업무의 과학화와 국제화 추진(1980~1988), (4) 국민편익증진과 감사원 위상확립(1988~1998), (5) 감사의 선진화와 열린 감사지향(1998~2008) 등으로 구분했다.

이 심계원과 감찰위원회가 통합된 헌법기관으로 출범하게 된 이후[7]부터 1987년 6월 항쟁 및 민주화선언 시기까지를 의미한다. 이 기간에 감사원은 초기 심계원과 감사원의 통합에 따른 여러 제도적 운영적 혼선을 극복하고 감사업무를 회계검사와 직무감찰을 주요 직무로 승계시키는 과정을 거치게 되었다.[8] 아울러 이 시기는 군사정권의 행정국가적 통치 특성에 맞추어 예산, 물자, 공사 등에 대한 감사활동과 공무원들의 기강확립과 관련된 특별직무감찰 등을 강화하는 등 주로 부정부패 및 비리 적발에 감사의 초점이 맞추어진 시기이기도 했다.[9]

개원 초기 감사원은 감사를 회계검사, 행정감찰 및 직무감찰로 구분했다. 이에 따라 회계검사는 예산제도에 맞춘 개개 지출의 합법성,

---

7 1962년 국가최고재건회의 소속하에 설치된 헌법심의위원회에서는 회계검사권과 감찰권을 한 기관에서 장악할 경우 권력의 비대가 우려될 뿐 아니라 자유중국(현재 대만)을 제외한 모든 입헌민주주의 국가에서 회계검사기관에 감찰권을 부여한 입법례가 없다는 점을 들어 감사원 설치안을 반대했다. 그리고 심계원을 국회에, 감찰위원회는 독립기관으로 설치하자는 의견을 본회의에 회부했으나 본회의에서 「헌법」 개정안 중 감찰위원회와 심계원을 통합한 감사원의 설치를 결정했다. 그 이유로 회계를 항시 검사·감독하는 심계원과 행정 및 공무원의 비위를 감찰하는 감찰위원회의 두 기능은 성질상 상호 표리를 이루는 불가분의 관련을 가지고 있어 단일기관으로 하여금 행정기관과 공무원의 직무를 감찰하고 정부 등의 회계를 검사하게 하여 감사의 중복을 피하겠다는 효율성 측면에서 두 기능을 일원화한다고 설명하고 있다(이술영, 1993: 20; 감사원, 2008a: 185).

8 이를 구체적으로 살펴보면, 감사원은 1963년 3월 5일 「감사원법」 제정을 통해 (1) 매년 세입·세출 결산의 확인과 각종 감사실시 결과를 결산검사보고서를 작성하여 국회에 보고하고, (2) 필요적 회계검사대상 및 선택적 회계검사대상을 구분하여 회계검사를 실시하며, (3) 행정공무원의 직무 등에 대한 직무감찰을 감사원의 기본 기능으로 제시했다. 그 밖에도 감사원과 감사대상기관 등의 잘못된 처분 등에 따른 피해구제를 위한 재심의 및 심사청구제도를 두고 회계관계법령의 개폐 시와 그 적용해석상 의문이 있을 경우에 감사원의 의견을 구할 수 있는 의견진술권 등을 규정하는 등 폭넓은 권한을 지니게 되었다(감사원, 2008a: 227).

9 이 시기 동안 회계검사는 불합리한 예산편성 등을 막기 위해 서면감사를 강화하고 실지감사 기간을 단축하고 각 기관의 자체통제를 철저하게 하는 방향을 두었다. 또한 직무감찰은 행정효율보다는 부조리 척결에 중점을 두고 인, 허가 사무 및 검사 검정업무 등에 대한 비리제도 적출에 초점을 두었다(감사원, 2008a: 284).

경제성을 감사하고 행정감찰은 행정운영의 개선과 향상, 그리고 직무감찰은 공무원의 직무상 의무이행 여부에 중점을 두었다(감사원, 2008a: 233). 이 시기 감사수행 결과를 시기별 및 적발건수를 중심으로 살펴보면 1963년도 개원 초기 총 2,601건에 추징·회수 보전 요구 금액 1억 4,042만여 원, 징계 또는 문책 요구인원이 165명 수준에서 1979년도에는 총 4,867건(추징·회수 124억여 원, 징계인원 722명) 수준으로 2배 이상 증가되었다. 특히 1972년에 이르러서는 이러한 위법·부당 사항을 적발하여 관계책임자 및 관련자의 징계 등을 통한 처리건수가 1천여 건을 넘어서게 되는 등 서정쇄신 추진의 지원강도가 집중되고 이에 따른 일벌백계와 엄벌주의 등이 주요한 감사활동의 성과로 자리잡게 되었다.

한편 이해관계자 집단에 대한 지원의 경우 초기에는 감사원 설립 목적 등에 기인하여 국가기관, 지방자치단체, 정부투자기관 등 행정기관에 대해[10] 감사활동의 결과, 즉 처분결과를 전달하고 이를 시정하는 데 초점을 두었다. 이와 함께 일반 국민을 대상으로도 감찰위원회 등의 속성을 이어받아 민원사항 등을 접수받아 각 국과 감사부서에 배부하는 등 주요한 감사업무로서 국민들의 민원처리를 수행했다(감사원, 2008a: 365). 다만 당시의 감사활동에 있어 이해관계자들에 대한 지원은 의견 수렴 및 소통보다는 다소 계도적이고 행정지도적인 측면을 강하게 나타내고 있다.

---

10 감사원 설립 초기에는 국가기관 중 중앙행정기관을 대상으로 감사가 이루어지고 지방자치단체는 정부보조단체로 선택적 감사대상으로 취급되었으나 「감사원법」 개정(1963)에 따라 지방자치단체가 필요적 감사대상으로 포함되고 기관과 기구의 신설, 변동 등으로 인해 감사를 받는 대상기관수(1963년 3,964개에서 1979년 33,645개 기관)와 인원(1963년 249,211명에서 1979년 533,784명)도 대폭적으로 증가하게 되었다.

감사 네트워크의 경우 1965년 세계감사원장회의(INTOSAI)에 최초로 가입 및 참가한 이후 1979년 아시아감사원장회의(ASOSAI)에 가입하는 등 경제적·현실적 어려움 속에서도 해외 각국 최고감사기구들과의 교류의 장을 마련하기 위한 기반을 구축했다. 또한 내부적으로 1972년 자체감사 심사규칙을 마련하여 감사대상기관이 수행한 감사결과를 감사원에 보고하도록 함으로써 자체감사기구와의 교류를 추진했다. 이와 함께 1981년에는 감사원의 감사방향을 세우면서 각 기관과의 감사업무 분담체제 확립 및 자체감사 활성화를 위한 감사체계를 수립하기 시작했다. 이를 위해 국가적 중요 사항 등에 대해서는 감사원이 직접 감사를 수행하고 자체감사기구는 계층제에 따라 산하단체와 자체시정이 쉬운 분야 등을 전담하도록 하는 감사업무 분담체제를 마련했다.[11] 그러나 이 시기에는 자체감사기구들을 감사원 감사활동을 지원하기 위한 하부조직으로서 인식하고 이를 통한 자체감사의 협력활동 역시 보조적 역할로 제한하는 등 상호 간의 교류협력은 제한적이었다.

한편 이 시기에 감사역량 및 전문성 강화를 위한 노력 또한 여건의 한계가 분명했음에도 지속해서 이루어지고 있었다. 초기에는 교육 전담 부서가 부재하여 주로 공무원 위탁교육을 통한 전문교육활동이 이루어졌으며, 감사인력의 부족이 발생했다. 이에 따라 1981년 이후 전출형식으로 타 부서 인력들의 파견, 수견제도를 활용하여 전문분야에 대한 감사지원을 받기 시작했다. 그러나 점차 1970년대부터 감사분야와 관련된 자체직무교육 등을 수행하고 현실적 어려움 속에서도 1971년 감사직렬을 독립화하여 감사직 공무원을 공채하는 등 감사를 하나의

---

11 이러한 자체감사기구와의 감사분담체계 구축을 위한 노력들은 이후 1995년 「감사원법」 개정을 통해 감사대상기관에 대한 감사사무 중 일부를 각 중앙관서, 지방자치단체, 정부투자기관장이 대행하게 하고 그 결과를 제출하는 감사사무 대행제도 도입 등으로 보다 체계화되었다.

직무분야로서 구축하고 전문성을 강화하기 위해 우수인력을 확보하는 데 관심을 기울여 왔다.

2. 민주화 시기(1980년대 중후반~1998년 2월)

1980년대 후반은 국가사회 전반에 민주화 열풍이 만연한 시기였다. 이에 따라 감사원 감사활동 또한 반부패 기조의 확산에 따른 비리적발에 대한 관심이 확대되었고[12] 동시에 정부 주요시책사업 등에 대한 효율성 점검 등 감사업무의 과학화와 국민들의 수요에 대응하기 위한 적극적 감사 책무성 확보 노력이 시도된 시기였다. 이 시기에 이르러 역점감사, 전문감사, 총괄감사, 설문감사기법, 사전예고제 등 여러 감사기법이 개발 및 시도되기 시작했으며, 특히 1993년 이후에는 일반감사와 성과감사, 특정감사 등 감사 목적 및 유형에 따른 분류가 시도되는 등 감사의 특성에 따른 체계적 유형화가 갖추어지기 시작했다. 이와 함께 공개감사제, 감사청구제 등 국민수요에 대응한 감사활동을 비롯하여 감사의 전문성, 기동성을 높이기 위한 감사전담팀제 운영 등이 시도되기도 했다(감사원, 2008a: 607).

이 시기 감사활동 실적의 경우 위법·부당 행위에 대한 적출 및 처리 건수는 연도별 차이는 있지만 연평균 5,054건 수준으로 점진적으로 증가하는 경향을 보였다. 그러나 실제 감사대상기관수 및 대상인원의 확대 규모를 감안하면 그 증가폭은 1960년대 및 1970년대보다 상대적

12 이러한 민주화 열풍에 힘입어 문민정부 출범과 함께 1993년 감사원장의 자문기구로 부정방지대책위원회가 설치되어 1997년까지 운영되었다. 이 기간 율곡사업, 평화의 댐, 대통령 비서실 등에 대한 성역 없는 감사들과 함께 감사원 188신고센터 설치가 이루어지는 등 국민의 요구에 부응하는 감사원의 역할에 대한 사회적 인식을 확대시키는 계기가 되었다.

으로 미미한 수준이었다. 그럼에도 1990년대 이후에는 감사결과 처리 건수가 증가하는 경향을 보였는데 이는 1992년 문민정부 수립 이후 부정부패 해소에 관한 관심이 높아지면서 감사원이 이에 대한 적극적인 역할을 수행한 결과에 기인한 것으로 볼 수 있다.[13] 또한 1993년도부터 국가 주요 시책사업이나 취약분야, 불합리한 행정제도 절차에 대한 계통감사를 실시하고 이후 1994년도까지 194개 사항에 대한 성과감사를 실시했다. 또한 국민들의 민원사항에 대해서도 다양한 감사활동이 이어졌는데, 특히 1993년 188신고센터를 설치한 이후 감사수요를 보다 적극적으로 수용하기 위한 노력을 기울이기 시작했다.

이 시기는 감사 네트워크 측면에서 자체감사와의 역할분담 논의가 본격화된 시기이기도 했다. 1995년에는 감사사항 일부를 각 중앙관서, 지방자치단체, 정부투자기관의 장이 대행할 수 있는 감사사무 대행제도를 도입하여 보다 적극적으로 자체감사와의 역할분담을 확대했다. 또한 기관별 특성에 맞게 자체감사기구 직원들에 대한 교육을 시행하면서, 특히 1995년 감사교육원 발족과 함께 교육 대상 및 범위를 대폭 확대시키는 등 적극적인 지원역할을 수행했다.[14] 한편 국제기구들과의 협력과 관련해서는 1992년 INTOSAI 감사국으로 선임되어 1993~1995년까지 INTOSAI 사무처 감사를 수행하고 한·일 감사원

13 연평균 위법·부당 사항에 대한 적출건수의 경우 1980년대 4천여 건이던 것이 1990년대 이후에는 5천여 건으로 늘었으며, 특히 징계요구와 고발의 경우 회계비리의 엄벌과 직무감찰 활동 강화를 통해 건수와 인원이 각각 2배 이상 늘어났다. 또한 이 시기 국민들의 감사요구가 어느 때보다 증가되어 감사활동이 주로 실지감사 위주로 수행되었다(감사원, 2008a: 654).

14 1995년 감사교육원 발족 이후 자체감사요원과 회계업무 담당자를 교육한다는 방침을 정하고 매년 중앙행정기관, 시·도 그리고 투자기관의 감사요원과 회계직원에 대해서는 그 정원의 1/3을, 그 산하기관의 감사 및 회계 직원에 대해서는 그 정원의 1/5을 교육하는 등 교육대상이 1989년 589명에서 1997년 1,529명까지 3배 이상 확대되었다(감사원, 2008a: 684).

직원 교환연수를 시행하는 등 다양한 측면에서 국제적 역량을 함양하기 위한 노력을 수행했다.

또한 이 시기에는 감사활동의 전문성, 체계화 등 감사역량 제고를 위한 노력이 본격적으로 시도되었다. 이를 위해 1996년 이후 우수전문인력에 대한 직접채용방안에 대한 계획을 수립하고 변호사, 공인회계사 등 유자격자 선발 폭을 기존보다 2배 이상 확대하고, 7급 공채시험 과목의 선택과목 범위를 넓혀 다양한 분야의 인재를 확보하는 데 노력을 기울였다. 또한 감사활동에 대한 연구 및 조사 업무가 본격화된 시기이기도 했다. 이에 따라 1년 또는 2년마다 특별연구반을 구성하여 감사업무 발전연구를 하고 인사제도연구, 감사자료관리 방안 등 특정 분야에 대한 개선방안연구 등이 시도되었다(감사원, 2008a: 525). 이후 이러한 노력은 1995년 기존 감사교육실의 감사교육원 승격 등 감사전문성 및 교육확대 기반구축의 성과로 이어져 감사업무의 현대화, 전문화 등을 위한 전문교육 강화기반을 구축하는 데 기여했다.

3. 정보화 및 개방화 시기(1990년대 후반~2014년 현재)

외환위기에 따른 국가적 경제위기 등 사회적 불안감 증폭이 본격화되기 시작한 1990년대 후반 이후에는 감사원의 감사 방향 및 초점 또한 예산의 낭비와 비효율적 재정집행을 최소화하는 데 집중되기 시작했다. 특히 이와 관련하여 정책, 사업 등에 대한 상시 모니터링을 통해 문제의 근원적 개선책을 제시하는 시스템감사를 비롯하여 국가정책에 대한 평가, 진단 기능 등 성과감사적 요소가 강조되었다. 또한 정부 부처 결산검사의 성과보고서 검사를 검증하고 감사 수감부담 완화를 위한 감사예고제, 프로세스 개선을 위한 감사처리기간 단축, 위험기반 감사계획 수립 등 다양한 감사제도가 시도되었다.

주요 감사실적을 중심으로 살펴보면 2000년대 이후 위법·부당 사항을 지적하여 처리한 건수는 점차 줄어드는 추세를 보이고 있다. 이 시기 감사결과 처리사항을 연도별로 비교하면 2000년 6,916건이던 감사지적건수가 2014년에는 3,146건으로 절반 수준으로 줄어들었다. 이는 감사운영기조가 지적·적발보다 전반적으로 정부 주요 정책·사업·업무에 대한 모니터링을 통한 개선 및 문제점을 제시하는 방식으로 전환되는 등 감사방향이 점차 변환되는 데 기인하고 있다. 이에 반해 민원접수의 경우에는 2000년대 후반에 들어서 2010년(9,141건)을 제외하고는 매년 1만여 건을 넘어서는 등 감사원을 통한 국민들의 민원이 지속적으로 확대되고 있는 추세를 보이고 있다(감사원, 2013).

이 시기에는 다양한 이해관계자들의 감사수요에 적극적으로 대응하기 위해 감사 범위 및 대상이 확대되었다. 이에 따라 1996년 공익감사청구제도에 이어 2001년 국민감사청구제도 그리고 2003년 국회감사청구제도 등의 도입을 통해 국민, 국회 등 주요 이해관계자들의 의사를 감사에 참여시킬 수 있는 통로를 활성화시키게 되었다. 이와 함께 2004년 2월에는 중소기업협동조합중앙회, 대한상공회의소와 함께 기업불편신고센터를 개설하여 공공기관의 소극적 업무처리로 발생하는 기업불편사항에 대한 점검활동을 수행하는 등 감사수요를 확대시켜 가고 있다(감사원, 2008a: 759).

감사 네트워크의 경우 자체감사기구와의 역할관계에 있어 큰 진전을 보였다. 무엇보다 2010년 「공공감사에 관한 법률」이 제정되면서 자체감사기구의 독립성, 전문성 확보 및 내실 있는 자체감사활동을 지원하기 위한 다양한 제도적 방안을 마련했다. 이에 근거하여 2011년도 이후부터 중앙부처, 광역·기초 자치단체 및 공공기관 등을 대상으로 자체감사활동의 역량과 수준에 대한 심사활동을 통해 각 자체감사기구의 전문성 있는 감사활동 수행을 적극 지원하는 역할을 수행하고 있다.

국제기구들과의 협력교류 활동 또한 2000년대 이후 본격화되었다. 1999년에는 글로벌 감사 스텐다드에 맞추어 공공감사기준을 제정하고 2001년에는 제17차 INTOSAI 총회를 개최하여 3년 임기의 의장국에 선임되는 등 국제사회에 한국 감사원의 역량을 보여 주기 위한 다양한 노력을 수행했다. 이와 함께 감사연구원을 중심으로 다양한 해외 감사기구들과의 교류협력, 감사기법 연구 등에 대한 워킹그룹(working group) 참여 및 국제 세미나 개최 등을 추진했다. 특히 2014년 이후에는 ODA 사업의 일환으로 베트남 감사원 등 개도국 감사원을 대상으로 컨설팅 및 교육 지원 등을 수행하는 등 경제발전기 감사원의 역할 모델을 세계로 확산시키는 데 주력하고 있다.

마지막으로 감사역량 측면에서는 2005년 「감사원법」 개정을 통해 평가연구원을 출범시킨 이후 감사교육원과 함께 감사제도를 비롯하여 각종 주요 정책·사업 등의 효율성 분석 및 평가 등 관련 연구를 수행했다. 2009년 감사연구원으로 바뀌게 된 이후에는 본격적으로 감사제도 전반에 대한 체계적 연구를 통해 감사활동 전반에 관한 전문역량 수립을 위한 기반을 제공하고 있다. 그 밖에도 2000년대 이후 감사품질 및 전문성 강화를 위해 변호사, 회계사, 박사 등 우수 전문인력 확충을 적극적으로 추진했다.[15]

---

15 이러한 전문인력 확충 노력 결과 감사원의 전문자격증 소유자는 1997명 68명(변호사 6명, 회계사 24명, 박사 14명, 세무사 8명 등)으로 전체 인력 대비 9.5% 수준에서 2013년에 이르러서는 209명(변호사 46명, 회계사 87명, 박사 46명, 세무사 13명 등)으로 전체 인력의 21.2% 수준으로 확대되었다.

4. 시기별 감사활동 성과의 변화 및 특성

1) 부정 · 비리 적발에서 국가재정 점검 비중의 확대

감사활동 실적을 중심으로 한 성과는 시기별로 감사중점이나 정권이 처해진 상황에 따라 달라져 왔다. 개원 이후 감사원의 활동은 산업화 시기를 거치는 동안 군사정부 및 사정정국 등 특성에 따라 지적건수 및 신분조치 등을 통한 지적·적발 중심으로 이루어져 왔다. 그러나 1990년대 이후 민주화 시기를 거치면서 해외 네트워크 확대 등에 따라 감사 품질 및 전문성에 대한 인식이 확대되고 각종 비리 및 사건, 사고 등에 대한 체계적 감사접근의 필요성이 강조되기 시작했다. 이러한 논

〈표 6-1〉 감사처분결과 시기별 변화

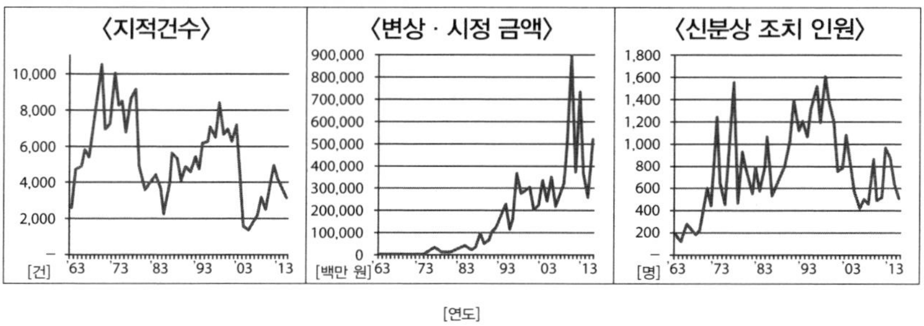

	산업화 시기	민주화 시기	정보화 및 개방화 시기
지적건수 (건, 연평균)	150,207 (6,008)	54,898 (5,490)	68,395 (4,275)
변상·시정 금액 (백만 원, 연평균)	425,820 (17,033)	1,675,242 (167,524)	5,909,950 (369,372)
신분상 조치 인원 (명, 연평균)	15,073 (603)	12,275 (1,228)	12,165 (760)

출처: 감사원(2008a, b), 『감사60년사』 I·II; 『감사연보(2009~2013)』.

의들은 이후 IMF 등 국가재정위기의 고조 및 신공공관리 등 영향과 맞물리면서 점차 감사방향이 개별 비리적발보다 공공부문 재정지출의 효율성 등 사업의 성과로 확대되고 있다(표 6-1).[16]

2) 이해관계자 지원 대상 및 범위의 확대

이해관계자들에 대한 지원 대상 및 범위 역시 시대별로 변화를 나타내고 있다. 1960년대, 1970년대 산업화 시기 감사활동의 역할은 감사대상기관 등의 이해관계자들을 대상으로 직접적인 규제나 점검활동을 지시하고 결과를 점검하는 데 초점을 두었다. 반면 민주화 시기 이후에는 국민들이나 국회 등 이해관계자들의 범위가 확대되고, 이들에 대한 지원 및 대응 과정에서의 유연성 또한 강화되었다. 정권별 정책기조에 대응한 이러한 감사활동의 변화 흐름은 감사원의 지위 및 위상과 관련된 특성과도 무관하지 않다. 독립기관이면서 행정부 수반에 대한 지원기관으로서의 역할이 점차 사회·경제적 변화에 따라 국회의 위상 강화를 반영하지 않을 수 없었던 것 등도 주요한 원인으로 볼 수 있다.

3) 감사 네트워크의 고도화 및 전문화

감사 네트워크는 국내외적으로 다양한 발전과정을 거치게 되었다. 먼저 글로벌 감사 네트워크 측면에서 INTOSAI, ASOSAI 등 감사 관련 국제기구와의 교류를 통해 감사 독립성, 투명성 및 전문화에 대한 국제적 표준과 가이드라인에 대응한 감사활동의 필요성을 인식하게 되

---

16 이는 각 감사원 주요 시기별 감사방향이나 중점의 내용들 속에서도 확인할 수 있다. 1960년대와 1970년대 감사원 감사방향의 최우선 과제는 공직기강 확립이나 비리척결 등이 최우선 과제로 제시되었다. 하지만 2000년대 이후 감사원 감사활동의 최우선 과제는 재정건전성 확보 및 사업 비효율성 제거 등에 더 많은 비중을 두고 있는 것을 확인할 수 있다.

었다. 특히 1990년대 신자유주의 시기를 맞이하여 감사 기능 및 역할에 대한 세계적인 변화 추세에 맞물려 감사원은 공공감사기준(1999), 감사유형별 매뉴얼(2005) 등 감사활동을 체계화하기 위한 노력을 기울였다.

또한 감사활동의 투명성·전문성 강화를 위해 위험기반 전략감사계획 수립 등 고도화된 감사활동 기법 및 방법론을 활용했다. 이러한 해외 네트워크의 구축과 교류는 이후 2000년대 이후 개도국 감사원에 대한 감사제도 컨설팅 등 한국 감사원의 전문역량을 세계에 소개하는 데 큰 역할을 하고 있다.

한편 국내 네트워크 측면에서 감사원과 자체감사기구와의 역할관계 또한 진화되어 왔다. 산업화 시기의 경우 전반적으로 자체감사기구의 빈약한 역량으로 인해 그 역할이 제한적일 수밖에 없었으나 민주화 시기를 거치면서 감사원이 교육 및 위탁감사 등을 통해 자체감사기구들의 역량을 확대시키기 위한 노력을 수행했다. 그리고 2000년대 이후 정보화 및 개방화 시기에 이르러 감사원은 자체감사를 지원하기 위한 법률을 제정하고 자체감사기구 심사 등을 통해 실질적으로 공공기관 내부에서의 자체감사의 역할과 지위를 향상시켜 상호협력적 역할관계를 제고시키기 위한 적극적 역할을 수행하고 있다.

4) 내재적 감사 전문역량의 진화 및 발전

감사원은 지금까지 내부적 규정이나 절차의 개정을 통한 제도적 보완활동을 꾸준하게 진행하고 동시에 통합 감사매뉴얼 등 감사규정의 표준화 과정을 통해 감사의 전문성 및 품질 확보를 위한 노력을 기울여 왔다. 감사인력의 전문성 확보의 경우 회계사, 분야별 박사 채용을 지속해서 확대하고, 전문인력 수견제도 운영 등을 통해 다양화되고 전문화된 공공행정활동 전반에 대한 감사대응역량을 확대해 가고 있다.

특히 이러한 변화가 가장 두드러지게 나타난 시기는 조직내부의 전문역량에 대한 체계적 접근을 위해 감사교육원(1995)과 감사연구원(2005) 같은 교육 및 연구전담 전문조직을 설치한 이후라고 볼 수 있다. 이들 기관은 1980년대부터 지속되어 온 전문적 감사 기법과 절차의 표준화를 연구 및 확산하는 등 감사원 감사활동의 지속적인 지식 축적과 확산에 크게 기여하고 있다.[17]

IV. 감사원 책무성의 시기별 변화와 특성

1. 산업화 시기(1960년대~1987년 6 · 29민주화선언)

산업화 시기를 거치는 동안 감사원의 주요 활동들은 주로 절차적 정당성을 통해 감사결과에 대한 책무성을 확보하는 데 노력을 기울여 왔다. 이를 위해 개원 이후 감사원은 재심의 청구[18]를 통해 감사원 및 감사대상기관 등의 잘못된 처분요구 등에 따른 피해를 구제하는 절차를 마련했다. 또한 회계관계법령의 적정성 여부 검토를 통해 비위를 사전 예방하기 위해 관련 법령의 개폐 시와 그 적용해석상 의문이 있는 경

17 특히 감사연구원의 경우 성과감사를 비롯하여 감사활동의 성과 측정과 관리, 감사적용 방법론 구축과 관련하여 다양한 해외의 감사제도 및 방법론 등에 대한 연구분석을 통해 감사원의 운영 및 감사활동을 효과적으로 지원하고 있다.

18 감사결과의 위법이나 부당한 처리로 인한 피해를 구제하는 방법으로 감사결과 처리한 변상판정, 징계·문책의 요구, 시정, 주의 및 개선의 요구와 감사원이 직권으로 재심의한 것에 대해 모두 재심의를 청구할 수 있도록 규정되었다(감사원, 2008a: 228). 심사청구 제도는 행정작용의 타당성을 보장하려는 목적으로 감사원 설립 시 최초로 도입되었다. 이에 따라 「감사원법」에서는 감사원의 감사를 받는 자의 직무와 이해관계가 있는 자에게 심사청구를 할 수 있도록 하고 감사원은 이를 심사하여 그 결과 시정이 필요한 경우에 조치를 취하도록 규정했다(감사원, 2008a: 229).

우에는 감사원의 의견을 밝히도록 하는 의견진술권을 규정했다.[19] 특히 기존 심계원이나 감찰위원회에는 없었던 심사청구에 대한 결정 등을 직무에 추가하는 등[20](감사원, 2008a: 211) 적극적으로 감사활동의 효과를 높이기 위한 노력을 기울였다.

이와 함께 감사원 내부 투명성 확보 및 자체기강 확보를 위한 노력도 제한적으로 수행되었다. 이를 위해서 1971년에 이르러 자체감사반을 통해 감사원사무처에 대한 자체감사를 실시하거나 직원들에 대한 심득사항의 개정, 대상기관 협조요청 등을 통해 국가최고기구로서의 감사원 스스로 서정쇄신을 추진하려는 노력을 기울였다.[21] 그러나 이 시기에 시도되어 온 다양한 노력은 주로 절차적 정당성을 통한 책무성 확보에 치우쳐 있었으며, 실제 다양한 이해관계자에 대한 요구를 내부적으로 받아들이는 수준에는 이르지 못했다.

2. 민주화 시기(1980년대 중후반~1998년 2월)

국민들의 감사에 관한 관심이 확대됨에 따라 이해관계자들의 감사수요에 적극적으로 대응하여 감사원의 책무성을 높이기 위한 노력이 민주

---

19 재심의 청구건수는 개원 초기 증가하는 추세를 보였으나 1970년대 후반기에는 다소 줄어드는 추세를 보였는데 이는 처분요구의 신중한 처리와 함께 당시의 시대적 상황을 반영한 측면을 보였다. 심사청구의 경우에도 비슷한 추세를 보이고 있는데 이러한 추세에도 청구의 전부 또는 일부에 이유가 있어 관계기관의 장에게 시정, 기타 필요한 조치를 취하도록 요구하는 비율의 경우 지속적으로 증가했다.

20 심사청구제도는 감사원의 감사를 받는 자의 직무와 이해관계가 있는 자가 감사원에 심사청구를 할 수 있도록 하고, 감사원은 이를 심사하여 그 결과 시정이 필요한 경우 그 결정을 관계기관의 장에게 통지하여 조치를 취할 수 있도록 한 제도다. 이는 심계원이나 감찰위원회에서는 없던 제도로 주로 행정작용의 타당성을 보완하기 위해 도입된 것이었다(감사원, 2008a: 229).

21 1971년 이석제 감사원장 체제하에서 강력히 시행된 자체 기강확립 방안으로 1971~1979년까지 파면된 직원이 8명에 달하는 등 지속적인 자정노력을 기울였다(감사원, 2008a: 382).

화 시기인 1990년대 이후를 기점으로 본격화되었다. 1996년 감사원에 대한 신뢰를 높이고 감사의 민주적 운영과 적시성을 높이기 위해 시민단체, 지방의회 등 일정 자격을 갖춘 자가 공익을 목적으로 특정사항에 대해 감사원에 감사를 청구할 수 있도록 하는 감사청구제(공익감사청구제)가 도입되었다. 이에 따라 1996년 노화도 여객선 운임 부당인상 사항 등 16건 등이 최초로 감사대상으로 청구되어 처리되었다. 또한 1990년대 초반에는 감사원 내부에 기자실을 설치하여 감사결과에 대한 언론보도, 브리핑 및 인터뷰를 실시하는 등 그동안 폐쇄적이고 제한적 영역으로 인식되어 온 감사원의 활동을 외부에 공개하기 위한 노력을 기울였다. 이와 함께 1996년 「정보공개법」 제정에 따라 감사결과를 자발적으로 요약보도자료 등을 통해 공개하는 등 감사대상기관 외 이해관계자인 감사청구자와 일반 국민들에 대한 정보제공활동을 시도했다(문호승, 2011: 62).

이와 함께 감사원 내부의 투명성 및 청렴성을 확보하기 위한 노력 또한 지속되었다. 이에 따라 1994년 이후 「공직자윤리법」 개정 시행령 등에 따라 일반 공무원들이 6급 이상 일반직과 별정직이 재산등록이 의무화된 것보다 더욱 엄격하게 감사원 일반직과 별정직 직원들은 9급까지 모두 재산등록을 하도록 규정됨에 따라 공직기강 확보를 위한 솔선수범의 역할을 적극적으로 수행하게 되었다. 그러나 이러한 책무성 확보를 위한 감사원의 활동들은 여전히 민주화 열풍에 따른 국민들의 감사원에 대한 요구에 대한 수동적 대응 측면이 강했고, 감사원 변화 필요성이나 요구에 기인한 내부적 노력은 상대적으로 제한적이었다.

3. 정보화 및 개방화 시기(1990년대 후반~2014년 현재)

이 시기 들어 감사원은 보다 적극적으로 감사결과에 대한 대국민 책무성 확보를 위한 노력을 기울였다. 2003년에는 기존 비공식적으로 공개하는 등 감사품질 및 감사성과에 대한 책무성을 수행할 수 있는 기반을 구축하게 되었다(감사원, 2008a: 760).[22] 또한 2006년 중앙부처 성과관리가 의무화된 이후 감사원 성과관리에 대한 관심이 높아짐에 따라 2009년부터 매년 국회결산검사의 일환으로 제출되는 성과보고서를 통해 감사원 활동성과를 공개하게 되었다. 이 과정에서 감사원의 성과를 기존 적발, 지적건수 중심에서 예산절감 기대효과금액 등 다양한 성과지표로 제시, 국회 및 국민들에게 공개함으로써 감사활동에 대한 투명성 확보와 함께 감사품질수준 개선을 위한 노력을 수행했다.

이러한 활동 외에도 2000년대 이후 감사원은 감사 책무성 확보를 위해 국민을 비롯하여 다양한 이해관계자의 의견을 적극적으로 수렴하는 데 관심을 기울이고 있다. 이를 위해 감사대상기관 및 국회, 전문가 및 국민들을 대상으로 감사만족도조사를 정례적으로 수행하고, 그 결과를 감사활동 운영에 반영하는 등 감사활동의 투명성과 전문성에 대한 책무성 확보를 위한 적극적인 노력을 기울이고 있다.

---

22 2003년 감사원은 감사결과 공개대상, 범위, 시기, 절차, 방법 등을 주된 내용으로 하는 「감사원 감사결과 공개에 관한 규정」을 훈령(268호)으로 제정하여 감사결과를 감사대상에 보낸 날로부터 30일 이내에 감사원 홈페이지를 통해 전문공개하게 함으로써 과거 특별한 경우가 아니면 비공개를 원칙으로 하던 입장에서 공개를 원칙으로 특별한 경우에 비공개하는 체제로 바뀌게 되었다(문호승, 2011: 63).

4. 시기별 감사활동 책무성의 변화 및 특성

1) 사회변화에 대응한 책무성의 변화

감사원의 감사활동은 주요 시기별로 다양한 이해관계자의 수요에 대응하는 방향으로 확대, 변화되었다. 특히 시민사회로부터의 참여주의의 확대와 의회 기능 강화 등 최근의 사회변화는 감사원의 이러한 대응기조와 맥락을 같이하고 있다. 이를 감사단계별로 살펴보면 먼저 감사계획단계에서는 일반 민원방식 외에도 감사원의 감사계획 수립과정에서 일반 국민, 시민단체 등 일정요건을 갖춘 청구기관이 감사를 요청할 수 있는 감사청구제도가 도입되었다. 1996년 공익감사청구제 도입을 시작으로 2002년 국민감사청구제도가 도입되어 일반 국민뿐 아니라 시민단체 등도 감사를 청구할 수 있게 되었다. 또한 2003년에는 국회감사요구제가 도입되어 국회에서 주요한 정책분야에 대해 감사실시를 요구하는 경우 이를 반영한 감사계획 수립이 제시되도록 제도변화가 시행되고 있다. 또한 감사실시 단계에서는 감사사항이 기술적으로 전문적이거나 국민생활에 영향이 큰 경우에는 감사과정에서 해당 전문가들로 구성된 감사자문단을 구성하여 외부 전문가들의 자문을 받는 과정을 내부적으로 정착시켜 왔다. 1981년부터 운영된 감사정책자문위원회 제도의 경우 감사수행에 대한 전문가와 국민들의 수요를 반영하기 위한 절차적 정당성을 점차 확대 강화하고 있는 추세다. 마지막으로 감사결과 보고단계에서는 감사활동 수행결과를 『감사연보』 등을 통해 공개하는 것 외에도 2003년부터 모든 감사결과를 인터넷에 전면 공개함으로써 감사대상기관뿐 아니라 시민단체 등 감사결과가 궁금한 일반 국민들에게도 감사결과를 투명하게 제시하는 등 감사활동의 투명성을 확대시키기 위한 노력을 기울이고 있다.

이렇듯 시대를 거치면서 감사원 감사활동이 지닌 파급력이나 영향력이 향상하게 됨으로써 점차 감사활동 전반에 대한 책무성 확보 기제가 강화되는 선순환 구조가 이어지게 되었다. 국민, 국회를 비롯하여 기업 등 다양한 이해관계자와의 접촉점의 확대는 신뢰성 제고를 위한 강력한 내부통제 기능 및 투명성 확대 노력을 불러일으키는 동인으로 작용했다. 이렇듯 감사원 활동에 대한 책무성의 진화는 한 시대별 노력에 국한된 것이 아니라 사회변화에 대응하는 과정에서 점진적으로 형성되어 온 특성을 보이고 있다.

2) 민원처리를 통한 대국민 책무성 강화

다른 국가 감사원과 차별화되는 한국 감사원의 특성은 무엇보다 국민들과의 소통이 강하다는 데 있다. 특히 대국민 서비스의 일환으로 민원처리 분야에서 감사원은 지속적이고 적극적인 확대 노력을 기울여 오고 있다. 감사원은 개원 이후 감사사무처리규정을 제정하여 민원접수와 관련된 절차를 마련한 이후 수차례 변천을 거듭해 왔다. 1971년 2월 민원상담실을 설치 운영한 이후 1993년 감사원 188신고센터 설치

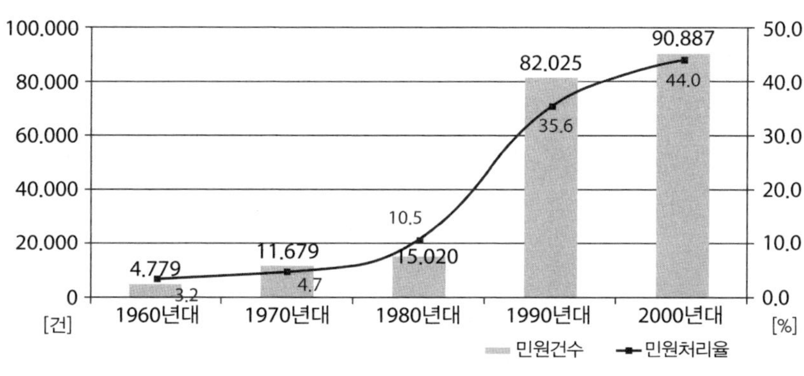

〈그림 6-1〉 감사원 민원건수 및 민원처리율 시기별 변화

출처: 감사원(2013), 『감사원 감사청구·민원백서』.

등 다양한 방식을 통해 체계적인 민원 접수 및 처리 활동을 수행했다. 그 결과 1960년대 3.2% 수준에 머물던 민원처리율이 2000년대에는 40%대 이상 높아지는 등 적극적인 대응활동을 기울여 온 것을 확인할 수 있다(그림 6-1).

민원접수를 비롯한 국민감사, 공익감사청구를 통한 국민들에 대한 직접적인 감사수요를 받아들이는 것은 감사원의 연원인 감찰위원회의 역사적 맥락에서 기인한다. 소위 옴브즈만의 일환으로 당시 산업화·민주화 시기 공직사회의 부패나 비리 분야에 대한 국민들의 불만을 해결해 주는 역할로서의 특성이 강하게 자리해 왔다. 이러한 감사기능은 시대별로 확대, 발전해 가면서 최근에는 기업 규제나 문제점을 해결하는 창구로서 혹은 공공부문 간 갈등을 조정, 해결하는 기능까지 확대되고 있다.

3) 수동적 대응에서 자율적 · 적극적 책무성 확보 노력

산업화 시기의 경우 군사정권의 행정국가적 통치 특성에 맞는 감사방향이 주도적으로 이루어지고 있었기 때문에 감사활동에 대한 책무성은 상대적으로 절차적 정당성이나 일종의 원론적이고 형식적 측면에서 이루어진 것이 사실이다. 비록 내부적 규정이나 감사품질에 대한 필요성에 대한 인식은 갖추고 있었으나 당시의 시대적 상황이나 감사원 자체의 역량 수준이 담아내기에는 현실적 여건이 자리 잡지 못한 것이 현실이었다. 이러한 논의들은 민주화 시기를 거치면서 좀 더 실질적 측면에서 변화되기 시작했다. 이후 민주화를 거치면서도 상대적으로 위상이 높아진 국회나 국민들의 요구를 받아내는 수준에서의 책무성 논의가 확대되기는 했으나, 감사원의 적극적이고 주도적인 역할을 통한, 노력을 기울이는 수준까지는 이르지 못했다.

그러나 2000년대 이후 정보화 및 개방화 시기를 거치면서 감사원은 보다 적극적이고 주도적으로 책무성 확보를 위한 노력을 기울여 가고 있다. 특히 감사결과의 전면공개와 함께 감사권한 확대에 따른 대내외적 비판에 대응하기 위해 국회와 대국민 만족도 조사 등을 통한 감사품질 개선을 통한 투명성 확보방안을 지속적으로 모색하고 있다. 특히 감사연구원 등 내부의 전문성을 활용하여 국제적 감사품질 및 투명성 확보방안에 관한 지속적인 연구 및 적용 등을 모색하는 등 과거와는 달리 주도적이고 적극적으로 감사원 내부의 청렴성 및 윤리성 강화, 감사절차의 투명성 확대, 감사사각 해소 및 감사 리스크 관리 등 다양한 내부혁신방안 마련을 통해 대국민 신뢰성 회복 및 책무성 확보를 위한 노력을 이어가고 있다.[23]

V. 결론

한국사회에서 감사원의 활동은 여러 측면에서 공직사회에 많은 영향을 끼쳐 왔다. 감사원은 공공부문의 만성적 비리나 위법·부당 사항에 대한 적발과 조치로 대표되는 공직기강 확보 기능 외에도 감사청구제도 등 국민과 다양한 이해관계자에 대한 적극적 민원해소 기능 그리고 사업이나 제도의 비효율성에 대한 적극적 개선 기능까지 다양한 측면에서 공공부문의 행정활동에 대한 감시자(watchdog)의 역할을 수행해 왔다.

이러한 감사원의 변화를 이끄는 요인들은 대내적으로 다양하게 설

23 최근 이러한 감사원 책무성 확보를 위한 주도적 노력의 일환으로 2014년 12월 1일 감사원의 근본적 혁신을 위한 감사원 혁신위원회(위원장: 정갑영 연세대학교 총장)을 설치하고 감사과정의 투명성 확보를 위한 감사과정의 공개, 감사대상기관과의 소통 확대 및 내부청렴성 확보를 위한 시스템 구축 등 다양한 논의를 시도하고 있다(감사원, 2014).

명될 수 있다. 예를 들어 독립기관으로서 감사원의 지위와 역할을 고려할 때 감사원장의 리더십은 궁극적으로 감사활동의 성과와 책무성을 변화시키는 주요한 원인이라고 할 수 있다. 군 출신, 법조계, 학계 등 역대 감사원장 출신 배경과 그들의 개개인의 리더십은 감사기조 등 감사방향의 변화나 감사활동의 다양성 확대에 큰 영향을 주었던 것이 사실이다.[24] 그런데도 감사원의 변화를 리더십만으로 단순화하여 설명하기에는 무리가 있다. 헌법기구로서 급변하는 행정조직개편의 외풍에서 벗어나 감사원이 책무성을 확보하고 공공부문의 발전에 기여하는 성과를 이루어 내는 과정에는 다양한 변화 요인이 자리해 왔다. 이러한 변화는 정권별 정책방향, 글로벌 감사환경, 국민들과 다양한 이해관계자들의 수요, 그리고 감사원의 내부역량 등 복합적인 요인들을 통해 설명될 수 있다. 이러한 요인들이 사회의 변화와 맞물리면서 점차 감사원은 부정비리의 적발에서 벗어나 재정지출 효율성에 대한 접근성 강화, 국민을 비롯한 다양한 이해관계자를 대상으로 한 감사활동 확대, 그리고 이를 위한 감사품질 및 내부역량을 강화하는 방향으로 나아가고 있다.

그러나 이러한 감사원의 지속적인 변화 노력에도 불구하고 여전히 감사결과나 수행절차 등 감사원의 성과와 책무성을 둘러싸고 감사대상기관 및 국민들의 불신이나 불만이 남아 있는 것 또한 사실이다. 공직사회의 기강확립에 초점이 맞추어져 있던 1970년대, 1980년대 산업화 시기 감사원의 감사활동은 사정 기능이 상대적으로 강조되었고, 이

24 물론 감사원장의 리더십이 선출절차 등 절차적 한계는 궁극적으로 감사원장의 리더십 및 감사기조 자체가 당시 정권별 기조 및 방향과 배치되기 어렵다는 측면에서 개인적 성향이나 리더십으로 한정짓는 것은 제약이 있다. 그럼에도 취임 이후 다양한 국민적 수요나 감사활동에 대한 대응과정에서 감사원장의 리더십은 조직문화 및 감사시스템 등에 상당한 영향을 주고 있다는 점 역시 고려될 필요가 있다.

로 인해 감사활동의 절차나 결과 수용성에 대한 대응은 제한적으로만 이루어져 왔던 것이 사실이다. 그러나 1990년대 민주화 시기를 거치고 2000년대 정보화 및 개방화 시기를 겪으며 감사활동의 투명성이 확대되고 효율성, 경제성 등 감사활동의 초점이 평가적 영역으로 확대됨에 따라 점차 감사 과정 및 절차에 대한 적정성이나 감사결과에 대한 이의제기 등 감사결과에 대한 갈등 또한 높아지고 있다. 이에 따라 감사결과에 대해 재심의 요구가 지속적으로 증가하고 있고 인용률 또한 높아지는 등 감사원 감사에 대한 감사대상기관의 적극적 대응과 이를 해결하기 위한 제도적 개선 필요성 또한 높아지고 있다.

이러한 감사원에 대한 끊임없는 변화 요구에 대해 지금껏 시대적 여건과 상황에 따라 감사원이 지금까지 걸어온 발자취를 되짚어볼 필요가 있다. 즉 감사원의 기능과 역할에 대해 새롭게 제기되는 비판과 요구에 귀 기울이고 새로운 감사원의 변화를 내부적으로 모색해야 한다. 그리고 이러한 변화는 궁극적으로 감사원의 활동을 통한 성과와 이를 둘러싼 국민에 대한 책무성을 확보하는 과정을 통해 증명되어야 할 것이다.

참고문헌

감사원(1981), 『감사정보 수집 및 처리규정』.

감사원(1985), 『감사원 통계규정』.

감사원(2000), 『공공감사기준 주석서』.

감사원(2000~2014), 『감사연보』.

감사원(2001), 『2001년도 감사원 민원백서』.

감사원(2008a), 『감사60년사』 I.

감사원(2008b), 『감사60년사』 II.

감사원(2013), 『감사원 감사청구·민원백서』.

감사원(2014), 「감사원 개혁을 위한 혁신위원회 발족」, 감사원 보도자료(2014. 12. 1).

감사원 국제협력담당관실(2003), 『(세계최고감사기구(INTOSAI)가 권고한) 바람직한 감사원 상과 OECD 국가의 감사원 I』, 감사원.

김건수·김성진(2010), 「감사 품질관리 개선방향」, 감사원 감사연구원 연구보고서 2009-006.

김보은·임채홍(2012), 「정권별 공공감사제도 변화기제(Mechanism)에 대한 (신)제도주의적 분석: 사회적 제도주의와 합리적 선택 제도주의의 통합적 관점을 중심으로」, 『감사논집』 제19호, 5-33쪽.

김성준·정진수(2008), 「주요국 감사원의 감사성과 보고전략 및 시사점」, 『감사』 2008년 여름호, 86-93쪽.

김형성(2013), 「감사원의 감사성과에 관한 연구: 감사 60년사와 감사연보의 데이터를 중심으로」, 『2013년 행정학회 춘계학술대회 발표집』.

라영재(2009). 「공공부문 책무성의 변천과 통제방안」, 『한국정책연구』 제9권 제1호, 235-265쪽.

문호승(2002), 「감사원의 역할에 대한 연구」, 『감사논집』 제7호, 1-29쪽.

문호승(2011), 「감사결과의 공개에 관한 연구」, 『감사논집』 제16호, 55-73쪽.

박재완(1997), 「공공감사의 사회적 효익과 비용」, 『한국정책학회보』 제6권 제2호, 221-246쪽.

박재완(1998), 「한국의 공공감사기준 모형」, 『1998년도 한국행정학회 하계학술대회 발표집』.

서수덕(2001), 「감사기준과 감사인의 책임에 관한 이론적 고찰」, 『회계연구』 제6권 제1호, 1-33쪽.

성용락(2013), 『공공감사 제도의 새로운 이해: 공공감사의 이론과 실무』, 석탑출판.

심광호(2012), 「공공감사의 성과측정에 관한 연구」, 『정부학연구』 제18권 제1호, 79-116쪽.

심호(2015), 「감사역량의 관점에서 살펴본 감사원의 역할」, 서울대학교 행정대학원-감사포럼 공동세미나 발표집.

안창보(2010), 「감사성과 측정 및 관리 개선방안 연구: 경제적 성과 측정을 중심으로」, 감사원 감사연구원 연구보고서 2010-010.

이술영(1993), 「감사원 감사방향의 변천에 관한 연구」, 고려대학교 정책과학대학원 석사학위논문.

이혜승(2010), 「공공감사의 수용성 제고 방안: 협력적 거버넌스를 중심으로」, 감사원 감사연구원 연구보고서 2009-011.

제갈돈 · 심광호(2010), 「감사와 평가의 비교분석과 그 연계를 위한 규범적 및 제도적 방안 연구」, 『한국행정논집』 제22권 제1호, 27-56쪽.

조익순(1996), 『한 · 미 · 일 정부회계 및 감사제도의 문화적 조명』, 박영사.

조형석 · 이혜승(2010), 「공공감사체계상 과다 · 중복감사 해소방안 연구」, 감사원 감사연구원 연구보고서 2009-007.

Choi, Yonghoon and Jinyoung Kim(2011), *Regime Types, Institutional Independence and Post-Retirement Employment: The Case of Korea Board of Audit and Inspection*, KAPA-ASPA International Conference.

David, M. and A. Warman(1998), "Auditing Performance Indicators: The Meteorological Office Case Study," *Journal of Cost Management January/February*.

Evans, M.(1998), "Public Audit: A Comment and Clarification of CIPFA's, Views," *Financial Accountability and Management*, Vol. 14, No. 1, pp. 71-75.

Jones, P. C. and G. Bates(1994), *Public Sector Auditing: Practical Techniques for an Integrated Approach*, London: Chapman and Hall.

GAGAS(2010), Government Auditing Standards.

INTOSAI(2007), INTOSAI Statutes.

INTOSAI and UN(2007), Symposium on the Value and Benefits of Government

Audit in a Globalizsed Environment.

INTOSAI Professional Standard Committee(2010), *Principles of Transparency and Accountability*, ISSAI 20.

UN(1987), Audit Standards in the Public Sector: An Analysis Comparative Exprience.

찾아보기

발간사

서울대학교 국가리더십연구센터는, 우리나라가 국민들이 바라고 전 세계가 부러워하는 '모범국가'로 발전하는 데 기여하기 위해서 2013년 3월 설립되었다.

어떤 조직, 어떤 사회, 어떤 국가의 흥망과 성쇠는 지도자에 달려 있다고 해도 과언이 아니다. 한 나라가 모범국가로 발전하는 과정의 핵심도 국가의 지도자다. 국가지도자의 비전과 역량에 따라 모범국가로 나아가기도 하고, 형편없는 국가로 머물러 있거나 또는 추락하기도 한다. 그들이 무엇을 시대적 과제로 인지하고 어떤 국가의 비전을 설정하며, 그것을 달성하는 과정에서 어떻게 국민의 지지를 확보하면서 동시에 여러 가지 어려움과 저항을 극복하는지에 따라 모범국가로 나아갈 수도 있고 그렇지 않을 수도 있다. 그것도 한 세대가 아니라 세대를 이어 가면서 각 시대의 국가적 과제를 국가지도자들이 어떻게 설정하고 이를 추진하는지가 중요하다. 각 세대를 책임지는 국가지도자들이 계속해서 보다 나은 국가에 대한 비전을 설계하고 이를 잘 성취할 수 있는 지혜를 가진다면, 우리나라는 그야말로 전 세계가 부러워하는 모범국가로 우뚝 설 수 있을 것이다.

국가리더십연구센터는 바로 그러한 지혜를 연구하고 이를 미래의 지도자들에게 전수하여, 지금부터 70년 뒤에는 우리가 광복 70년 동안 이룩해 왔던 것보다 더 많은 발전을 이룩하고, 그로부터 다시 70년 뒤에는 그야말로 전 세계가 부러워하는 모범국가로 우뚝 서는 데 기여하고자 한다.

이를 위한 사업으로 국가리더십연구포럼, 역사리더십연구포럼, 정책리더십연구포럼을 각각 추진하고 있다. 첫째, 국가리더십연구포럼은 대한민국정부 수립 이후 국가의 발전과 국민의 행복에 기여한, 생존하고 있는 국가지도자들을 초청하여 이들이 격변의 과정에서 무엇을 국정목표와 가치로 설정하고, 이를 달성하기 위해서 어떤 전략과 수단을 사용하였는지, 특히 여러 가지 저항과 어려움을 어떻게 극복하였는지 그 생생한 리더십의 경험을 청취, 정리, 연구하는 동시에 이를 역사적 사료로 후세에 전달하고자 하는 사업이다. 둘째, 역사리더십연구포럼은 중요한 역사적 전환 시점에 나라의 발전을 위해 헌신한 역사적 인물을 대상으로 이들이 그 시대를 어떻게 이해하고 무엇을 시대적 비전으로 설정하였으며 이를 어떤 리더십으로 달성하였는지를 연구하는 사업이다. 셋째, 정책리더십연구포럼은 각 정책분야별 역사적 변화의 궤적을 추적하고 향후 전망을 제시하는 사업이다. 대한민국이 '모범국가'로 나아가기 위해서는 우리가 어디에서 와서 현재 어디에 있으며 또 앞으로 어디로 갈지를 파악하는 것이 필요하다. '모범국가'라는 것이 고정된 것이 아니라 전 세계라는 공간과 역사라는 시간에 따라 변화되는 국가의 모양이라고 볼 때, 각 정책영역별 역사적 변동과 전망을 정리함으로써 보다 구체적인 국가발전의 방향을 설정할 수 있을 것이다. 그래서 각 정책분야별로 의미 있는 발전과 개혁이 무엇인지, 이러한 변화가 이루어지는 과정에서 추진세력은 저항세력을 어떻게 극복하는지 정치·경제·사회적 제약조건과 이를 극복하는 전략과 수단을 탐색하는 사업이다.

이러한 세 가지 포럼의 연구 성과를, 동시대와 공유하는 한편 후세에 전해 주기 위해서, 국가리더십연구총서의 형태로 지속적으로 발간하고자 한다. 많은 분들의 관심과 비판, 그리고 격려를 통하여 모범국가로 나아가는 데 조금이라도 기여를 할 수 있으면 하는 마음 간절하다.

국가리더십연구센터 소장 김병섭

필자 소개

문호승

연세대학교 정치외교학과를 졸업하고, 홍익대학교 대학원에서 석사학위(경영학 전공), 영국 Central England 대학 대학원에서 박사학위(감사학 전공)를 취득했다. 감사원 제2사무차장, 감사원 기획조정실장, 감사연구원 원장 등을 역임했으며, 현재 서울대학교 상근감사와 고려대학교 감사행정학과 겸임교수로 재직하고 있다. 저서로 『세계의 감사원』(2009, 공저)이 있다.

심 호

한양대학교 토목공학과를 졸업하고, 같은 대학원에서 행정학을 전공으로 석사 및 박사 학위를 취득했다. 법무부 법무연수원 연구위원, 감사원 전략감사단장, 감사원 감사연구원장, 감사원 사회복지감사국장 등을 역임했으며, 현재 감사원 감사교육원장으로 재직하고 있다. 저서로 『자체감사와 조직역량』(2013)이 있다.

임보영

이화여자대학교 정치외교학과를 졸업하고, 서울대학교 행정대학원에서 행정학을 전공으로 석사 및 박사 학위를 취득했다. 기획예산처 정부개혁실 사무관, 감사원 기획담당관실 부감사관, 감사원 행정안전국3과 감사관 등을 역임했으며, 현재 감사원 전략감사단 1과 감사관으로 재직하고 있다. 저서로 『높은 성과를 내는 정부 만들기』(2000, 공역), 『대한민국 시스템 Up: 감사원 자기혁신의 열정과 도전』(2006, 공저) 등이 있다.

신민철

성균관대학교 행정학과를 졸업하고, 미국 뉴욕주립대학교(SUNY at Albany)에서 행정학 석사학위, 성균관대학교 대학원에서 행정학 박사학위를 취득했다. 경기개발연구원 초빙연구위원, 감사원 감사연구원 연구관을 역임했으며, 현재 서울연구원 도시경영연구실 부연구위원으로 재직하고 있다.